» LA GAJA SCIENZA «

VOLUME 1445

CHE MALE C'È

Romanzo di
MARCO GIANGRANDE

LONGANESI

Longanesi & C. © 2022 – Milano
Gruppo editoriale Mauri Spagnol

www.longanesi.it

ISBN 978-88-304-5924-3

Per essere informato sulle novità
del Gruppo editoriale Mauri Spagnol visita:
www.illibraio.it

CHE MALE C'È

A Francesco, Alessandro e Sara

Ogni riferimento a persone esistenti o a fatti realmente accaduti è puramente casuale. I fatti e i dialoghi narrati in questo libro sono libera espressione della fantasia dell'autore e non hanno alcuna pretesa di valore storico o di verità.

Se però qualche lettore pensasse di riconoscersi, non escluderei a priori che si possa trattare proprio di lui.

Non è che sono contrario al matrimonio;
però mi pare che un uomo e una donna
siano le persone meno adatte a sposarsi.

Massimo Troisi, *Pensavo fosse amore...*
invece era un calesse, 1991

1

BRUFOLI

Brufoli. Maledetti brufoli!

Ero davanti allo specchio, il Topexan in una mano, il gel nell'altra, paralizzato dall'odio per me stesso. Avere quattordici anni è già difficile di suo, se poi sei anche un dinoccolato brufoloso diventare grandi si tramuta in un viaggio nell'incubo. La mia era stata una crescita fisica impetuosa, e per questo non coordinata: busto e braccia lunghissimi, gambe decisamente corte. Un viso da adulto con lo sguardo da bambino, devastato dall'acne giovanile e da una barbetta ispida da capretta sarda. Insomma, ero veramente un cesso.

La Napoli dei primi anni Ottanta stava faticosamente uscendo dalla crisi del decennio precedente. E noi eravamo un bel gruppo, un po' disomogeneo magari, ma molto affiatato: *'o Greco*, che doveva il suo nomignolo a una interessantissima lezione di storia antica della professoressa Feliciana Mattera, quella che oggi potremmo definire una single a oltranza e che all'epoca era solo una zitella, brutta come la morte e buona come il pane. Illustrandoci le statue greche, pose l'accento sul naso volitivo, tipico della popolazione della vecchia Ellade. Così Paolo Vitiello, elegante e brevilineo figlio di San Pasquale a Chiaia, il cui profilo era ornato da un enorme naso a patata, divenne « il Greco ». Poi, in rigoroso ordine sparso: Maurizio Totaro, detto *'o Chiattone*, cento chili di simpatia e bontà su un metro e tanta voglia di crescere; Luigi Billaro, un fotomodello, bello come il sole, sempre abbronzatissimo, nome di battaglia: *'o Marchese.* E infine Stefano Ruotolo, una forza della natura, fisico da cinghialotto della Maremma, una faccia tosta senza pari, un coraggio non comune, che in onore dei centurioni della Roma imperiale, sempre narrati dalla Mattera, venne soprannominato *'o Romano*.

Ah già, poi c'ero anch'io: Francesco Giuliani, per tutti *'o Zezo*, che se volessimo tradurlo letteralmente in italiano sarebbe qualcosa come « cascamorto dalla gentilezza un po' mielosa ».

Invero singolare come soprannome e decisamente arcaico. Ma nella antica Partenope i nomignoli non si scelgono, si subiscono.

Eravamo tutti figli della Napoli alto-borghese, nessuna situazione familiare complessa, né problemi scolastici, di donne, di alcol o di dipendenze da sostanze stupefacenti. La nostra unica droga aveva una forma sferica, un colore arancione, un peso di duecentottanta grammi e un nome brasiliano: Super Santos. Più che un semplice pallone, il manifesto di una generazione. Costava cinquecento lire, e se lo sapevi maneggiare ti poteva condurre in paradiso.

Poi, se avanzava tempo, andavamo anche a scuola.

I teatri delle nostre prestazioni sportive erano due, molto diversi l'uno dall'altro. La Rotonda Diaz era uno spiazzo, in realtà quadrato, in mattonelle, al cui centro era posta la statua del suddetto eroe della Prima guerra mondiale, autoctono generale del Regio Esercito, divisa dal mare solo dalla trafficatissima via Caracciolo. Lì la vita media di un Super Santos era di circa un'ora, perché qualsiasi rinvio maldestro lo mandava sulla strada, dove veniva matematicamente incornato da un'auto in corsa, che altrettanto matematicamente lo spediva in mare. E a quel punto o si trovava qualcuno disposto a tuffarsi nelle acque melmose di Mappatella Beach, oppure, più semplicemente, si faceva la colletta e se ne acquistava un altro.

Perciò preferivamo decisamente l'altro campo. Denominazione ufficiale: I Tre Palazzi. Via Andrea d'Isernia, dove si trovavano la mia casa e la nostra scuola, terminava in un vicolo cieco chiuso dalle scalette che salivano a via Crispi e formava così uno slargo asfaltato, chiuso da tre palazzi e una scalinata, poco frequentato, perfettamente illuminato. Una porta era lato mare, disegnata con vernice blu sul muro di un palazzo. L'altra era lato Vomero, i due sostegni del corrimano della scalinata a delimitarla con precisione.

L'unico problema era che quei palazzi erano abitati e noi non è che fossimo proprio silenziosi. Gli inquilini ci tolleravano solo perché eravamo attenti a rispettare il riposo: non giocavamo mai alla controra, bensì di solito la mattina, quando marinavamo la scuola, e poi dal tardo pomeriggio fino all'ora di cena, che però a Napoli è alle 21.00. Questo ci consentiva di proseguire fino a orari da match in notturna. La convivenza tra calciatori di strada e residenti fu sempre tranquilla. Nella memoria collettiva si ricorda un solo grave incidente. A provocarlo fu il Romano, che giocava da centromediano metodista, modello Salvatore Bagni, e quando decideva di interrompere un fraseggio avversario non andava tanto per il sottile, si lanciava sul pallone con violenza inaudita e spazzava tutto: palla, caviglie e malleoli. Quel giorno irruppe sul Greco, che lo stava facendo innervosire con una serie di dribbling giudicati offensivi dalla sua morale, con una violenza belluina. Colpì il Super Santos in pieno, facendolo impennare, velocissimo, fino al terzo piano. La sfortuna volle che di tutte le finestre centrò l'unica aperta. La sfera arancione scomparve all'interno della casa come se fosse stata inghiottita da un buco nero. Sul campo dei Tre Palazzi scese un silenzio siderale, rotto dopo un istante che parve eterno da un agghiacciante rumore di vetri in frantumi, seguito da un tonfo sordo. Il campo si svuotò in un nanosecondo e tutti cercarono di nascondersi dove meglio potevano. Nessuno tuttavia riuscì a fuggire sufficientemente lontano da non sentire un latrato straziante: « Maronnamia! Hann'acciso 'o marito mio! Hann'acciso 'o marito mio! »

Rimanemmo attoniti.

Il Romano, dopo un momento di indecisione, si alzò e si avviò lentamente sotto la finestra della signora. Poi, piangendo, urlò: « Signò sò stato io, gli altri non c'entrano! Chiammate 'e guardie, io aspetto qui e mi costituisco ».

Seguirono attimi, infiniti, di silenzio. Poi il latrato animalesco venne sostituito da una voce umana gracchiante, per quanto ancora notevolmente alterata: « Strunzo, saglie ca ncoppa e vire che cazz'hai cumbinato ».

La signora Maria Giliberti, vedova Noviello, sessantenne grassoccia dalle gote rosse che pareva Heidi, aveva conservato le ceneri dell'amato marito sul tavolo di legno intarsiato del salotto. Il Super Santos, disegnando una traiettoria degna dell'Apollo 13, entrò dalla finestra, dal basso verso l'alto, abbatté il lampadario di cristallo appeso al centro del soffitto, facendolo precipitare rovinosamente sul tavolo sottostante dove distrusse l'urna cineraria del signor Noviello. Noi, che già ci vedevamo nel carcere di Poggioreale, tirammo un sospirone di sollievo: la nostra fedina penale sarebbe rimasta immacolata. Aiutammo la signora a recuperare le ceneri e impiegammo le paghette di due mesi per ricomprarle il lampadario e le cornici. Il tavolo no: era un regalo della suocera e la signora Giliberti ne approfittò sornionamente per disfarsene.

Ma i Tre Palazzi furono teatro anche di episodi meno cruenti. Pochi mesi prima, in un assolato sabato pomeriggio d'estate, il Super Santos sotto le braccia, ci dirigevamo verso il nostro campo da gioco, ma fummo insospettiti da una fila di camion e roulotte che ci occupavano la visuale.

«Azz', hann'arrivat'e zingare!» sentenziò il Romano.

Non finì la frase che fummo fermati da un vigilante: «Uagliù aro' iate? La strada è chiusa!»

«Ma quale chiusa, chist'è 'o campo nuostro!» ringhiò il Chiattone.

«Da oggi non più. Stanno girando un film. Iatevenne!» disse la guardia.

«'Nu film? Ma statte zitte, e lievet'annanze.»

Il Romano si stava innervosendo. E stava trascinando con sé tutta la truppa, pronta a battersi per il suo stadio. All'improvviso, però, fummo interrotti da una voce, un po' stridula, ma garbata: «Alfonso, lasciali passare».

La guardia obbedì immediatamente e si fece da parte.

Era un ragazzo alto, magro, dinoccolato, i capelli ricci, gli occhi buoni, la faccia simpatica.

« Piacere ragazzi, mi dispiace avervi tolto il campo, ma state tranquilli è solo per qualche giorno, appena finite le riprese ce ne andremo e ve lo restituiremo più bello di prima. »

Il Romano era poco convinto: « Azz', vir'a chisto comme parla forbito! Nè, ma tu chi sì? »

« Sono il regista del film. Se venite con me vi faccio vedere il set. »

Scusate il ritardo vinse due David di Donatello e fu visto da milioni di italiani. Le scale che fungevano da porta allo stadio immaginario della nostra gioventù fecero da sfondo a una delle scene più memorabili del cinema italiano e oggi portano il nome del suo autore e regista, un genio della cultura italiana: Scale Massimo Troisi.

Se lo street soccer, come si direbbe oggi, era la nostra grande passione, il nostro sogno rimaneva quello di giocare in un campo vero, con porte vere. E si materializzò grazie a don Marco, don Marco Milani, milanese del Casoretto, trasferito dall'arcidiocesi di Sant'Ambrogio alla nostra parrocchia di San Francesco d'Assisi a Mergellina per ragioni avvolte nel mistero. Le malelingue giunte da Milano insinuavano si fosse invaghito, opportunamente ricambiato, di una splendida donna che aveva salvato dal giro della prostituzione. La mala della Barona non era stata poi così felice di perdere la migliore performer della scuderia e quindi, diabolicamente, aveva deciso di segnalare questa *liaison dangereuse* all'arcivescovo, con lettera firmata.

Giovane, bello ed energico, don Marco divenne ben

presto il beniamino delle prefiche che infestavano la parrocchia, ma anche di diverse giovani signore sposate, alle quali, nevvero, non faceva mai mancare il suo sorriso alla Tom Cruise. Appassionato di poker, capitava spesso che organizzasse vere e proprie bische clandestine nella canonica, con l'obiettivo principale di spennare quel cafone di don Alfonso Iannicelli, il proprietario della Boulangerie Delizia sita proprio accanto alla chiesa, il quale riusciva a perdere centinaia di migliaia di lire ogni sera senza potersene nemmeno lamentare con la moglie, che se solo avesse saputo che il marito dilapidava gli incassi giocandoseli a carte con un prete lo avrebbe cacciato di casa seduta stante. Il denaro delle vincite, don Marco non lo utilizzò mai a fini personali. Si capiva dalla smisurata quantità di fiori sempre freschi che adornavano l'altare, dai pacchi viveri donati ai poveri del quartiere, dalle ristrutturazioni di alcuni elementi della chiesa in decadenza.

Come tutti i don che si rispettino, anche Marco disponeva di una perpetua personale. La sua si chiamava Maria, vedova settantenne, schietta e determinata, teneva la chiesa e la canonica come uno specchio. I due erano affiatati, fatto salvo un paio di punti critici: la comunicazione e la cucina.

La prima era a dir poco claudicante perché la signora Maria parlava in dialetto verace e don Marco faticava a capirla. Esasperato, rispondeva con esortazioni tratte dal repertorio di Giorgio Gaber, assolutamente sconosciuto alla signora Maria, che in quanto a teatranti era rimasta ai fratelli De Filippo.

Il secondo problema era ancora più delicato: lei era una cuoca straordinaria, specializzata in ricette della cucina popolare: pasta patate e provola, gnocchi alla sorrentina, casatielli, *purpetielli*, parmigiane, tutto affogato in decilitri di olio che rendevano i piatti, è vero, molto saporiti, ma anche ipercalorici. Per uno sportivo, consapevole del proprio fisico, un veleno letale! E così spesso accadeva che il don ci chiedesse di trattenerci a cena con lui, per spazzolare tutto e non infliggere un colpo al cuore e all'orgoglio della sua perpetua. Dopotutto alla nostra banda della sua vita sentimental-sessual-ludopatica-cibountofobica importava poco o nulla. Gli volevamo bene e basta. Don Marco, anche per motivarci a seguirlo nella fede, ci aveva iscritti al campionato parrocchiale di calcio. Piccolo particolare non trascurabile, la nostra parrocchia non aveva un campo. Ci pensò su, fece un paio di telefonate e alla fine, grazie a un suo vecchio compagno di seminario, riuscì a stabilire la nostra casa agonistica presso l'oratorio della chiesa di Santa Maria di Costantinopoli, a pochi passi dal Museo nazionale di piazza Cavour. Per noi di Mergellina, territorio apache. Il don lo aveva avuto gratis, ma come tutte le cose gratis, soffriva di una *diminutio* importante: il campo non era rettangolare, ma trapezoidale. Essendo inserito nella vecchia pianta urbanistica del quartiere, il lato destro, passata la bandierina di metà campo, convergeva con una retta piegata di venti gradi verso la linea di fondo. La FIGC non lo avrebbe mai omologato, il comitato parrocchiale invece non ebbe dubbi. D'altra parte a loro non interessava tanto il gioco del calcio quanto il proselitismo di nostro Signore: e uno che trasforma l'acqua in vino e resuscita i morti, figuriamoci se non poteva giocare a pallone su un campo a trapezio. I risultati sportivi non furono all'altezza delle aspettative, ma divenimmo egualmente famosi con l'appellativo di *chille ro campo stuorto*.

Dal calcio oratoriale a quello professionistico, giocato in uno stadio vero, è un attimo. La passione più bollente del nostro gruppetto di piccoli uomini era, ovviamente, la Società Sportiva Calcio Napoli, simbolo e orgoglio di un'intera città. Andare allo stadio San Paolo nell'era premaradoniana era un'esperienza unica: appuntamento fisso ogni domenica – perché le partite, tutte, si giocavano alle 14.30 del giorno di festa – ai Tre Palazzi a mezzogiorno in punto. Il Chiattone arrivava in sella alla Vespa, con la sigaretta in una mano e la colazione sbocconcellata nell'altra. Già, la colazione. A Napoli per colazione non si intende cappuccio e brioche come in qualsiasi altro luogo normale, ma qualcosa di molto più sostanzioso. Normalmente la si consuma nella tarda mattinata e fa da prodromo al pranzo, che seguendo le antiche tradizioni borboniche difficilmente viene consumato prima delle due di pomeriggio. Sfilatino imbottito di prosciutto crudo e fiordilatte, la più gettonata. E sul fiordilatte mi occorre fare una precisazione: nella capitale del Regno delle Due Sicilie, il termine mozzarella non ha un chiaro significato. A Napoli esistono l'aversana, di bufala, grassa, schiumante siero e latte, esagerata, e, appunto, il fiordilatte, di vacca, più dolce, compatto e non lattoso. Il napoletano, che sa il fatto suo, quando va in salumeria e chiede una colazione, sa già che la base sarà composta dallo sfilatino, farina 00, croccante, poca mollica, cotto al forno elettrico; da non confondere col filone, farina di grano duro, lievito madre, cotto nel forno a legna, denominato in gergo *pane cafone*, ottimo per accompagnare zuppe e intingoli. In quanto al companatico, insaccato a scelta, con preferenza per la mortadella, che a Napoli si chiama mortadella e non *bologna*. Per i più ricchi un bel crudo di Parma. Sempre accompagnati da fiordilatte o scamorza, perché l'aversana inonderebbe lo sfilatino di siero, trasformandolo in una pappetta immangiabile.

Il Chiattone, come detto, era il primo ad arrivare con la sua 50 Special bianca, seguito dal Greco, sempre inappuntabile con il suo maglioncino Lacoste e le Timberland ai piedi – a San Babila sarebbe stato perfetto – con la 50 PK blu. Poi arrivava il Marchese, sul suo Sì Piaggio, e infine il Romano, 50 PK verde truccata, sempre trafelato e in ritardo, causa perenni questioni con la mamma, una *vaiassa* opprimente. Ogni tanto si univano Rachele e Loredana, ciascuna col suo Ciao. Entrambe tifose sfegatate, allo stadio si trasformavano da fanciulle eleganti in diavolesse scatenate. Rachele, vivace quattordicenne umbertina, nel senso di alunna del Liceo classico Umberto I, il più esclusivo della città, era amica della sorella del Marchese, Loredana, che per ottenere dalla madre la libera uscita in modo da poter limonare in santa pace con il suo fidanzatino aveva bisogno di una sponda, quella della sua amica Rachele, e della sponda della sponda, cioè io. Rachele era bellissima, e io la osservavo timidamente con gli occhi dell'amore e con il cuore che mi batteva a mille mentre lei non mi filava di pezza: la nostra prima uscita si era rivelata un disastro, a causa dell'emozione ero riuscito a spiccicare solo poche parole e pure male articolate. Annoiata, aveva abbandonato il Burger King mentre stavo ancora addentando il mio Whopper, e io non avevo avuto la prontezza di lasciare il succulento panino per correrle dietro. Dopotutto, io ero ancora un bambino e lei una ragazza già pronta alla vita. Due pianeti, macché, due sistemi solari diversi...

La nostra strada per lo stadio era sempre la stessa: discesa in picchiata dell'Arco Mirelli, subito a destra sulla Riviera di Chiaia, meravigliosa arteria costruita dagli spagnoli in riva al mare per alleviare i dolori dell'oppressione offrendo al popolo dominato una *promenade* sulla spiaggia da cui godersi i colori e gli odori del Golfo. Procedendo verso nord la Riviera termina in piazza Sannazaro, nota anche come piazza Piedigrotta, quella del famoso festival della canzone napoletana, sede del nostro quartier generale gastronomico, la storica pizzeria-friggitoria Da Pasqualino, un'istituzione del quartiere, frequentata all'epoca, fra gli altri, da Renzo Arbore e da tutto il clan di *Quelli della Notte*. Piedigrotta: perché da qui o tiri dritto verso Posillipo, la terra dei *chiattilli*, i fighetti locali, oppure volti a destra e ti infili, appunto, nella grotta. No, non è come quella di Betlemme, ma è solo il frutto della prorompente urbanizzazione partenopea dei decenni precedenti. Obiettivo: accelerare i collegamenti tra il centro e i quartieri a nord, consentendo, nevvero, ai signori di arrivare velocemente allo stadio, ma anche ai tamarri di Fuorigrotta, Soccavo e Pianura di venire a visitarci a Mergellina e San Pasquale.

Percorrere il chilometro o giù di lì della grotta, o meglio della galleria, in un giorno di partita, insieme a migliaia di vespette scarburate, era come inoltrarsi sulla tangenziale di Pechino senza maschera antigas. Se ne uscivi vivo, ti ritrovavi all'inizio del lunghissimo rettilineo di viale Augusto, che in quegli anni assurse, suo malgrado, agli onori della cronaca cittadina a causa di un innocente acronimo: LTR, per esteso Linea Tranviaria Rapida. Successe che l'assegnazione dei Mondiali di calcio del 1990 riversò sulle città italiane un fiume di denaro, destinato non solo alla ristrutturazione degli stadi, ma anche a ritocchi e rifacimenti urbanistici. Il Comune di Napoli decise di destinare gran parte dei fondi alla costruzione della LTR, una sottospecie di metropolitana rachitica che avrebbe dovuto collegare velocemente piazza Municipio con lo stadio San Paolo. La conformazione urbanistica della città, o più semplicemente la sfiga, vollero che casa mia si trovasse lungo questo accidentato tragitto. Fecero arrivare una talpa supertecnologica dal Giappone, che voci popolari volevano fosse costata il triplo dell'Italsider di Bagnoli. Guidata da tre samurai kamikaze, cominciò a bucare dapprima la Riviera di Chiaia, e poi, appunto, viale Augusto, rimbambendoci di rumore, tanto che mia mamma imparò a parlare come i tecnici della Caterpillar, negli intervalli delle perforazioni.

La posa di questa opera faraonica raggiunse tali livelli mitologici, che l'architetto Edoardo Bennato, con lo pseudonimo di Joe Sarnataro, suo alter ego e uomo della strada, su questo argomento scrisse alcune preziose riflessioni, poi messe in musica con armonica e chitarra come solo lui sapeva fare:

Pe duie anne
e duie mise
'o rummore m'ha acciso
notte e ghiuorno, ma che
teneveno a scavà... m'o dicite
sotto viale Augusto che ce sta?
(Edoardo Bennato, 1986)

Ovviamente, che cosa diamine ci fosse sotto viale Augusto ce lo chiedevamo un po' tutti, non soltanto Bennato, e tra la popolazione cominciò a serpeggiare un dubbio: la metropolitana la stavano realmente costruendo oppure, più semplicemente, cercando? Nessuno di noi poteva purtroppo sapere che scavare la groviera calcarea di Partenope era un'opera impossibile: man mano che il talpone ninja andava avanti, indietro crollava tutto e bisognava ricominciare da capo. E così, mentre la LTR rimase un'entità astratta, noi continuammo ad andare al San Paolo col vespino.

Sbucati su viale Augusto, subito sulla sinistra svettava il Jai Alai, l'enorme tempio della pelota basca, costruito negli anni Cinquanta. Avete capito bene! Pelota basca. Uno sport che si gioca a Bilbao, a San Sebastián... e a Napoli! Si prende una palletta, la pelota appunto, e con un attrezzo strano, la *chìstera*, la si lancia contro un muro distante cinquanta metri. La palletta, che è tipo palla magica, torna indietro e il tuo avversario la deve acchiappare con la sua *chìstera* e la deve rimandare indietro. Una volta il Chiattone prenotò, si poteva giocare anche a quattro. Ci costò uno sproposito, ma a fine partita non avevamo ancora capito lo scopo reale del gioco e gli ultimi minuti li impiegammo a rincorrerci per il campo brandendo gli aggeggi tipo mazze. Fummo cacciati anzitempo dalla security e avendo speso tutta la paghetta costringemmo il Chiattone, per sdebitarsi di una serata fallimentare, a chiedere un prestito al fratello e portarci tutti all'Elettroforno di piazzetta San Luigi, a Posillipo, la miglior pizza al taglio della città. Come diamine fosse arrivata questa mania esotica in una città obnubilata dal calcio, rimase un mistero per diversi anni. Poi ci pensarono i magistrati a svelare la solita storiaccia di camorra, riciclaggio, passioni monocratiche e taglieggiamenti, di cui il Jaj Alaj era solo una mera lavanderia.

A metà di viale Augusto, già si intravedeva la sagoma imponente della Curva A dello stadio San Paolo, esempio di architettura brutalista degli anni Cinquanta. Parcheggiavamo le vespe sotto la curva, intendendo proprio che le appoggiavamo al muro di cinta, facevamo il biglietto al botteghino, settemila lire, ed entravamo. Nel frattempo, si era fatta l'una e, Chiattone escluso, eravamo tutti digiuni. Ma non era un problema: il tifoso medio giungeva allo stadio attrezzato di tutto punto, con varianti dettate esclusivamente dal susseguirsi delle stagioni. L'inverno era pasta al forno, *casatiello* e Lacrima Christi del Vesuvio; l'estate, *'e palle 'e riso*, la parmigiana di melanzane e il Biancolella d'Ischia gelato trasportato in apposita borsa frigo. E il napoletano offriva a tutti, sempre, anche se non ti aveva mai visto prima in vita sua. Un popolo d'amore, come ci ha insegnato il professor De Crescenzo.

La squadra purtroppo era alquanto modesta, si barcamenava a ridosso dei bassifondi della classifica. L'unica grande soddisfazione fu fermare la grande Juventus di Platini e Trapattoni. Al gol del pareggio del nostro centravanti il San Paolo tremò talmente forte che l'Istituto nazionale di geofisica e vulcanologia avvisò la Protezione civile, immaginando che la scossa tellurica annunciasse una imminente eruzione del Vesuvio. Insomma, non si vinceva mai. Ma noi ci divertivamo comunque. Poi nel 1984 arrivò Diego e tutto cambiò, nel bene e nel male. La squadra cominciò a salire in classifica, ma la pasta al forno fu sostituita dai bengala, i bicchieri di vino dai colpi di mazza. E per qualche tempo al San Paolo non ci misi più piede.

Il primo campionato di Dieguito fu di necessario ambientamento. Ma già dal secondo anno il presidente Ferlaino cominciò a sostituire i rustici personaggi dell'era precedente con campioni affermati come Bruno Giordano, Salvatore Bagni e Daniel Bertoni, affiancati da alcuni ragazzi della primavera, dalla grinta smisurata e dal fulgido futuro. Il Romano, il nostro capo ultrà, criticava apertamente la società per il ricorso a giovani imberbi. Un lunedì mattina, durante la ricreazione, uscì repentinamente dalla porta e con lo sguardo cupo puntò all'aula magna. Noi lo seguimmo incuriositi. Giunto a destinazione, non essendo proprio un marcantonio, dovette issarsi sulle punte per osservare la folla accalcata davanti al banco dei panini. Poi, individuato il suo obiettivo, partì a testa bassa: « Cì! Ciroooo! »

Un giovane alto e magro, dal naso adunco e dai modi gentili si riconobbe nel richiamo e gli andò incontro sorridente.

Il Romano partì in quarta: « Cì, ma ieri pomeriggio

stive durmenno? Galderisi, chillu nan'e merda, chillu muorto, t'ha fatto 'na chiavica! »

Il giovane Ciro lo guardò dall'alto in basso, poi esclamò: « 'O Romà, domenica prossima viene a Paolo Rossi, vulesse venì tu a marcarlo? »

« Cì, sì 'nu pagliaccio. Dicimmece 'a verità, 'o pallone nunn'è cosa tua, tu non sarai mai nisciuno! »

Vabbè, il diciottenne Ciro, titolare nella SSC Napoli con Diego Armando Maradona, maturando nella nostra gloriosa scuola, di cognome faceva Ferrara e qualche anno dopo sarebbe diventato campione d'Europa e del mondo con la Juventus.

Il Romano aveva fiuto...

Oltre al calcio c'era anche il basket. Ma quella fu una scelta di mio padre Luigi, cui non piaceva affatto sapermi in mezzo alla strada, dalla mattina alla sera, a correre dietro un pallone, assieme a soggetti dalla dubbia moralità. Perciò mi iscrisse d'ufficio a un corso della Federazione italiana pallacanestro. Economista marxista e vicedirettore della sede IBM di Napoli, Luigi nutriva un odio atavico per tutti gli ingegneri elettronici, che considerava uno strumento diabolico nelle mani dell'edonismo reaganiano, e un amore viscerale per i suoi operai, che a sua volta lo idolatravano come fosse Mao Tse Tung.

Era un uomo tutto d'un pezzo, esigente e rigoroso, da prendere a piccole dosi pena un sovraccarico di angosciante senso del dovere. Era nato in una sperduta stazione ferroviaria di uno sperduto paesino del profondo Salento, nel pieno della Seconda guerra mondiale, da nonna Anna, detta Nina, la donna più bella, dolce e amorevole della mia vita, e da nonno Francesco, uomo buono e onesto, fervente antifascista, che si vantava di non aver mai fatto un saluto romano in vita sua, dirigente delle Ferrovie Sud-Est, lascito borbonico a collegare Lecce con la sua provincia, capostazione di Santa Maria di Leuca, più conosciuta come *De Finibus Terrae*, in pratica il posto più in culo al mondo di tutto lo stivale. Per comprendere chi fosse nonno Francesco, e come di conseguenza fosse cresciuto papà Luigi, può essere utile un breve ma significativo episodio.

Pochi mesi prima dell'armistizio, nella primavera del '43, gli Spitfire di sua maestà britannica, decollati dalle portaerei che dominavano incontrastate il Mediterraneo, perlustravano le terre rosse di vigna e ulivi del Salento, oramai abbandonate sia dai tedeschi in fuga verso casa, che dagli italiani, in fuga da se stessi. La sfiga volle che uno di questi sorvoli avvenne mentre Francesco stava coordinando il carico di liquidi nei carri cisterna. Osservò a lungo gli aerei che gli volteggiavano sulla testa e il suo viso si fece tetro. Aveva capito che quelli erano convinti di aver scovato un convoglio per il trasporto carburante destinato alle truppe dell'Asse.

Salì a casa e disse a mia nonna che quella notte sarebbe stato più opportuno che lei e il piccolo Luigi andassero a dormire nel deposito del carbone, distante quattrocento metri dalla stazioncina e dai binari.

E infatti, alle due in punto, uno Spitfire in volo solitario attaccò la stazione di Santa Maria di Leuca con la mitragliatrice di bordo, colpendo più volte i carri cisterna, da cui, nella notte rischiarata dalla luna piena, il pilota vide fuoriuscire a fiotti un liquido scuro.

L'aereo britannico fece un altro paio di sorvoli radenti, poi si allontanò soddisfatto.

E mentre lasciava le terre brulle del Salento per fare rientro alla sua portaerei, il pilota chiamò il suo comando: « Mission accomplished! I have shot the gasoline wagon tankers, the train is out of service ».

« Good job, we wait for you » risposero dalla portaerei.

Terminato l'attacco il capostazione uscì dal rifugio, si avvicinò al treno, contemplò il disastro e fece rapporto.

Qualche giorno dopo, dalla Direzione di Lecce, arrivò un nuovo treno cisterna da riempire.

Appena il giovane capostazione lo vide, corse giù in paese, da don Salvatore Calò, emigrato in gioventù a Chicago, e rientrato prima della guerra per concludere in serenità la sua esistenza terrena nell'amata terra natia. Tornò da mia nonna con un pizzino e una strana richiesta: « Nina, dammi un lenzuolo bianco e delle forbici ».

Nina, anche se a casa comandava lei, eseguì senza discussioni.

Francesco prese un secchio di vernice, e salì sul tetto. Dopo circa un'ora ne ridiscese, stanco ma soddisfatto.

Alle quattro di quel pomeriggio il rombo cupo e inconfondibile del motore Rolls Royce ruppe il silenzio della campagna salentina.

Il mio futuro nonno uscì sul piazzale, alzò gli occhi al cielo, notò lo Spitfire avvicinarsi, compiere un primo giro, un secondo e un terzo a quota sempre più bassa, per poi, improvvisamente, allontanarsi. Francesco, allora, rientrò in casa e annunciò soddisfatto alla sua Nina che d'ora in poi gli attacchi aerei sarebbero cessati. Nina salì in terrazzo e vide il lenzuolo steso in terra con una grande scritta. Provò a leggerla, ma era una lingua che non conosceva: « STUPID MAN, IT'S ONLY WINE! »

Da cotanto ironico genio venne fuori Luigi, altrettanto genio, decisamente meno ironico. Diplomato al Liceo scientifico di Lecce col massimo dei voti, fu assunto come apprendista dalle ferrovie: dall'alba al tramonto a battere, a piedi, interi tratti della linea ferrata da Santa Maria di Leuca a Lecce, sessanta chilometri, per controllare binari, traversine e bulloni. Di pomeriggio faceva il volontario della Croce Rossa all'Ospedale di Tricase, la sera insegnava alla scuola serale del paese, di notte studiava Economia, prendendo, ovviamente, tutti trenta e lode. Poi, appena laureato, raccolse la chiamata di IBM, mollò il paesino e iniziò una lunga e ben remunerata carriera.

È facile intuire come per un figlio avere un padre così possa essere una vera disgrazia: o vieni fuori Einstein con i poteri di Superman, oppure diventi candidato alla depressione più nera. Io scelsi una prudente via di mezzo.

Per la sua felicità, tanto ero scarso a calcio quanto ero talentuoso nella pallacanestro, e feci una rapida trafila che mi condusse direttamente nelle giovanili del Napoli

Basket. A ogni stagione che passava, però, la pressione aumentava: l'insopportabile competizione tra compagni di squadra, un agonismo estremo che mi nauseava. Io volevo solo giocare felice insieme ai miei amici, possibilmente a calcio. A sedici anni, dissi al coach che per me la scuola era più importante. Mi diedero retta e, senza remora alcuna, mi fecero fuori.

Già, la scuola. La nostra classe era molto numerosa, quarantadue alunni, ma i professori non ne erano affatto preoccupati. Sapevano che la selezione naturale ci avrebbe decimati e che al diploma saremmo arrivati in meno della metà. La provenienza era piuttosto variegata: da Mergellina, il mio quartiere, quello famoso in tutto il mondo, a San Pasquale, il distretto chic dove abitavano i miei compari, e ancora Posillipo alto, quello dei ricchissimi, e basso, quello dei medio-borghesi, per poi passare a Fuorigrotta, cuore del proletariato urbano, e terminare nella famigerata Pianura, uno dei quartieri più difficili della città. In barba al melting pot, non ci mischiammo mai. Ognuno rimase coi suoi simili. Napoli è tante città in una, parlavamo lingue diverse, avevamo storie e obiettivi di vita differenti.

Due terzi della classe erano donne, nessuna delle quali particolarmente avvenente. Tra maschi e femmine prevalevano rivalità e antipatie. Il Romano, il nostro comandante in capo, le *perculava* fino allo sfinimento. Aveva una parola avvelenata o un commento salace per tutte.

Fra le ragazze c'era chi la prendeva con filosofia, chi gli

rispondeva a tono, chi piangeva a dirotto e chi se la legò, pericolosamente, al dito.

Vincenza Varriale da Pianura, naso adunco, occhi spiritati, fisico mascolino e antipatica come un dito nel naso, divenne presto la vittima designata del Romano. Gliene fece e gliene disse di tutti i colori per mesi e mesi. Oggi sarebbe stato incriminato per bullismo, all'epoca invece queste dispute venivano risolte in altro modo. La ragazza, infatti, non mostrò mai alcuna emozione, ma al contrario lo guardava fisso negli occhi con aria di sfida. E un giorno capimmo il perché.

Era un sabato sera di inverno. Vittime, come molti studenti napoletani, dei doppi turni, al suono della campanella ci stavamo avviando all'uscita, con la frenesia della serata festiva da goderci, quando appena messo il piede fuori dal cancello dell'istituto mi sentii afferrare per il colletto: « Tu sei della prima A? Sì? E allora aspetta qua ».

Erano in quattro, giubbotti neri, visi tutt'altro che amichevoli, atteggiamento da gangster di periferia. Pianura, appunto. Prima fermarono me e il Greco, poi il Chiattone e il Marchese, poi gli altri maschi della classe. Ci misero tutti spalle al muro, intimandoci il silenzio assoluto, il tutto mentre alle loro spalle una ragazza ci guardava con occhi fiammeggianti, pieni di odio. Era lei, Vincenza Varriale.

« Aspè Sasà, ne manca uno! 'O cchiù malamente » ordinò con la sua voce da gallina.

Ecco, in effetti ne mancava proprio uno: il Romano. In sostanza ci ritrovammo vittime inconsapevoli di una spedizione punitiva ai danni di Stefano Ruotolo, reo di aver offeso l'onore di Vincenza Varriale, reato che a Pianura si paga col sangue, che ad andarti bene è quello di un naso rotto a pugni. Ma il Romano, che aveva sette vite come i gatti e occhi sul retro come i ramarri, guardando dal finestrone mentre scendeva le scale, si era accorto che c'era qualcosa di anomalo, quindi si era furtivamente staccato dal gruppo e si era acquattato in un angolo della portineria, a osservare gli eventi. Una volta appurato che il ricercato era lui, decise bene di darsela a gambe verso l'unica zona dove nessuno mai lo avrebbe cercato.

Sasà ci sottopose a un interrogatorio in puro stile Gestapo. Da un momento all'altro, pensavo, sarebbe giunto Göring e ci avrebbe cavato gli occhi con un temperino rovente. Voleva assolutamente sapere dove fosse il nostro compagno e aggiunse, senza tanti giri di parole, che o consegnavamo il Romano o ci avrebbe restituito alle rispettive famiglie dentro dei sacchi di plastica nera. Ma per noialtri il terrore di quella minaccia non era nemmeno lontanamente paragonabile alla rabbia verso quell'infame del nostro amico che ci aveva lasciato in balia di un manipolo di psicopatici. Ma proprio mentre la tensione sembrava raggiungere il suo apice massimo, quando stavano per partire i primi ceffoni, si udì un urlo distinto provenire dall'alto: « Lote!!! Venitemi a prendere, sono qua! »

Era salito sul tetto della scuola come Diabolik, e se ne stava inginocchiato in preda a una smisurata euforia.

« Lote!!! Vi sto aspettando! »

Sasà e i suoi compari lo osservarono inebetiti.

Il Romano si alzò in piedi, pugni sui fianchi, e con un

colpo di teatro chiuse la sua performance urlando: « Varriale, sei talmente brutta che pure Freddy Krueger si piglia paura di venirti in sogno! »

Poi mostrò il dito medio a Sasà e scomparve sui tetti come don Diego de la Vega, fra gli applausi entusiasti del pubblico improvvisato. Il circo si sciolse, noi fummo rilasciati e accolti dagli astanti come reduci di guerra, Vincenza Varriale e il suo Sasà tornarono a Pianura a testa bassa. Non la rivedemmo mai più. Il giorno dopo presentò richiesta di trasferimento all'ITC di Marano, che il nostro pavidissimo preside accolse prontamente.

Gli anni scolastici furono piuttosto accidentati: i doppi turni, le assenze continue dei professori, tutti dotati di seconda e principale occupazione, gli scioperi. Questi ultimi per noi erano del tutto privi di interesse: la politica non ci importava, il '68 e il '77 erano lontani anni luce. La lotta di classe si era arenata, la scuola si era ammorbidita e i nostri anni Ottanta erano tutti lustrini e paillettes. Inoltre, non disponevamo, purtroppo, di ragazze con le quali andare a pomiciare sugli scogli di Posillipo. Avevamo solo il pallone e quindi nei giorni di sciopero annunciato non passavamo nemmeno sotto la scuola, dandoci appuntamento direttamente al campo.

A complicare ancora di più un quadro scolastico già compromesso, si presentò un evento del tutto inaspettato: il bradisismo, ovvero il periodico innalzamento del suolo che interessa alcune regioni vulcaniche, tra cui l'area dei Campi Flegrei. Nella prima metà degli anni Ottanta il bradisismo montò a un ritmo di tre millimetri al giorno, portando a un sollevamento complessivo di diciotto centimetri. Il tutto accompagnato da numerose scosse telluriche, fino a cinquecento al giorno, per un totale di più di diecimila sismi di diverse intensità, spesso percepiti solo dai sismografi ma alcune volte più intensi, fino al quinto grado della scala Mercalli.

In parole povere, ogni giorno c'era almeno un terremoto, tanto che dopo qualche mese ci abituammo tutti. Be', quasi tutti. La professoressa Feliciana Mattera sentiva arrivare il terremoto come i gatti. Nel pieno di un'accorata spiegazione, di quelle dettate dalla sua sconfinata passione, improvvisamente si bloccava e raggiungeva alla chetichella la porta dell'aula. In quel momento partiva la scossa, e la Mattera si gettava a rotta di collo lungo le scale, verso l'atrio e da qui all'uscita, lasciando ignominiosamente la classe al suo destino. Noi non ce ne avemmo mai a male: come da indicazioni del Provveditorato rimanevamo ai nostri posti fino al termine della scossa, poi ci affacciavamo alle finestre e in strada c'era lei, sola, minuta, immobile come una statua di sale, lo sguardo fisso nel vuoto. L'avremmo raggiunta tutti di lì a qualche minuto poiché a ogni scossa, anche minima, era obbligatorio evacuare l'edificio per consentire ai tecnici comunali di effettuare il sopralluogo. E, considerato che i tecnici potevano trovarsi ovunque tranne che sul posto di lavoro e che all'epoca non esistevano cellulari, bisognava attendere che terminassero di fare la spesa oppure si svegliassero dalla pennica e tornassero al Municipio, dove finalmente avrebbero ricevuto le necessarie direttive. Insomma, la giornata scolastica poteva dirsi abbondantemente conclusa.

Un'altra vittima dei terremoti era donna Marisa, mia mamma. Ne aveva un terrore primordiale, apparentemente ingiustificabile per una persona cresciuta in una delle poche zone d'Italia a bassa sismicità. Ma senza dubbio aveva ereditato anche questa bizzarra paura atavica da suo padre, che nelle lunghe sere di inverno intratteneva la famiglia, ancora priva della tv, davanti al braciere con racconti splatter in cui spadroneggiavano catastrofi naturali, morti viventi e comunisti che mangiavano i bambini.

E così Marisa, dopo tanto terrore raccontato, a Napoli provò quello vero. Quando il sisma ci sorprendeva a casa, mentre tutta la parte maschile della famiglia, oramai vaccinata, continuava nelle proprie faccende, lei andava a nascondersi sotto un tavolo di legno massiccio, tremando come un cucciolo impaurito, e lì rimaneva fino a che qualcuno di noi non le urlava che il lampadario, il suo punto di riferimento, aveva smesso di oscillare.

Era nata a Bari negli anni Quaranta, da Nonno Vittorio, industriale della gomma, carattere egocentrico, camicia nera della prima ora, quella della Marcia su Roma; gerarca della seconda, quella del Ventennio; rinnegato della terza, quella badogliana; missino della quarta, quella degasperiana, a pericolo oramai scampato. E da Nonna Amalia, figura esile, sia nel fisico che nell'animo, devotissima al Signore più che al nerboruto marito. Ultima di sei figli, alla giovane Marisa venne concesso di studiare fino ai gradi più elevati, e fu all'Università di Bari che conobbe

Luigi. L'inizio non fu dei più incoraggianti: i due giovani si ritrovarono, entrambi esaminandi, casualmente seduti vicini nell'anticamera del chiarissimo professor Sabino Conforti, docente di Diritto privato. Marisa fu subito attratta da quel bel giovane dai magnetici occhi verdi, e il suo carattere solare le diede una mano a rompere il ghiaccio raccontandogli della sua ansia per l'esame. Luigi rispose a monosillabi, troppo concentrato sul suo obiettivo, e Marisa confuse la determinazione di Terminator Luigi per timidezza. Ma il mio futuro padre in quel momento avrebbe risposto picche anche a una proposta oscena di Marylin Monroe. Marisa non si diede per vinta e prese a raccontargli una serie di pettegolezzi di facoltà, poi si accorse che il suo ascoltatore, reduce da una studiata sino all'alba, si era beatamente appisolato. Smise di parlare, si alzò di scatto e, affranta, si allontanò. Per fortuna Terminator, dopo il solito, insopportabile, trenta e lode, la riconobbe sulle scale e si fiondò a chiederle scusa spiegandole che non si trattava di noia, bensì di mera stanchezza fisica. Cupido scoccò la sua freccia su quello scalone dell'Università di Bari e da quel momento i due piccioncini divennero inseparabili. Mio padre moltiplicò i viaggi a Bari, accampando mille scuse accademiche che Nonno Francesco non si bevette. Si incontravano nell'androne della facoltà di Economia e facevano lunghe passeggiate mano nella mano fino al faro della bocca di porto.

All'epoca si usava così...

O almeno così ci hanno raccontato...

Il fidanzamento proseguì spedito fino a quando non giunse il momento, come da usanza dell'epoca, delle presentazioni ufficiali tra le rispettive famiglie. Luigi e Marisa sapevano di avere due background diversissimi, che avrebbero potuto porre in grave pericolo il loro amore, ma purtroppo quell'incontro era necessario e loro potevano solo provare a limitare i danni. Per equità geografica, come sede dell'evento fu scelto un noto ristorante di Savelletri, esattamente a metà strada tra Bari e Lecce, dove si mangiavano i migliori ricci di mare di tutta la Puglia. Nonno Francesco, che odiava i molluschi crudi, scelse di raggiungerlo con l'unico mezzo che concepiva. L'automotrice delle Ferrovie del Sud-Est lasciò la stazioncina del profondo Salento alle 4.30 in punto, e dopo quattro ore di viaggio li scaricò sulla banchina della sperduta stazioncina del piccolo borgo marinaro, dove rimasero ad ammirare in silenzio i marosi dell'Adriatico fino all'ora di pranzo, quando videro giungere con littoria puntualità una Mercedes nera dalla quale scesero Marisa, Amalia e Vittorio. Che il crudo di mare lo adorava.

Nonno Vittorio era impeccabile: abito scuro sartoriale, trench col bavero modello Ventennio, camicia nera stirata impeccabilmente, all'occhiello lo stemma della Repubblica di Salò. Nonno Francesco, a suo modo, non era da meno: abito grigio topo acquistato all'UPIM, camicia bianca e falce e martello nel cuore. Il primo sguardo fu gelido e alle presentazioni ufficiali si salutarono con un leggero movimento della testa senza stringersi la mano, poi non si rivolsero la parola per tutto il pranzo, lasciando il compito di allacciare le relazioni diplomatiche alle rispettive consorti. La politica della dissuasione aveva funzionato anche a Savelletri.

L'amore, alla fine, vince sempre e anche quella volta non fece eccezioni. I piccioncini di lì a due anni convolarono a giuste nozze e dopo poco più di un anno dallo scambio degli anelli emisi il mio primo vagito.

Mia mamma era una donna dolcissima. Coltivava una profonda fede per il Signore, debitamente ereditata da Nonna Amalia, provava un amore smisurato per il marito e la famiglia e si lasciava andare a una sola, enorme, passione: la cucina. Per lei cucinare era tutto, la si vedeva sempre indaffarata ai fornelli a preparare qualcosa, dai piatti tipici della tradizione a quelli più elaborati appresi in lunghe maratone di lettura della *Cucina Italiana*, la bibbia del mangiar bene nazionale. E tutto era rapportato alla cucina, anche gli eventi più impensabili. Un pomeriggio eravamo insieme a casa, io, bimbetto, davanti alla tv, lei sul divano al mio fianco a sferruzzare un cardigan in lana merino per Luigi, sempre molto esigente dal punto di vista dell'outfit anche in quei lontani anni Settanta. Davano *Lo squalo*, il primo, l'originale, quello del maestro Spielberg con Roy Scheider nel ruolo di capo della polizia della placida Amity Island, incantevole località sulle coste del Maine. In quelle fredde acque un bel giorno d'estate arriva un enorme squalo bianco che comincia a banchettare con chiunque si avventuri in mare. Che poi, una volta conosciuti gli States, mi sono chiesto, qualora nella realtà uno squalo bianco affamato avesse incontrato un bagnante americano medio, obeso, vorace e incazzato, chi avrebbe azzannato chi...

Ma, insomma, il pesciolone comincia a fare danni grossi, il capo della polizia non sa che «pesci» prendere e chiama in suo soccorso un biologo marino, il quale, compreso il reale pericolo, comincia a elencare una serie di soluzioni che portino a morte subitanea l'innocente bestiolina: scossa elettrica, bombe di profondità, bazooka...

« Mamma, ma secondo te qual è la morte ideale per un pesce? »

« La frittura! »

« Come la frittura? Mamma, quello è uno squalo bianco! »

« Squalo bianco... mmmh! Non l'ho cucinato mai! Comunque, sarà come il pesce spada... due pomodorini, una cipolla, e non ti sbagli! Uagliò, pochi minuti però, sennò se face stuppus! »

Un'enciclopedia della cucina.

Dopo una veloce laurea in Economia e commercio donna Marisa vinse un concorso pubblico, come funzionaria dell'Ufficio di gabinetto dell'assessorato Agricoltura e foreste della Regione Puglia, terra famosa per le sue foreste equatoriali, e lì effettivamente si imboscò senza muovere nemmeno una palpebra per ben diciannove anni, sei mesi e un giorno, il periodo minimo sancito da una equa legge dello Stato che consentiva ai soli dipendenti pubblici di conseguire l'eterno riposo retribuito all'età media di quarant'anni. Giusto in tempo per seguire l'amato Luigi quando questi proseguì la propria brillantissima carriera a Napoli.

Qui donna Marisa proseguì nel suo percorso di fede, animando le attività della parrocchia e creando, insieme a Maria, la perpetua di don Marco, un corso di cucina, in netto anticipo sulla futura tendenza dei cooking show.

Il corso ebbe un successo strepitoso e le massaie del quartiere accorsero numerose, tanto che si dovettero distribuire su vari turni. Le due insegnanti si divisero equamente il lavoro: Maria la perpetua a discettare sui piatti della cucina tradizionale napoletana, donna Marisa, da vera accademica, a intrattenere le astanti sui grandi capolavori della cucina internazionale.

« Allora, signore belle, una volta che i funghi sono trifolati prendete un ettogrammo di riso per commensale e fatelo sfumare in padella con vino bianco secco... » disse in una delle prime lezioni.

« Mi scusi Maestra Marisa » intervenne con una vocina timida Rosa Iannitti, l'edicolante di calata Arco Mirelli. « Mi deve scusare, ma questo commensale lo trovo alla boulangerie di don Alfonso? O è come il sale che usiamo noi a Napoli? »

« Signora Iannitti, la prego, queste sono le basi. Non mi importuni con queste sciocchezze. Su, sia collaborativa. »

Donna Marisa, visibilmente infastidita, non fece in tempo a completare la reprimenda alla Iannitti che intervenne Filomena Jovine, la moglie del fioraio: « Maestra Marisa, ma questo ettogrammo a quanti pugni corrisponde? Io il riso lo misuro con i pugni, per la pasta uso le mani, e per il sale i pizzicotti ».

« Ué, Uéé!!! E mo avast! Che domande sono queste qua? I pugni? Le mani? E ci è? 'U karatè? » Quando si alterava, donna Marisa tornava alla sua lingua madre. « Donna Filomè, fatemi il piacere, qua vi sto imparando l'alta cucina e voi vi dovete evolvere. Un ettogrammo è un ettogrammo. E basta. Poi se proprio non lo sapete misurare, pigliate un pugno di riso, buttatelo in faccia a vostro marito, se non fa una piega vuol dire che è poco, se invece si incazza, allora la quantità è giusta.»

E con questa equazione quantitativa di puro stampo femminista divenne l'eroina di tutta Mergellina.

Con Maria la perpetua, dunque, scattò un grande feeling, parlavano la medesima lingua, quella di Pellegrino Artusi. Con don Marco, molto meno.

Ecco, se vogliamo dirla tutta, don Marco non le piaceva per nulla: «Zez, hai visto come quelle gli sbavano dietro mentre fa l'omelia? Quello è 'nu filone».

«Mamma, che male c'è... il don è un bell'uomo, brillante, è ovvio che le parrocchiane non rimangano insensibili al suo fascino. Ma ti assicuro che lui è devoto al Signore.»

«'U Signore? So io a chi è devoto quello! Iè tale e quale a padre Ralph.»

«Ammettendo con riserva la tua ipotesi di accusa, qui manca il corpo del reato: Rachel Ward.»

«Stai zitto tu che non capisci niente di queste cose. Mi ha raccontato Maria che la sera gli cucina le meglio cose, ma quello non mangia nudde. Esce alle nove e non si sa a che ora torna. Ce prevt iè cusse?»

«Mamma, la calunnia è un venticello, Rossini ci ha costruito un'opera famosa.»

«Uagliò, a te tutta questa cultura te face male. Perché non esci per favore e ti vai a cercare una fidanzata?»

Perché alle mie coetanee non importava nulla che io sapessi a memoria tutto il primo atto del Barbiere di Siviglia...

*

Tornando alla scuola, il problema principale erano i doppi turni. Immerso com'ero nella realtà partenopea, scoprii che erano una peculiarità tutta napoletana solo durante la settimana bianca in Abruzzo, quando alla Scuola di sci conobbi giovani coetanei provenienti dal resto d'Italia, i quali, quando raccontavo che andavo a scuola di pomeriggio, mi guardavano stupiti pensando fossi un operaio delle scuole serali.

Per par condicio a ciascuna sezione venivano garantiti tre giorni di mattina e tre di pomeriggio. Ma studiare la mattina per essere interrogati al pomeriggio era come vivere sul fuso di New York, tutto capovolto e senza la notte a fare da cuscinetto e ad assestare la memoria. Cambiare fuso orario e abitudini ogni tre giorni avrebbe sfiancato i fisici più tonici e i cervelli più plastici, figuriamoci noi. Gli anni peggiori erano quelli in cui il trittico serale occupava la seconda parte della settimana, sabato incluso. Per uno studente trascorrere il sabato pomeriggio a scuola è un controsenso assoluto. Io riuscivo a cavarmela grazie ai permessi che la Federazione italiana pallacanestro richiedeva per gli atleti delle squadre giovanili di interesse nazionale, perché la maggior parte delle partite era fissata al pomeriggio del prefestivo.

Ma la vera tragedia era il sabato sera. Ci stavamo affacciando al mondo dei grandi, avremmo tanto voluto uscire con delle ragazze, come tutti i nostri coetanei, ma evidentemente le ragazze non volevano uscire con noi. Loredana si vergognava di presentarci le sue compagne di scuola, Rachele si era messa con un *chiattillo* di via Petrarca che la scarrozzava per i migliori locali di San Pasquale e del Vomero con la sua Gilera RV 125. Noi ci piazzavamo davanti al Liceo Umberto, sperando che qualcuna si accorgesse di noi. Non avvenne mai. Eravamo sfigati e consapevoli di esserlo.

Io non riuscivo a guardarmi allo specchio, mi vedevo brutto, sgraziato, del tutto inadeguato al mondo femminile che mi circondava e che, considerata la tempesta ormonale cui ero sottoposto dalla natura, desideravo più di ogni altra cosa al mondo.

E ci soffrivo. Non lo davo a vedere, ma ci soffrivo tantissimo, di quella sofferenza latente, cupa, pesante, dalla quale non sembra esserci via di uscita. Alla sofferenza presto si aggiunse la rabbia, *perché sono venuto al mondo così inadeguato?* Che infine lasciò il campo all'invidia, *perché loro sì, e io no?* Ecco, l'invidia non solo è il sentimento più inutile che ci sia, ma anche il più odioso poiché coinvolge altri soggetti che, diciamocela tutta, col mio malessere non avevano nulla a che vedere.

Il momento peggiore era l'uscita da scuola. Tutte le ragazze più carine, fasciate nei loro Levi's di ordinanza e nelle T-shirt corte sulla pancia, avevano i loro cavalieri che le aspettavano in sella a moto rombanti e volavano via verso interi pomeriggi di coccole e, perché no, di sesso.

E io in un angolo, invisibile, a invidiare la loro felicità.

Fu proprio in quella fase che per fortuna capii quanto il sentimento dell'amicizia potesse essere forte, leale e sincero, a volte più dell'amore. Un sentimento che ti fa sentire al caldo anche quando la vita ti espone alle sue gelide tempeste.

Sei brutto, sei sgraziato, le ragazzine non ti considerano nemmeno per farsi dare un passaggio a casa con la Vespa, che tra l'altro non hai? Fa niente: io avevo il Romano, il Greco, il Marchese, il Chiattone e quando eravamo insieme, e osservavamo la vita con gli stessi occhi, la sensazione di inadeguatezza che ci accomunava magicamente scompariva.

La nostra grande consolazione era Pasqualino. Ci accomodavamo al nostro solito tavolo, praticamente in mezzo alla strada, con le auto e i motorini che ci sfrecciavano a pochi centimetri. Appena ci vedeva, Pasqualino spingeva a manetta la sua megafriggitrice Ignis a gas e dopo qualche minuto un tripudio di fritti dava il via alle libagioni: crocché di patate, mozzarelline fritte, arancini di riso, zeppoline di pasta cresciuta, frittatine di pasta e le *montanare*, ossia pizzette fritte condite con pomodoro e parmigiano. Poi, immancabile, sua maestà la Pizza Margherita. E infine, se avanzavano soldi, un bel babà o una sfogliatella, rigorosamente riccia. Poi prendevamo le Vespe, salivamo sul belvedere a via Orazio e con una Nastro Azzurro in mano contemplavamo, satolli e soddisfatti, il profilo inconfondibile di Napoli, cantando a squarciagola il nostro inno:

Curnutone ca pe' sta via mo te ne vai,
nun chiagnere pe' st'ammore
a chella nun ce penzà.

(Squallor, 1981)

2

MALINTESI

Un giorno di maggio del 1986, papà Luigi tornò a casa raggiante. Confabulò brevemente con donna Marisa, che entusiasta gli si gettò al collo e lo strinse in un lunghissimo abbraccio. A me e al mio fratellino Carlo nemmeno una parola. Dopo cena, però, anziché accomodarsi davanti alla tv, mi prese da parte e, come suo solito, fu molto diretto: « Ho ricevuto una promozione molto importante: mi hanno proposto come direttore di stabilimento ».

« Grande papà, bellissima notizia. »

« Aspetta, lo stabilimento è a Catania. Naturalmente ho accettato. A settembre lasceremo Napoli e ci trasferiremo in Sicilia. Tu purtroppo dovrai lasciare la scuola, lo sport e i tuoi amici. Poco male, te ne farai degli altri. So che è doloroso e che ti sto chiedendo tanto, ma se ho accettato è per assicurare un futuro migliore a te e a tuo fratello. Spero che tu lo capisca. »

« Certo papà, capisco... »

Piansi tutta la notte.

Fu un addio struggente: a salutarmi vennero solo il Greco e il Marchese. Mi dissero che il Romano e il Chiattone non avrebbero retto all'emozione. Ma alla fine piangemmo comunque, talmente tanto che non riuscimmo ad abbracciarci. Stavo perdendo la mia squadra, il mio rifugio, l'ovatta che custodiva la mia adolescenza. Da allora avrei dovuto cavarmela da solo.

L'arrivo a Catania fu tutt'altro che uno shock. Città schiettamente epicurea, mare cristallino a cento metri da una casa enorme con vista sull'Etna, maniche corte anche a dicembre, leccornie gastronomiche di ogni tipo e una *way of life* improntata all'edonismo più puro. Mi poteva andare peggio.

Vita nuova, scuola nuova, compagni nuovi: il primo giorno di lezioni approcciai il maestoso edificio del Ventennio con una certa circospezione, salii timidamente le scale, cercai la IV F, tirai un sospirone ed entrai. E fu così che incontrai subito il suo sguardo: « Tu sei quello nuovo? Dai, vieni qui e siediti vicino a me ».

Si chiamava Giampaolo Marelli, un gigante buono, bello come il sole, con una montagna di muscoli e due occhi puliti. Fu colpo di fulmine cameratesco a prima vista.

La mia nuova classe era composta da ventiquattro ragazze e otto ragazzi. Oltre a Giampaolo c'erano Gino Buonvino, un tossico consumato dall'eroina, una larva umana che non parlava e non reagiva; Massimo Virlinzi, spacciatore di cocaina d'alto bordo, furbo e divertente; Fasano & Barramano, da considerare rigorosamente in coppia, come Franco & Ciccio, i secchioni della classe, due bravi figli della working class animati dalla lungimirante voglia di emergere da una situazione sociale non brillantissima. E poi Antonino Barraco, un erotomane integralista, magro e dinoccolato, talmente snodabile da riuscire a emulare il Vate nelle leggendarie e mai storicamente dimostrate auto-fellatio. Ma le analogie con D'Annunzio terminavano lì: il Vate era un genio e aveva schiere di donne fuori dalla porta; Nino Barraco era un povero disgraziato drammaticamente solo. Infine, Carmine De Santis, figlio del boss del quartiere Picanello, un soggetto distopico, ma da tenere in considerazione perché, come tutti i delinquenti di alto rango, poteva sempre tornare utile.

E le donne? Ecco, rispetto alla mia vecchia classe napoletana mi sembrava di essere entrato in un atelier di Prada. Ventiquattro ragazzine, una più carina dell'altra. E non avevo visto ancora nulla, perché nel resto della scuola la situazione era ancora migliore, con alcune vette di abbacinante bellezza.

Durante l'intervallo, Giampaolo mi fece da cicerone, portandomi a conoscere un gruppo di giovanotti che sarebbero entrati nel mio cuore e non ne sarebbero più usciti. Ma io questo ancora non lo sapevo.

Il tour ebbe inizio dalla IV A Programmatori, sezione sperimentale riservata ai pionieri dell'informatica. Ci vennero incontro Lorenzo Firmino e Marzio Di Pace. Lorenzo, sorriso smagliante alla Kevin Costner, occhi profondi, eleganza impeccabile. Marzio, altissimo, biondissimo, solare, con un misterioso accento padano. Suo padre, alto ufficiale della Guardia di Finanza, cambiava città ogni due anni e al pari del mio si trascinava dietro i figli, prescindendo dalla loro approvazione. E questo ci rese subito fratelli. Poi passammo in IV E, dove ad aspettarci trovammo Simone Lanza, un marcantonio di quasi due metri scattante come una faina, mostruoso in qualsiasi disciplina sportiva si cimentasse e dotato di un'intelligenza sopraffina e di un cuore grande così. Praticamente un essere sovrumano.

Dopo il benvenuto ufficiale, scambiammo qualche parola: perché sei venuto a Catania, mio padre lavora all'IBM e gira l'Italia, io adoro il calcio, noi giochiamo a basket, sì diciamo che giochicchio anch'io. Mi invitarono subito a un allenamento della loro squadra, la Fides Catania, la compagine del più importante oratorio salesiano della città, appena promossa in serie D grazie alle prodezze di Piero e Dino, i due fratelli maggiori di Marzio. Ci andai con circospezione, non sapevo cosa aspettarmi. Feci il provino con il coach, mentre i miei nuovi amici mi osservavano con attenzione, e alternai le mie solite giocate da Harlem Globetrotter a una totale apatia nella fase difensiva. La pallacanestro si fonda sulla difesa, se non difendi perdi, ma per difendere devi sudare e soffrire e io ero allergico all'uno e all'altro. Mi allenavo con sufficienza, corricchiavo, mettevo impegno solo nelle partitelle, ma non mi attenevo agli schemi. In sostanza ero una foca ammaestrata che entrava in campo a punteggio acquisito, solo per dare spettacolo. Malgrado ciò, fui messo in rosa. Solo in seguito mi confessarono che il coach mi avrebbe scartato, mentre furono i miei nuovi amici a insistere e ottenere il mio tesseramento per meri motivi di spogliatoio. La nostra avventura insieme era ufficialmente iniziata.

Tutte le domeniche erano consacrate al basket. Il campionato di serie D ci portava in giro fra i paesi più belli di tutta la Sicilia orientale. Ognuno aveva il suo lato passionale: Zafferana Etnea, un magnifico balcone naturale affacciato dall'Etna verso il mare, ci accoglieva con le sue siciliane, pizze fritte, leggere e fragranti, ripiene di formaggio e prosciutto. Bronte, con il suo clima fresco da media collina, con i suoi pistacchi da mangiare in mille modi. Acireale, nobile e altera, con i suoi cannoli voluttuosi. In tutto questo paradiso le partite erano un orpello, che a volte vincevamo e a volte no, ma non aveva importanza.

Iniziammo a vivere in profonda simbiosi: la mattina a scuola, dopopranzo sui libri, il pomeriggio in palestra, la sera in trattoria, la notte in discoteca. Gli ottimi risultati scolastici ci consentivano una certa libertà di movimento. Gli allenamenti erano divertenti e spesso capitava che dopo ci trattenessimo in oratorio per fare da sparring partner ai nostri colleghi del calcio, senza sfigurare affatto. Don Marcello, il nostro mentore salesiano, ne era molto felice.

Al termine della seduta serale andavamo spesso a cena insieme. Certo, non è che disponessimo di chissà quali risorse finanziarie, quindi bisognava arrangiarsi. Il nostro quartier generale gastronomico divenne ben presto la Taverna del Marchese, di Rosario Raciti, cuoco e proprietario, per tutti *'u Zu Saru*. Piatto forte della bettola era l'antipasto alla catanese: lo zio Saro imbandiva una tavolata colma di ogni ben di Dio, poi, per la modica cifra di cinquemila lire, ti consegnava un piatto, neanche tanto piccolo, che potevi riempire a tuo piacimento con qualsiasi leccornia del buffet, con la regola che una volta terminato l'approvvigionamento e raggiunto il tavolo era assolutamente vietato rifornirsi nuovamente, pena il pagamento di altre cinquemila lire. Il piatto vuoto dunque andava riempito con cognizione, sfruttando in modo ottimale gli spazi a disposizione. Trascorremmo pomeriggi interi a disquisire sulle tecniche da usare, finché mi resi conto che sull'argomento potevamo ingaggiare un fuoriclasse assoluto.

Be', in realtà una fuoriclasse.

« Mamma, stasera vieni a cena con la squadra, avremmo bisogno della tua esperienza... »

Alle nove spaccate eravamo tutti dallo Zu Saru, con Marisa in prima fila davanti al buffet stracolmo di delizie: « Mè, giovani, mò statv citt e ascoltate a me: partiamo dalle fondamenta: devono essere portate rigorosamente piatte, compatte e resistenti. Vedete lì, la parmigiana di melanzane è perfetta. E poi la pasta al forno, Giampaolo come la chiamate qua? »

« Pasta *'ncasciata*, donna Marisa. »

« Bravo uagliò, pasta *'ncasciata*. Mò passiamo al secondo livello: i fritti. Melanzane, carciofi, polpette, arancini. Mi raccomando giovanotti, disponeteli bene a raggiera, in modo che facciano da pilastri sopra la prima gettata »

E creò una composizione che sembrava appena uscita da un libro di gastronomia internazionale.

« A questo punto, ma con delicatezza, potete aggiungere tonno, alici, baccalà alla messinese. Dopo, con cautela, tutto il resto, salendo sempre più in alto, finché la struttura vi pare solida. »

Infine, prese tre olive *cunzate*, il simbolo di Catania nel mondo, e le impilò sulla cresta: « *Et voilà*, una piramide perfetta! »

Mentre completava la sua dimostrazione, vedemmo avvicinarsi il ventre prominente dello Zu Saru; circospetto, con il grembiule fresco di stiratura e uno strofinaccio sulla spalla per asciugarsi l'unto e il sudore. Osservò silenziosamente mia madre, poi cautamente prese da parte Simone e gli chiese: « Ma cu è chista? Una scienziata? »

« Nonsi, Zu, chista è a matri di Zez. »

« Ah, ho capito. »

« Signora, me la consente una parola? Sono Rosario, lo chef, e ci volevo chiedere un piacere. Questa sua lezione sul mio buffet è stata molto affascinante, ma per favore, che sia la prima e l'utima vota, altrimenti se tutti si inchinu i piatti comu dice vossia, iu pozzu chiudere a saracinesca. »

« Certo, don Rosario, stia tranquillo. È solo una *lectio magistralis* per i miei allievi. Piuttosto, mi dica, ma lei la melanzana nella pasta *'ncasciata* la frigge in pastella, o nature? »

Gli occhi dello zio Saro si illuminarono d'immenso. Donna Marisa lo prese sottobraccio e se lo portò in cucina dove rimasero a disquisire dei massimi sistemi culinari mentre noi ci spazzolammo l'intera gustosissima tavolata.

Insomma, Catania mi aveva rapito, in pochi mesi la malinconia per la mia vecchia vita napoletana si era dissolta come la neve dell'Etna al sole di febbraio.

Nel frattempo, il mio corpo aveva dato inizio alla trasformazione verso l'età adulta: l'acne era misteriosamente scomparsa, i lineamenti del viso erano rimasti gentili, ma senza più quell'aria da bambinone. Il fisico, be' quello era sempre lo stesso, un solido concentrato di « vorrei ma non posso ». Piccole mutazioni che però mi fecero fuoriuscire dal mondo degli invisibili per condurmi al livello successivo, quello del « mah, carino, ma niente di che ».

Il 31 ottobre 1986, come ogni santo ponte dei Morti che la provvidenza mandava in terra, tornammo a Bari. Donna Marisa, sempre molto ossequiosa di Dio, non poteva mancare al saluto del suo defunto papà al cimitero. Appena arrivato chiamai Sara, la mia sorella di sangue: eravamo nati a pochi mesi di distanza, cresciuti insieme sin dalla più tenera età, educati agli stessi principi. Lei, nata il cinque novembre, festeggiava da sempre nel week-end dei Defunti e io da sempre aspettavo il suo compleanno: da bambino, per giocare tutti insieme mangiando i dolci dei morti; poi, da adolescente, per tuffarmi nelle grazie delle sue giovani amiche.

Anche quel compleanno iniziò nel migliore dei modi: panzerotti, birra e tante fanciulle interessanti. A un tratto suonarono il campanello. Sara era indaffarata con le vettovaglie e mi pregò di andare ad aprire.

« Piacere, Ambra. »

« Ciao, io sono Zez. »

Oltrepassò la soglia senza staccarmi gli occhi di dosso e andò ad appendere lo spolverino: fisico efebico, seno appena accennato, capelli corti con ciuffo sbarazzino, sguardo profondo, labbra carnose, occhiali vezzosi. A dispetto della sua figura androgina, Ambra era un concentrato di femminilità. Già l'indomani ci ritrovammo su una panchina del lungomare di Levante a limonare duramente. Finalmente, avevo una ragazza! Passammo tutto il ponte dei Morti a baciarci fino a consumarci le labbra. E soprattutto, cominciarono a pruderci le mani. Ma per quella cosa lì, quella che tutti gli adolescenti attendono con ansia, non era ancora arrivato il momento.

Lasciai Bari molto dispiaciuto. Per fortuna il Natale non era poi così lontano, ci saremmo visti dopo una quarantina di giorni. L'ideale perché il desiderio montasse sino a risultare irresistibile. E li vissi tutti in apnea. Il D-Day si stava avvicinando, me lo sentivo. I ragazzi a Catania si accorsero che qualcosa non andava, mi fecero qualche domanda esplorativa, ma io non cedetti. Silenzio, scaramantico silenzio.

Con Ambra ci rivedemmo, puntualmente, il 22 dicembre. I nostri sguardi erano cambiati, non eravamo più due bambini che si scambiavano baci profondi: un impulso tumultuoso quanto sconosciuto si stava impadronendo di noi. E il momento fatidico, quello in cui si diventa grandi, infine arrivò. Era un pomeriggio di luce cupa, Bari era spazzata da un gelido vento di tramontana scura, lei rubò il mazzo di chiavi della casa di villeggiatura a Torre a Mare. Entrammo di nascosto per non farci vedere dai vicini impiccioni, ci chiudemmo la porta alle spalle con il cuore che batteva a mille. Eravamo tesi, senza esperienza, non sapevamo da dove cominciare. Ci adagiammo su quel letto gelido, le sbottonai il piumino e cominciammo a baciarci avidamente. E, come seguendo le istruzioni della natura umana, le nostre mani cominciarono magicamente a muoversi, dapprima sempre più su, poi sempre più giù. Presi coraggio, infilai la mano sotto la sua maglietta, mi aspettavo il paradiso, trovai una superficie piana e liscia con due interruttori.

Praticamente un quadro elettrico.

Non me ne ebbi a male, in fondo l'androgina l'avevo scelta io, e fare l'amore con lei fu una esperienza meravigliosa, esattamente come l'avevo sognata per mesi. Insomma, quel pomeriggio, non senza cospicue difficoltà di ordine ansiogeno e idraulico, diventammo grandi assieme. Purtroppo, quelle indimenticabili vacanze di Natale terminarono. La separazione fu molto dolorosa. Un intero inverno a dividerci. All'inizio, l'amore ci tenne legati come due calamite viventi. Ricordo ancora l'emozione di trovare le sue lettere nella buca. Imbeveva i fogli del suo profumo e all'apertura inondavano la mia stanza della sua dolcezza. E poi le lunghissime telefonate fatte di parole al miele e promesse reciproche.

Non mantenute.

La lontananza fece il suo mestiere, e lei capì prima di me che il Mar Jonio che ci divideva era una enorme distesa di acque perigliose. Io non ero Ulisse e, soprattutto, lei non era Penelope. Me lo disse con fermezza il pomeriggio del Venerdì Santo. Avevo contato i giorni che ci separavano dalle vacanze di Pasqua, durante le quali sarei tornato a Bari e l'avrei finalmente riabbracciata, invece mi ritrovai abbracciato a un albero del parco Due Giugno, con Sara che mi consolava. La notizia – come, non fu dato saperlo – giunse alle orecchie di donna Marisa, che si calò immediatamente nel ruolo della suocera. Il giorno di Pasqua lo trascorsi a farmene una ragione, il successivo, Pasquetta, tra indicibili dolori che mi avevano steso e ammutolito. Sentivo mia madre raccontare a mia zia che « la stronza » mi aveva lasciato all'improvviso per un altro: le *fake news* giravano già all'epoca. Secondo la sua accurata ricostruzione, ero talmente sopraffatto dalla fine della storia, da rimanere abbandonato a letto, travolto dal dolore. In effetti, l'unico dettaglio corrispondente al vero era il dolore, ma di pancia, causa indigestione di agnello alla griglia nel tradizionale pranzo di famiglia pasquale. L'agnello, si sa, è buono e caro, ma quando se ne abusa diventa vendicativo. Donna Marisa venne ripetutamente in camera a vedere come stavo. Cercava di lenire il malessere della mia anima con l'amore e le coccole.

Ma a me serviva solo un Buscopan.

Tornai a Catania devastato, ma ebbi pochissimo tempo per elaborare il lutto in quanto di lì a pochi giorni saremmo partiti per il cosiddetto viaggio di istruzione, volgarmente definito gita scolastica, destinazione: Pompei, Firenze, Siena.

Il viaggio sarebbe avvenuto in pullman, 1200 chilometri lunghi e faticosi. Catania è meravigliosa ma logisticamente è fuori dal mondo. In realtà, i locali non se ne facevano un gran cruccio: avevano il mare in città, la collina a pochi passi e la montagna, quella vera, con tanto di piste da sci, giusto sopra la testa. In sostanza un paradiso in terra. L'unico a non pensarla così era Massimo Virlinzi, che, settimanalmente, correva a ritirare la cocaina a Torre Annunziata, andata e ritorno in nottata, volando a duecento all'ora sui viadotti della Salerno-Reggio Calabria con la sua Golf GTD Turbo, nuova di pacca.

Durante quella calda primavera del 1987, giunse al culmine la violenta sbandata di Giampaolo per Isabella Russo, nostra compagna di classe, esponente della Catania bene, quella che preferisce abitare nelle ville alle pendici dell'Etna per non mischiarsi con l'umile popolo della città. Gran tocco di femmina, senza ombra di dubbio, ma sostanzialmente irraggiungibile: piena di uomini, di varie età, tutti rigorosamente ricchi sfondati. Giampaolo era convinto che durante la gita l'avrebbe fatta capitolare e aveva pianificato tutto nei minimi dettagli.

Pochi giorni prima della partenza organizzammo una riunione programmatica che ebbe per oggetto tutte le fanciulle presenti alla gita, nella quale ci ponemmo una sola, semplice, domanda: chi l'avrebbe data e chi no. Avendo infatti a disposizione solo cinque giorni, era quanto mai necessario conoscere in anticipo le intenzioni delle signorine, evitando di investire tempo prezioso su soggetti che non avrebbero mai concesso le proprie grazie. I maschi delle quattro classi ammesse alla gita dovevano raccogliere e condividere con i colleghi quante più informazioni sessuali possibili sulle rispettive compagne di classe. Il workshop si tenne al Bar Europa davanti a un cospicuo rifornimento di granite al limone. Per la IV F il relatore era Giampaolo, col sottoscritto ammesso in qualità di uditore; per la IV A Programmatori portavoce Lorenzo, per la IV B Giovanni Berretti, per la IV C Sebastiano Ardito, capitano della squadra scolastica di pallanuoto, da noi detto *Nachiso*, a causa di un'evidente malformazione della cartilagine nasale, dalle donne detto *Bronzo* in virtù di un fisico scolpito, assolutamente perfetto, in onore dei Bronzi di Riace da poco ripescati nello Jonio e custoditi a Reggio Calabria.

Si sa, nella vita ognuno vede solo ciò che vuol vedere.

Giampaolo presentò tre elementi di valore della nostra classe con buona predisposizione al sesso, ipotizzando una percentuale di capitolazione intorno al settanta per cento, ma solo se ben stimolate. Ovviamente tenne fuori Isabella, santa, vergine e martire, il cui indice di concessione, invece, secondo le info in mio possesso, si avvicinava al cento per cento, ma solo con chi diceva lei.

Anche gli altri due proposero una mezza dozzina di nominativi interessanti, fra cui le famigerate gemelle Viscuso, Gianna e Lella, fisico statuario e lineamenti irregolari, assolutamente identiche. E soprattutto, Rosaria Ranno, Miss Teenager Catania 1986, bellezza esagerata, ingaggiata dal mobilificio Macrì come testimonial della nuova collezione nelle pubblicità in onda su Antenna Sicilia. Lo spot, pensato e realizzato da una grande agenzia di Milano, era piuttosto audace. Mentre uno speaker descriveva accuratamente le mirabilie di design e la comodità di poltrone e divani Macrì, Rosaria, in abitino nero super sexy, accarezzava voluttuosamente la pelle e si stendeva accavallando lentamente le lunghe gambe tornite. A quel punto lo speaker enunciava lo slogan della campagna, preso pari pari da un vecchio detto popolare: *l'ossa co sali va ta manciari, i cosi belli s'ana taliari*. Chiusura con primo piano su Rosaria che salutava il pubblico con occhiolino malizioso.

Pochi giorni dopo la prima messa in onda, a Catania non si parlava d'altro che della *bedda carusa d'a televisioni ca faceva acchianare il sangue al ciriviеddu*. E fu tutto un problema di interpretazione. Perché se il reale significato del detto popolare, « le cose belle della vita vanno guardate liberamente senza rosicare dall'invidia », era nelle intenzioni dei creativi milanesi riferito ai divani

Macrì, le riflessioni del maschio siculo furono completamente diverse. E quando l'altra metà del cielo si accorse che i mariti si sintonizzavano su Antenna Sicilia non per contemplare i divani, ma per guardare liberamente le voluttuose forme di Rosaria Ranno, scoppiò un chiassoso putiferio mediatico, che costrinse il mobilificio Macrì a sospendere la trasmissione dell'amatissimo spot, lasciando la procace giovinetta disoccupata.

Infine, toccò a Lorenzo: il quale, con fare autoritario e nella nostra più assoluta sorpresa, ci comunicò che secondo i dati in suo possesso, pur essendo le donne del suo gruppo fra le più apprezzate della scuola, le medesime avevano deciso di non darla a nessuno. Ovviamente ci rimanemmo malissimo. Giampaolo si fece portavoce del malcontento, contestando apertamente le informazioni comunicate da Lorenzo: « Cioè Lollò, fammi capire: tu hai Sabrina Renga, Giorgia Vassallo e Sara Trinchera che fanno le orge ogni sabato sera, e mi dici che in gita non la daranno a nessuno? »

« Giampi, a quelle interessano solo gli universitari con i soldi; noi siamo fuori target. Vi assicuro che le mie non la daranno a nessuno. »

E in effetti, messa così non faceva una grinza. Tutti noi lo riconoscemmo. Solo *Nachiso* rimase in silenzio e prese appunti.

Finalmente il grande giorno arrivò: partenza all'alba da piazza Roma con un torpedone degli anni Sessanta messo gentilmente a disposizione a prezzo popolare dall'AST, azienda pubblica regionale dei trasporti. Cinquanta passeggeri regolari e un semiclandestino, Dino Di Pace, il fratello maggiore di Marzio. Dino era regolarmente iscritto al Liceo scientifico Principe Amedeo, ma messo davanti alla scelta se partire in gita con i rampolli ricchi e viziati della nobiltà cittadina, oppure con i suoi fratelli di sangue e di sostanza della Fides, non ebbe minimamente dubbi. I nostri professori, data la caratura morale del clandestino e della di lui famiglia, non ebbero nulla da obiettare. Le porte si chiusero e, tra saluti e fazzolettini sventolati dagli ignari genitori, finalmente ebbe inizio il nostro lungo viaggio ai confini del sesso.

Il lungo trasferimento ci consentì di preparare gli assalti agli obiettivi strategici fissati durante la riunione del Bar Europa. Prima tappa gli scavi di Pompei, tutti dentro a vedere la villa dei Misteri, la Casa dei Gladiatori e gli altri resti delle domus romane. Tranne Massimo Virlinzi, che a un certo punto sparì e tornò giusto un attimo prima che il pullman ripartisse. Ci spiegò che ne aveva approfittato per fare un salto a Torre del Greco a discutere di una partita di coca di pessima qualità, distribuita qualche settimana prima alla buona borghesia di Catania. Giampaolo e Isabella, invece, furono avvistati mentre si aggiravano mano nella mano verso le rovine più nascoste. Con stupore, cominciai a pensare che forse le probabilità di successo del mio amico non erano poi così limitate.

Firenze e Siena furono destinazioni meno accademiche e più goderecce. Dopo l'immancabile tour dei monumenti, i prof ci lasciarono, e si ritennero, liberi. Marzio si dileguò per un giorno intero, per poi riapparire con il viso rilassatissimo, un sorriso a trentasei denti, mano nella mano con una bellezza da urlo, tale Gabriella Farini, diciannove anni, universitaria aretina, una fata di cui ci aveva sempre nascosto l'esistenza, sua vicina di ombrellone a Forte dei Marmi. E fu così che nella tappa Firenze-Siena i clandestini diventarono due e i posti branda da cercare divennero tre, perché Marzio e Raffaella si appropriarono della nostra quadrupla dell'Hotel Brandini di Siena, trasformandola nella loro alcova.

Per alcuni degli sfrattati, la ricerca di un letto per la notte assunse toni epici. Dino fu quello che la prese con maggiore filosofia: si procurò un cuscino, si stese sui divani della hall e sprofondò nel sonno dei giusti. Io, invece, dopo aver sognato che Rosaria Ranno, impietosita, mi offrisse un posto nel suo talamo, chiesi molto più prosaicamente asilo alla stanza 124, quella che ospitava Virlinzi, i due secchioni e Nino Barraco. Alle due del mattino la situazione era la seguente: Massimo Virlinzi completamente nudo, ubriaco fradicio, a urlare insulti incomprensibili e a pisciare impunemente dal balcone su chiunque avesse la sventura di passare nella strada sottostante. Nino Barraco a onanizzarsi furiosamente sul letto, utilizzando come supporto le modelle della biancheria intima di Postalmarket. Fasano & Barramano, timorosi di conseguenze penali che avrebbero mandato all'aria i loro propositi di riscatto sociale, rintanati sul piano alto del letto a castello, a osservare la scena con aria terrorizzata. Abbandonai la stanza senza remore, raggiunsi Dino nella hall e crollai fra le braccia di Morfeo.

Mi ritrovai in un sogno strano: una bella ragazza mi stava accarezzando il viso, e la sensazione mi piaceva. Ma poi ne arrivava un'altra, identica, che mi prendeva le mani. Percepii una sensazione onirica di disagio: mi svegliai di soprassalto convinto che i fumi dell'alcol avessero intaccato anche la mia fase REM. Aprii gli occhi, li chiusi, li riaprii, me li stropicciai... e feci un salto: le due donne del sogno erano davanti a me in carne e ossa, due gocce d'acqua sedute sul bordo del divano: le gemelle Gianna e Lella Viscuso. Impietosite dalla mia condizione di clochard, si erano avvicinate chiedendomi se andasse tutto bene e dicendomi che, se avessi voluto dormire più comodamente, mi avrebbero ospitato volentieri in camera loro. In realtà, ma lo scoprii dopo, l'invito era stato rivolto dapprima a Dino, che in quanto ad avvenenza era una spanna sopra tutti noi, ma lui aveva aperto mezzo occhio e aveva risposto alle fanciulle di andare a rompere i coglioni altrove. E quello più vicino ero io. Salimmo in camera, loro si adagiarono comodamente sul lettone, Gianna a destra, Lella a sinistra, e io mi tuffai letteralmente nel mezzo. Dopo di che utilizzai tutte le mie arti oratorie per indurle a concedermi le loro grazie: con Gianna trovai il giusto feeling, Lella invece sembrava annoiarsi. A un certo punto si alzarono, dicendo che andavano in bagno a mettere il pigiamino. Quando tornarono, dopo venti minuti, gli occhi mi si chiudevano per il sonno, ma non volevo sprecare l'occasione: presi coraggio, mi voltai a destra e stampai un famelico bacio a tutte labbra a quella che ritenevo fosse Gianna. Per tutta risposta mi presi un ceffone in faccia da quella che scoprii essere Lella. L'atmosfera fu irrimediabilmente compromessa. Lella si dichiarò oltraggiata dal mio gesto, Gianna credette che le avessi preferito la gemella.

Un armageddon.

Chiesi venia, balbettai qualcosa, mi alzai e mi avviai verso la porta, salvo tornare indietro: « Però una cosa ve la devo dire: almeno un cazzo di neo finto ve lo potevate mettere... »

Dei tre naufraghi notturni all'appello ne mancava uno: Giampaolo. Che fine aveva fatto?

Be', per lui fu una notte indimenticabile, nel senso che non l'avrebbe mai più dimenticata: un'assunzione in paradiso e una discesa agli inferi nel giro di un paio d'ore. A inizio serata raggiunse Isabella e le chiese, senza troppi giri di parole, di dormire insieme. Isabella, da donna consumata, non fece una piega, fece sloggiare la sua compagna di stanza e offrì il suo letto al folle innamorato. Dopo aver ricevuto una lunga, estenuante, sofferta, dichiarazione d'amore, concesse una piccola parte delle sue meritevoli appendici. Ma quando Giampaolo, dopo aver gustato il prelibato antipasto, chiese anche il primo, il secondo e magari il dolce, Isabella rispose che la cucina era chiusa, e che, sì, magari qualche fugace aperitivo di tanto in tanto poteva anche concederglielo, ma non di più, perché lei stava con un altro che non aveva la minima intenzione di lasciare. Game Over.

Il sole era già alto da un po', dalle finestre socchiuse un raggio solitario filtrava quel tanto che bastava a illuminare la camera. Nel dormiveglia sentii un profondo clacson monotonale, prima timido, poi sempre più pressante. Aprii gli occhi: a un palmo da me due piedi ben curati spuntavano da una coperta. La stanza era disfatta e deserta. Vidi l'orologio: segnava le dieci. Il clacson monotonale era quello di un bus, il nostro bus, la partenza era fissata alle nove e stavano aspettando me. Mi alzai di scatto, mi vestii con quello che trovai, uscii di corsa dalla stanza, entrai in ascensore.

Un momento, ma quei piedi di chi cazzo erano?

Bloccai l'ascensore, ritornai su, mi precipitai in camera, alzai la coperta: « Giampi??? »

« Zez, vai via e spegni la luce. »

« Giampi, ci lasciano qui. »

« Zez, ha detto che non mi ama! Quella stronza ha detto che non mi ama e che sta con un altro! Io a Catania non ci torno più. »

Arrivammo al pullman un minuto prima che il vicepreside Scuderi chiudesse le porte per sempre e desse il placet all'autista per la partenza. Giampaolo in mutande e canottiera, le scarpe in una mano, il fazzoletto umido di lacrime nell'altra. Io in ciabatte, boxer e camicia bianca di lino stropicciata con le cifre di mio padre. Scuderi ci esaminò dall'alto del predellino, soffermandosi sugli slip griffati di Giampaolo e sulle cifre della mia camicia. Qualcosa non gli tornava. Fornire una spiegazione plausibile al momento fu impossibile e lo ammisi con estrema franchezza. Qualsiasi cosa avessimo dichiarato in quel frangente sarebbe stata utilizzata contro di noi. Scegliemmo di avvalerci della facoltà di non rispondere. Dopotutto, a Catania, la avevano appena invocata il sindaco e mezza giunta comunale.

Il viaggio di ritorno fu estenuante. Da Siena percorremmo lentamente tutto lo stivale e quando sul pullman gran turismo dell'Azienda Siciliana Trasporti calarono le prime ombre della sera, Elisa Perrino, IV B, mai vista prima, mi si sedette vicino, si presentò e dopo nemmeno cinque minuti di rapidi convenevoli mi infilò improvvisamente la lingua in bocca, cominciando a ravanarmi vorticosamente il palato. Non mi feci di certo pregare, non baciavo una ragazza da quando Ambra mi aveva mollato. La notte trascorse alquanto agitata. Ebbi difficoltà a mantenere il livello di testosterone entro gli standard di sicurezza, ma il trovarmi su un pullman affollato senza un minimo di privacy finì per limitare fortemente le acrobazie con la perfetta sconosciuta.

Non la pensarono allo stesso modo *Nachiso* e Giorgia Vassallo, che dopo aver fatto tremare i muri della stanza 118 dell'Hotel Brandini di Siena, decisero che i bollenti spiriti potevano continuare ad ardere anche in pullman. *Nachiso* si sedette comodamente sull'ultima poltrona in fondo a destra, Giorgia gli si accomodò in grembo, munita di una provvidenziale gonna lunga alle caviglie e le buche della Salerno-Reggio Calabria agevolarono il resto. La notte fonda fece sì che lo spettacolo passasse quasi del tutto inosservato. Certamente al sottoscritto, che faticava a divincolarsi dalle mani tentacolari di Elisa Perrino, ma non sfuggì a Giampaolo, che dopo essere stato scaricato da Isabella stava trascorrendo la sua notte totalmente insonne.

Frustrato, raggiunse Lorenzo, che dormiva beatamente nelle prime file, e da dietro gli mollò una manata sul collo: « Lollò, Giorgia Vassallo, una delle tue dame dalla moralità esemplare, sta facendo l'ascensore sulla minchia di quella gran faccia di culo di *Nachiso*, sui sedili dell'ultima fila ».

Lorenzo, come chiunque venga svegliato di soprassalto alle tre di notte, non riuscì ad articolare una risposta compiuta prima di diversi secondi, quindi abbozzò democristianamente: « Giampi, è incredibile, sono costernato ».

« Lollò, costernato sta minchia! D'ora in poi muto, tu di *fimmine* non ne puoi parlare più. Cornuto e sbirro che non sei altro. »

Già, « cornuto » e « sbirro », due epiteti apparentemente distanti tra loro. A Catania, però, non si capisce quale dei due sia più offensivo e allora, per non sbagliare, si utilizzano sempre in coppia.

L'alba ci colse mentre solcavamo lo specchio di mare tra Scilla e Cariddi. *Nachiso* e Giorgia dormivano il sonno dei giusti, Giampaolo quello agitato dei delusi d'amore, Lorenzo quello triste degli innocenti accusati ingiustamente. Io invece ero sveglio, col naso contro il finestrino, a rimuginare: la donna che, grazie al buio e ai tre bicchieri di Chivas Regal, opportunamente trafugato da Massimo Virlinzi dal bar dell'Hotel Brandini di Siena, mi era apparsa come una stella luminosa, alle prime luci del giorno e terminati gli effetti della sbornia mi si era rivelata non esattamente una sosia di Claudia Schiffer. Con in più un problema potenzialmente catastrofico: la pupa non era affatto single, come mi aveva fatto credere durante il contorsionistico mezzo amplesso, bensì fidanzata, e con un agente scelto della Polizia di Stato. Alle 8 del mattino, quando, dopo quasi ventiquattr'ore di viaggio, il bus color azzurro mare giunse finalmente davanti al massiccio edificio fascista di piazza Roma, lui era lì ad attenderla, impaziente e adorante. Ora, Giampaolo, durante una delle prime lezioni che mi fece su Catania, mi disse di stare alla larga da due categorie: i delinquenti di quartiere e gli sbirri, per motivi certamente diversi, ma entrambi concreti. Nient'affatto certo che Elisa fosse in grado di mantenere il segreto su una storia che per me era morta e sepolta già allo sbarco dal traghetto, trascorsi i quindici giorni successivi con i cinque sensi in continua allerta.

Qualche sera dopo, terminati gli allenamenti, docciati e profumati, salimmo sulla Fiat 132 grigio metallizzato del papà di Giampaolo, con l'idea di andare a Capo Mulini, una frazione di Acireale, dove, sul molo, si mangiava ottimo pesce a buon mercato.

Lungo il percorso ci fermammo sotto casa di Lorenzo che doveva recuperare il portafoglio. Giampaolo spense il motore, le luci e aprì i finestrini, rimanendo in attesa, mentre Lorenzo, come sempre, se la stava prendendo con estrema calma. Con Simone eravamo indaffarati a discutere della campagna acquisti del Catania Calcio, per cui non ponemmo attenzione a una Alfasud nera con i vetri oscurati che ci sfilò lentamente di fianco. Una... due... tre volte.

E fu così che, senza la minima avvisaglia, in uno stridore di gomme mi ritrovai accecato da un faro potentissimo e con una mano che, dopo avere aperto lo sportello della Fiat 132, mi sollevava di peso dal sedile.

«Non vi muovete! Spalle al muro, e muti!»

«Chi minchia siete?» urlò Giampaolo con la voce strozzata.

«Che minchia fate?» urlò Lorenzo, sceso proprio in quel momento e per questo sbattuto pure lui contro il muro senza pietà.

«Vi prego non mi ammazzate, vi do tutto quello che

volete » implorò Simone, terrorizzato, che li aveva scambiati per rapinatori.

« Lo sapevo, cazzo, quella stronza se l'è cantata » sibilai io.

Giampaolo, sempre tenendo il viso contro il muro, girò gli occhi verso di me: « Zez, di che minchia stai parlando? »

« Niente Giampi, poi ti spiego. »

« No, tu ma spieghi ora! »

« Elisa... »

« Elisa chi? »

« Quella della gita. »

« Quel cesso che ti sei pomiciato da Lamezia Terme fino al traghetto? »

« Sì, lei. »

« Ebbè? »

« È zita di sbirro... »

Si afflosciò come un pallone bucato, riuscendo a pronunciare solo due parole: « Pessi semu... »

« Silenzio! Chi vi ha autorizzato a parlare? Dovete stare muti! Muovetevi lentamente e favorite la perquisizione fisica » ringhiò quello che sembrava il capo, vestito in jeans e maglietta, con un forte accento palermitano.

« Ma adesso ci portate in questura? » chiese Giampaolo con un filo di voce.

« In questura? Ma quale questura! Siamo carabinieri, cretino » rispose l'armadio a tre ante che ci stava perquisendo.

« Carabinieri? Carabinieriiiii? » mi riaccesi io come una lampadina.

« Sì, carabinieri. »

«Ma carabinieri, carabinieri?» reiterò la domanda Giampaolo, improvvisamente rianimato e con un sorriso a tutta bocca, mentre io mi lasciavo andare a una risata nervosa.

«Ah, maresciallo questi hanno voglia di prenderci per il culo? Ora vediamo se ridono ancora.»

Il problema non fu tanto spiegare a Luigi perché era stato convocato al comando dei carabinieri di piazza Verga alle undici di sera per recuperare suo figlio che aveva rischiato una denuncia per vilipendio all'Arma, ma perché io ero così felice per essere stato fermato dalla benemerita. E non da qualcun altro, certo com'ero che da un momento all'altro una volante della Polizia mi avrebbe gonfiato di mazzate.

Dopo le intense emozioni della gita scolastica, tornati alla vita di tutti i giorni, ancora turbati dalle donne, ci rituffammo nella pallacanestro. Oltre al campionato della federazione, quella stagione giocammo, per doveri di fede religiosa, anche il campionato salesiano, nel quale raggiungemmo con estrema scioltezza la finale regionale, da disputarsi a Palermo. In palio c'era una settimana gratis a Roma per le finali nazionali. Don Marcello, per risparmiare sulle spese, optò per una trasferta low cost. Partimmo la domenica mattina all'alba sul solito pullmino sgangherato color verde pisello e dopo quattro ore di autostrada a sessanta all'ora attraverso le colline aride e brulle della Trinacria narrata da Leonardo Sciascia, giungemmo finalmente all'Oratorio San Filippo Neri, Palermo centro, quartiere Libertà, vicino all'Ucciardone. Fummo accolti da una folla festante che ci donò un calore sincero. Il direttore dell'oratorio ospite ci condusse a fare una visita esplorativa del campus appena ristrutturato. Fu grande la nostra meraviglia davanti a un campo di calcio regolamentare in erba sintetica, che noi a Catania avevamo visto solo in fotografia. Era in corso un allenamento dei Giovanissimi locali, che appena si accorsero dei nostri occhi colmi di stupore, ci invitarono a fare due tiri. Per degli agonisti incalliti come noi, il passo verso la palla al centro fu praticamente immediato. Lorenzo in porta, Simone e Dino centrali, Giampaolo a centrocampo, Sangallo e Lo Bello sulle ali, io e Marzio in attacco. Giocammo con la stessa intensità di una finale di coppa dei campioni e dopo novanta minuti estenuanti, ovviamente, portammo a casa il risultato, lasciando il direttore, don Marcello e tutta la folla a spellarsi le mani dagli applausi. Nel frattempo, era giunta ora di pranzo. Senza nemmeno il tempo di una doccia, fummo scortati in mensa, dove trovammo un buffet degno di un matrimonio: panelle, *stigghiole*, anellini al forno e cotolette alla palermitana, che sono identiche alle milanesi, con la sola fondamentale differenza che non sono fritte nel burro, ma cotte sulla brace. Fu come consegnare una gazzella a un branco di leoni della savana: ci catapultammo sul buffet, ingurgitando una quantità di cibo che avrebbe sfamato il Congo, tracannando generose sorsate di Nero d'Avola sfuso. Terminato il pranzo lucculliano, uscimmo nello splendido giardino ombreggiato e ci stendemmo sull'erba fresca. Mentre lentamente sentivo il corpo rilassarsi sul ricordo degli anellini al forno e sui fumi del vino, fui colto da una strana sensazione, contorta e misteriosa, che mi mise molto a disagio:

Questi ci hanno accolti come dignitari di corte, ci stanno facendo una festa continua, ci stanno regalando tutta la loro passione. Ci hanno presentato l'intero mondo salesiano di Palermo, centinaia di persone. Tutti, tranne la squadra di basket. Perché?

Mentre cercavo una risposta, caddi inevitabilmente nel sonno, al pari dei miei compagni. Dormii profondamente per un tempo indefinito, che poi si rivelò essere una manciata di minuti. A svegliarmi fu la voce del direttore dell'oratorio, che con aria contrita recitò: « Ragazzi, purtroppo abbiamo riscontrato un guasto all'impianto di illuminazione del palazzetto. Abbiamo appurato con gli elettricisti che non è riparabile. Dobbiamo iniziare subito per portare a termine la partita prima che faccia buio ».

Subitooooo??? Ma che cazzo dice questo, la partita era fissata alle diciotto!!!

Provai a mettermi in piedi, non ci fu verso. Riuscii solo ad alzare lo sguardo, vidi don Marcello ed esclamai: « Don, ma tu hai un fratello gemello? »

« No, perché? »

« E allora chi è quello che sta a fianco a te? »

« Zez, ma cosa dici, sei ubriaco? »

Sì, ero ubriaco. Come tutti i miei compagni. Ci trascinammo quasi carponi nel palazzetto, dove finalmente incontrammo i nostri avversari. Che avevano iniziato il riscaldamento. Erano gagliardi, tirati a lucido, concentratissimi. E fu allora che capii: la festa, la partita di calcio sul campo in erba sintetica, il buffet luculliano, il vino a fiumi, il guasto all'impianto di illuminazione.

Si erano dimostrati attori straordinari! Truffatori straordinari!

Di quella partita non ricordo nulla, nemmeno un'azione, mi risvegliai dal coma etilico digestivo che eravamo già sul pullmino, all'altezza di Enna. La sensazione di essere stati gabbati aveva trasformato il lungo ritorno verso Catania in un corteo funebre.

3

LAVA

Agata Marletta entrò nella mia vita del tutto inaspettatamente, in una luminosa giornata di primavera dell'anno successivo, il 1988. Come spesso accade per le storie importanti, iniziò per puro caso. Da diversi giorni mi faceva compagnia un bel gambaletto di gesso, causa distorsione di terzo grado ai legamenti della caviglia destra, che mi ero procurato durante l'ora di educazione fisica, in uno sport che odiavo, la pallavolo.

L'edificio del Ventennio, oltre a non disporre del riscaldamento perché il duce aveva stabilito che a Catania faceva sempre caldo anche quando a gennaio la neve dell'Etna arrivava a lambire la periferia alta della città, non era dotato neanche della palestra. L'educazione motoria, fulcro del fascismo, poteva, secondo i gerarchi dell'epoca, svolgersi all'aperto. Così fu progettato un grande spazio nell'enorme patio del muscoloso immobile triangolare. Gli anni passarono, nessuno si lamentò fino al '68, quando i nostri antesignani, tutti droga e sesso, beati loro, decisero, fra le altre rivendicazioni, che educazione fisica all'aperto non ne avrebbero più fatta. Il patio sportivo fu smantellato e la scuola fu costretta a prendere in subaffitto la palestra di un istituto privato, lontano circa un chilometro. Quella soluzione di emergenza, come spesso accade nel Sud, si tramutò in definitiva: così, dopo vent'anni, dovevamo sobbarcarci questo trasloco settimanale. Per motivi di sicurezza, durante il viaggio di andata e ritorno, venivamo ufficialmente scortati da un bidello. Nella realtà, ci fermavamo a ogni gastronomia, dove ci rimpinzavamo di arancini e *cartocciate*, le tipiche pizze ripiene catanesi.

Che poi, sullo sport scolastico dovremmo aprire un capitolo a parte: se l'attività motoria di base della popolazione italiana fosse stata demandata esclusivamente alla scuola, come in altri paesi del mondo, probabilmente avremmo vinto soltanto due medaglie d'oro in cento anni di Olimpiadi, nelle bocce. Ma per fortuna nacquero il CONI e le varie federazioni e lo sport italiano iniziò a vincere in ogni disciplina. In tredici anni di scuola non ho mai conosciuto un professore di educazione fisica tecnicamente preparato. O ci lasciavano allo stato brado, nel contempo proibendoci qualsiasi attività che non fosse il salto della cavallina, oppure ci avviavano a sport di base privi di contatto fisico, secondo le disposizioni del Ministero, terrorizzato di dover pagare salate spese sanitarie agli alunni infortunati. Il mio prof. Salvo Galluzzo, giovane e sveglio, aveva compreso di trovarsi tra le mani una generazione di cestisti, che l'Istituto Tecnico Commerciale dedicato a Giuseppe de Felice Giuffrida, ex sindaco populista della città ai primi del Novecento e fondatore dei Fasci Siciliani, nei suoi gloriosi sessant'anni di storia non aveva mai avuto. Una generazione che avrebbe potuto procurare finalmente alla scuola il primo trofeo della sua desolante vita sportiva: i Giochi della Gioventù.

Chiunque abbia fatto sport agonistico con la propria

squadra di club sa quanto fosse importante la convocazione della scuola per i Giochi della Gioventù. Era, con le dovute proporzioni, come una chiamata per la Nazionale: se fino ad allora avevi giocato per il tuo club, davanti a cinque spettatori, da quel giorno rappresentavi tutta la tua scuola e venivi catapultato davanti a centinaia di tifosi, nel nostro caso, purtroppo, avversari. Ma questo lo capimmo solo dopo. La Fides Catania era talmente forte che tutta la rosa, panchinari compresi, fu chiamata dalle rispettive scuole. Noi eravamo equamente divisi, cinque del « De Felice », cinque del « Cutelli », il liceo classico più esclusivo della città. Adesso immaginate di trascorrere anni in simbiosi con i compagni di squadra, che sono anche i tuoi migliori amici e di cui conosci a memoria tutti i movimenti tecnici, e all'improvviso ritrovarteli avversari sul campo: è durissima!

Il calendario ci diede una mano: finimmo dalle parti opposte del tabellone. Il prof Galluzzo di basket non capiva una beata fava e ne era consapevole. Da persona intelligente, tenne per sé il ruolo di funzionario scolastico accompagnatore, portatore di acqua fresca e tifoso sfegatato in panchina, lasciando totalmente a noi la gestione tattica del match e i relativi cambi. Noi incontrammo qualche problemino solo in semifinale, ma non di carattere sportivo. Marzio Di Pace, la nostra punta di diamante, ci comunicò negli spogliatoi che quello stesso giorno sarebbe dovuto scendere in campo al suo circolo per un irrinunciabile incontro di Coppa Italia di tennis, quindi avrebbe potuto giocare solo il primo tempo. Noi lo guardammo terrorizzati. Così toccò al capitano, Simone, intervenire: « Vuoi andare a giocare a tennis?

Va bene. Ma solo se ci porti all'intervallo sopra di trenta, altrimenti tu non vai da nessuna parte».

Era evidentemente una boutade, una provocazione, difficile in un torneo amatoriale, impossibile in una semifinale dei Giochi.

Marzio Di Pace non fece una piega: «Simone, tu resta in panchina a oliarmi le corde della racchetta. Mi raccomando, entrambi i lati e senza sbavature».

Poi, rivolto a me: «Zez, tu dammi la palla e vatti a prendere un caffè».

Entrò in campo, fece trentasei punti in venti minuti. Alla sirena dell'intervallo eravamo sopra di trentadue. Uscì fischiettando, facendo girare il pallone arancione sul dito, raccolse la sua racchetta, mandò un bacio schioccante a tutti noi e scomparve oltre la porta del palazzetto, mostrando, inequivocabilmente, il dito medio al suo capitano.

Il giorno della finale il nervosismo era palpabile. Il CONI, come da tradizione, aveva riservato all'evento il Palasport di piazza Spedini, la casa della Pallavolo Catania di A1. Negli spogliatoi ci guardavamo negli occhi in silenzio, nessuno parlava. Eppure, eravamo abituati a giocare ovunque, a vincere ovunque. Col club. Con la scuola era un'altra cosa. Fummo scossi da un boato che proveniva dagli spalti: il Cutelli aveva iniziato il riscaldamento. L'arbitro venne a chiamarci, era il nostro turno. Entrammo in campo accolti da una salva di fischi assordante: nel settore del palazzetto riservato al Liceo Cutelli era confluita l'intera popolazione scolastica con striscioni e megafoni. Ci girammo dalla nostra parte: c'erano solo il mio fratellino Carlo e il papà di Marzio, per nulla intimidito, a intonare da solo cori a squarciagola. Era successo che quello stesso fatidico giorno il CONI aveva fissato la finale dei Giochi di Pallanuoto. In finale c'erano i nostri e le ragazze della scuola preferirono di gran lunga i trapezi e i deltoidi dei pallanuotisti, capitanati da Salvatore Ardito, ai culi grossi e alle pance piene di arancini sfoggiati dai cestisti del glorioso De Felice Giuffrida. Al centro del campo ci salutammo con gli avversari-compagni-amici. Fu una sensazione straniante. Nessuno di noi avrebbe voluto giocare quella partita. E infatti giocammo malissimo, come mai in vita nostra. Marzio era l'ombra di se stesso, Simone nervosissimo non ne metteva una, Giampaolo un fantasma. Loro erano tecnicamente e tatticamente inferiori, noi sempre avanti nel punteggio, che però rimaneva basso. Brutto segno. Il dannato Cutelli riuscì a rimanerci attaccato agli zebedei fino all'ultimo, fatidico, minuto. Un punto avanti noi e palla in mano. Bisognava amministrarla, prenderci tutti i trenta secondi, buttarla dentro e game over. Ma quella maledetta palla scottava. Quando palleggiavo, mi bruciava le mani. I miei compagni erano immobili, paralizzati, non si smarcavano e io non sapevo a chi darla. Andai in panico, Mariano Sangalli se ne accorse, schiaffeggiò il pallone, Fabiano Lo Bello, con un balzo felino, lo recuperò, ma calpestando nettamente la linea laterale, e si avviò, solo soletto, a segnare i due punti, mentre noi restammo fermi ad attendere il fischio dell'arbitro che non arrivò mai. E all'epoca il VAR non era stato ancora inventato. Il palazzetto venne giù dagli applausi. Dopo trentanove minuti e trenta secondi avanti, ci ritrovammo sotto di uno e palla in mano, un canestro, solo uno, era lo spartiacque fra l'apoteosi e l'ignominia.

Non lo segnammo mai.

Il dio del basket quel giorno indossava la maglia bianca del Liceo Cutelli. Capita. Nello sport e nella vita, spesso, insegna più una sconfitta che cento vittorie. Saper accettare la sconfitta: è questo a distinguere lo sportivo dal tifoso. Noi eravamo sportivi veri e accettammo di aver perso, malgrado il clamoroso torto arbitrale. Ma tra di noi non se ne parlò mai più.

Dopo una settimana giunse la doppia ora di educazione fisica: il prof Galluzzo aveva lo sguardo di uno che non dormiva da giorni, noi non avevamo voglia di vedere un pallone Molten a spicchi arancione nemmeno dipinto. Galluzzo se ne uscì con un Mikasa bianco, qualcosa dovevamo pur fare. Partitella di volley. Fra un cestista e un pallavolista c'è una differenza sostanziale nel salto: in entrambi gli sport è necessario disporre di una buona elevazione, ma mentre i pallavolisti saltano tendenzialmente su se stessi, attacco dai tre metri escluso, i cestisti saltano in alto e contestualmente in lungo, dovendosi protrarre verso il canestro. E questi sono automatismi impossibili da cancellare. Fu così che, saltando per schiacciare in modalità basket, scesi dall'altra parte del campo, atterrando sul piede del muro avversario. Avvertii solo un crac, un silenzio assordante e poi, dopo un misterioso momento di nirvana, un dolore orribile al piede destro. La mia caviglia si era disintegrata. Galluzzo e i ragazzi mi soccorsero immediatamente, mi caricarono a braccia sulla sua Prinz, la minuscola utilitaria tedesca tutta di plastica che somigliava a un maialino, simbolo della primavera del 1968, e partimmo a tutta velocità verso il pronto soccorso. Vabbè, a tutta velocità è un eufemismo, diciamo alla velocità massima compatibile con lo stato di quel catorcio. In ogni caso, in pochi minuti eravamo davanti all'ingresso dell'Ospedale Giuseppe Garibaldi. Appena entrati, mi guardai attorno e il mio primo pensiero fu di tenermi la gamba rotta e scappare via strisciando. Sembrava il reparto psichiatrico di un nosocomio del Settecento. Mi dovettero trattenere a forza. Pretesi e ottenni di fare la telefonata del condannato. Chiamai papà Luigi, che arrivò in dieci minuti netti, autista in livrea e Lancia Thema blu di ordinanza, firmò le mie dimissioni e mi portò alla Clinica Virlinzi, dove nel giro di due ore fui operato e ingessato.

Perché poi puoi essere marxista-leninista quanto vuoi, ma quando ti toccano i figli, abbandoni il proletariato al suo destino e ti immoli al più comodo capitalismo reaganiano.

Erano trascorse un paio di settimane dall'incidente, avevo avuto il permesso di deambulare col bastone, quel tanto che mi bastava per ottenere l'indipendenza dall'autista di papà. Ovviamente non potevo forzare l'articolazione, quindi trascorrevo le lunghe giornate scolastiche seduto, coccolato dalla mia banda che mi lasciava solo esclusivamente nell'intervallo per andarsi a rifocillare dal signor Tazio, il bidello spacciatore di panini imbottiti. Quando udii alle mie spalle una voce femminile.

«Ciao, cercavo Maria.»

Non mi voltai e non risposi.

Lei ci riprovò: « Ciao, scusa, starei cercando Maria ».

« Maria chi? » dissi con malcelato fastidio.

« Maria Scicchitano. »

« Non c'è. »

« Ma oggi è venuta a scuola? »

« Ascolta, non sono il suo segretario. Comunque, come vedi qui non c'è nessuno tranne me. Buona giornata. »

Lei ebbe un momento di esitazione, poi sentii i suoi passi che si allontanavano. Ma evidentemente non resistette. E tornò indietro: « Che ti sei fatto? »

Eccola. Lo sapevo. Ma perché le femmine non si fanno i fatti loro? Sarà la millesima tritapalle che me lo chiede. Non ce la faccio più!

Sempre contemplando l'Etna e sempre dandole le spalle, decisi di inventarne una talmente clamorosa da farla scappare all'istante: « Sai, ero all'ultima tappa della Parigi-Dakar, già intravedevo l'azzurro splendente dell'Atlantico, quando all'improvviso un bambino mi ha attraversato la strada e io per evitarlo ho sterzato violentemente, ho perso il controllo della mia Cagiva 750 e sono finito a terra, rompendomi una gamba ».

La tipa rimase zitta per diversi secondi, poi esclamò: « Oh! E adesso come sta? »

« Chi? »

« Il bambino. »

E no! E dai! E non può essere! Io adesso mi devo girare e voglio guardare in faccia questa oca giuliva.

Mi voltai lentamente ed ebbi una visione: una fata! Un metro e settanta di proporzione assoluta: viso, seno, glutei, gambe. E due occhi neri come la lava dell'Etna, che ti bucavano da parte a parte come un raggio laser. Mi alzai a fatica, mi avvicinai claudicante.

« Piacere, Agata, Agata Marletta, Quarta C. »

« Pi... Piacere, Zez, Quinta F. »

« Zez? Che nome strano, ma sei italiano? »

« Sono napoletano, il mio vero nome è Francesco, ma tutti mi chiamano Zez. »

E in quel momento vidi Cupido che aveva appena scoccato la freccia dell'amore.

Così ebbe inizio una relazione importante, saldata su un sentimento vero che mi fece scoprire quanto una donna sia molto di più della semplice altra metà del cielo.

L'anno scolastico proseguì senza particolari scossoni, Agata e io facevamo coppia fissa nei corridoi della scuola, ma la sera riuscivamo a vederci poco poiché lei non aveva il permesso di rientrare oltre le nove. Per fortuna mi consolavo con la mia banda, gli allenamenti e le cene dallo Zu Saru. Nel frattempo, ci avvicinavamo sempre di più a una data fondamentale. Il fatidico giorno che tutti i diciottenni italiani attendevano con terrore: l'esame di maturità.

E noi vivemmo la vigilia di quel giorno a modo nostro. Come sempre.

Martedì 14 giugno 1988, collina di Aci Castello, discoteca Banacher, esterno notte. L'orologio segna le due del mattino, Giampaolo e io ci scambiamo uno sguardo d'intesa, la pista brulica, la consolle pompa Don't You (Forget About Me) *dei Simple Minds. So-*

no tutti più grandi di noi, è il martedì universitario. Gli unici liceali siamo noi e domani inizia il nostro esame di maturità.

Parte Sunday Bloody Sunday, *scendiamo a ballare, una leggera brezza proveniente dal mare dona un po' di refrigerio alla torrida estate siciliana, ragazze procaci si muovono sinuosamente in ogni angolo della pista, outfit di grande impatto: mini, magliettina all'ombelico. Bellissime. Noi in divisa standard: Levi's, Timberland e polo Lacoste, sportivi con eleganza. Ecco* London Calling, *sui Clash si può solo pogare, il sorriso incornicia i nostri volti, abbiamo tutta la vita davanti, e un esame di Stato fra poche ore.*

Era stato un giorno impegnativo: avevamo studiato fino a pomeriggio inoltrato, con l'idea illusoria di recuperare tutto quello che non avevamo fatto durante l'anno. Poi rapido sopralluogo a scuola per capire la disposizione dei banchi e approntare il piano di battaglia. Non siamo affatto preoccupati: nel tema di italiano siamo forti, sappiamo scrivere e anche bene, faremo quello di attualità, qualcosa da dire l'avremo sicuramente. Per la seconda prova scritta invece ci inventeremo qualcosa, Dio benedica Fasano & Barramano, dai quali copieremo tutto il necessario.

Il dj apre la manetta con Boys Don't Cry, *la voce di Robert Smith si libra nell'aria, il basso ipnotico di Simon Gallup sembra trasportarci con un razzo verso le stelle che illuminano il cielo. La pista ondeggia, il punk rock sincopato dei Cure è una endorfina musicale.*

Chiudiamo gli occhi e sogniamo. Questa notte è sempre più nostra.

Le cinque del mattino, i primi bagliori dell'alba salgono dal mare, illuminando i faraglioni descritti da Giovanni Verga. Fra tre ore dobbiamo essere a scuola, è arrivato il momento di andare, le sfere stroboscopiche si spengono, la fioca luce naturale dell'aurora prende lentamente il sopravvento sull'atmosfera ovattata dell'equinozio d'estate. Scendiamo le scale del Banacher avvolti dal profumo degli eucalipti, saliamo sulla Gilera e facciamo rotta verso casa, percorrendo il lungomare a passo lento. Catania, la città che non dorme mai, sembra assopita. Il Bar Europa ha appena alzato le sue serrande, il profumo di brioche si diffonde in tutto corso Italia, la granita di mandorla avviluppa la lingua di un aroma unico che solo il frutto principe di questa terra può emanare. Arriviamo sotto casa mia. Avrò giusto il tempo di fare una doccia e infilare un paio di jeans puliti, poi via dritti a scuola. Ci diamo il cinque, una sgasata rapida e in un amen Giampaolo scompare in fondo al viale, tra i vecchi palazzi in pietra lavica che il sole nascente tinge di rosa, lasciando che la notte vada finalmente a riposare, soddisfatta.

La nostra notte prima degli esami.

E vabbè, archiviammo gli scritti in scioltezza, il tema d'italiano di attualità si dimostrò particolarmente malleabile. Il compito di ragioneria rientrò, come da previsioni, fra le competenze del duo di secchioni, che lavorò alacremente in nome e per conto di tutta la classe. Ma poi arrivò il momento degli orali: lì potevamo contare solo su noi stessi. E su una botta di culo, che arrivò sotto forma di una soffiata del nostro membro interno, il prof Giuseppe Russo, uomo innamorato della scuola e di tutti i suoi alunni. Da vero discendente dei gattopardi, in nome della antica ospitalità arabo-normanna, aveva invitato a cena il chiarissimo professor Egisto Zurlini, presidente della Commissione d'esame, docente di Teoria dello sviluppo economico presso l'Università di Modena. Tra una parmigiana di melanzane, una pasta alla Norma e due bottiglie di Nerello Mascalese, il chiarissimo confessò a Russo di essere comunista militante, nonché reggente del Circolo operaio della città della Ghirlandina. Fu così che nel giro di una notte l'intera V F del glorioso De Felice Giuffrida si tramutò in una sezione del PCI, tutti discepoli di Enrico Berlinguer ed Ernesto « Che » Guevara.

Il primo a sedersi davanti alla Commissione fu Giampaolo, che però confuse pericolosamente Pinochet con Allende e quasi rimediò un ceffone dal chiarissimo, per poi riscattarsi recitando a memoria *El pueblo unido jamás será vencido*, scritta dai Quilapayún, poi ripresa dagli Inti-Illimani e lasciata in eredità al mondo intero.

Io invece mi lanciai dapprima in una apologia del « Che » e nella cronaca del fallimento della CIA nella Baia dei Porci, per poi virare su una vera gemma, il lungo viaggio in treno di Vladimir Ilic Uljanov, in arte Lenin, nel 1917, da Zurigo a San Pietroburgo per assumere la guida dei Bolscevichi, nel corso del quale scrisse il libretto *Sui compiti del proletariato durante la rivoluzione*, il manifesto dell'Unione Sovietica che verrà, che descrissi con tale partecipazione da concludere quasi in lacrime pronto a intonare l'*Internazionale* col pugno alzato. Fu un trionfo.

Era fatta. Mi alzai dalla sedia, Giampaolo mi venne incontro per abbracciarmi, ma Agata fece un salto, lo anticipò e mi stampò un bacio infinito. Questo innocente gesto d'amore fu in realtà la goccia che fece traboccare il vaso.

Non è che Agata non piacesse ai miei compagni. Era impossibile: gentile, sempre sorridente, comprensiva, per nulla gelosa, gli occhi buoni di chi ha il cuore puro. Ma era la donna di Zez. E Zez non poteva avere una donna. Guardando la questione dal loro punto di vista, i ragazzi non avevano tutti i torti: se per due anni avevamo vissuto in simbiosi, giorno e notte, con l'arrivo di Agata i rapporti erano necessariamente cambiati e certamente non in meglio. E Giampaolo, di andare al Banacher senza di me sul sedile posteriore della sua Gilera, non ne aveva nessunissima intenzione.

L'aria bollente di luglio avvolgeva Catania come un sudario; io sempre più innamorato e felice, i ragazzi sempre più preoccupati e gelosi. Cercarono in tutti i modi di individuare il grimaldello che potesse riportarmi da loro scardinando le mie convinzioni, quelle che mi facevano affermare con troppa sicurezza che Agata era la donna della mia vita. E alla fine lo trovarono: la sua famiglia.

Sia chiaro, io mi resi conto abbastanza in fretta che prendendomi Agata nel pacchetto regalo ci trovavo anche la sua famiglia, che merita di essere raccontata poiché sembrava uscita direttamente da un romanzo di Vitaliano Brancati. Ma sull'argomento, se chiamato in causa dalla squadra, divagavo. Loro, invece, una volta capito che l'unica debolezza di quella storia di puro amore era proprio la famiglia, azzannarono come pitbull inferociti.

Agata Marletta, classe 1972, figlia di Salvatore Marletta, detto Turi, un piccoletto dalle mani callose, lo sguardo mite e l'aspetto dimesso, impiegato come facchino in un caseificio sulle pendici dell'Etna. Sorella di Carmelo, un soggetto bipolare che ondeggiava tra la gelosia morbosa per la sorella e la ricerca di una sana vita sessuale con la sua Anna, la storica fidanzata dalla quinta elementare, che invece voleva arrivare vergine al matrimonio. E, dulcis in fundo, figlia di donna Catena Maccarrone in Marletta, la madre superiora, un donnone enorme che dominava il marito dall'alto del suo metro e settanta e il quasi quintale di peso. E non trattavasi di mero dominio fisico, ma anche e soprattutto psicologico. La famiglia di Agata Marletta era una antica, inossidabile famiglia matriarcale. Donna Catena governava con piglio autoritario, sottomettendo tutti i componenti con modi da monarca assoluto. Carmelo la idolatrava, Turi la subiva, Agata la tollerava. Catena sopperiva a una evidentemente fallace istruzione scolastica e alla completa incapacità di esprimersi in lingua italiana, con una cultura gossiparo-televisiva ampia e diversificata, che oggi l'avrebbe certamente condotta nel salotto della D'Urso. Era riuscita a portare entrambi i figli alle scuole superiori, Carmelo primo diplomato nella storia della famiglia e già sistemato a diciannove anni, ragioniere nell'azienda dove lavorava il padre. E tanto di cappello!

Il rapporto col sottoscritto era altalenante. Da una parte aveva capito che per la figlia provavo amore sincero ed era felice che Agata abbandonasse il soffocante quartiere di Librino per frequentare la Catania bene. Dall'altra temeva – e come darle torto – che la differenza di status sociale prima o poi si sarebbe erta come uno scoglio insormontabile, trascinando la figlia sui passi di Cenerentola.

Come detto, riuscii a tenere nascoste ai miei amici le dinamiche familiari di Agata fino alla data fatidica del 15 agosto. Per il catanese medio la festa dell'Assunzione di Maria è seconda solo a quella della patrona, Sant'Agata. La tradizione prevede una gita fuori porta, al mare o in montagna non importa, durante la quale ci si ingozza di cibo come se non ci fosse un domani. Quel Ferragosto del 1988 decidemmo di passarlo tutti insieme a Tindari, unendo il sacro del Santuario della Madonna Nera con il profano della sottostante omonima baia, dalle acque limpide e fresche.

Quando Agata mi disse che Carmelo, Anna e i suoi sarebbero stati felici di unirsi alla comitiva per trascorrere il giorno di festa insieme, rimasi di sale: se mi avesse data una bastonata mi avrebbe fatto meno male.

Dovevo dirlo ai ragazzi. Presi fiato e raccontai tutto. Lorenzo, da gran signore, non fece una piega; Simone, invece, andò dritto al punto: « Ma to soggira, nda pammiciana ci metti i puppetta di cavaddu o chiddi i poccu? »

A modo suo aveva dato l'approvazione.

Giampaolo, invece, si oppose nettamente: « Iu, cu sti zauddi, non vaiu a nudda banna ».

Vide che ci rimasi male. Ci ripensò. Venne.

L'appuntamento era fissato alle sette di mattina, sotto

casa di Agata a Librino. Arrivammo tutti puntualissimi: Giampaolo, con Simone e Lorenzo sulla sua Fiesta grigia, io con la mia Fiat Uno bianca. Nell'approvvigionamento delle libagioni a noi erano toccate le bevande e l'anguria. Bussammo, l'uscio si aprì, apparve donna Catena, ci osservò per qualche secondo con sospetto, poi rientrò dentro e diede il suo permesso alla partenza della famiglia. Personaggi e interpreti in ordine di apparizione: Anna, prendisole bianco molto pudico, cappello di paglia a falda larga, infradito e teglia enorme di pasta al forno in mano. Carmelo, zoccolo di legno Dottor Scholls originale, acquistato di seconda mano alla fiera di Catania, pantaloncino da tennis consunto Sergio Tacchini, canotta blu Champions *made in Librino*, catenazza d'oro (vero) al collo, teglia di parmigiana bollente. Agata, hot pants che le strizzavano il culo, sandali con tacco alto che le staccavano una coscia esagerata, top con costumino nero a vista e teglia di arancini appena fritti. Meravigliosa! E infine lei: donna Catena, a mani rigorosamente vuote, da Signora e Padrona, pantaloni lunghi neri di simil vigogna, sormontati, incredibilmente, da una gonna nera di stoffa, camicia bianca di merletto, cappello nero in stile Rossella O'Hara, mocassini ricoperti di paillettes e calze 12 denari. Per la serie: in questa casa i pantaloni li porto io, anche se indosso la gonna. Lessi ilarità negli occhi di Simone e Lorenzo, orrore puro in quelli di Giampaolo. Avevo già messo in moto la macchina, quando dalla porta apparve un *vu cumprà*, la schiena ricurva sotto teli da mare e stuoie, mentre si trascinava ombrellone, sdraio pieghevole e set da campeggio con tavolino e sedie. Era Turi. E in quel momento, l'orrore si tramutò in terrore.

Ci distribuimmo nelle due vetture: Anna e Carmelo con Giampaolo, il resto della famiglia Marletta con me. Ritenemmo salutare lasciare la Fiat 850 di Turi sotto casa. Già ci immaginavamo a spingere a mano la bicilindrica degli anni Cinquanta ferma su uno dei viadotti della Catania-Messina.

I coniugi Marletta mantennero i loro proverbiali ruoli: donna Catena a dispensare verità assolute apprese dalla Carrà durante *Pronto Raffaella* e Turi muto come un pesce. Solo per oltrepassare il casello di San Gregorio ci impiegammo due ore. Tutta Catania aveva avuto la nostra stessa idea e si stava dirigendo verso le spiagge a nord della città, nella speranza di trovarle meno affollate della Playa, a sud, dove la gente si era messa in posizione già dalla notte prima. Poi in un'oretta e mezza di autostrada giungemmo, finalmente, a Tindari, sudati e disidratati, l'aria condizionata in auto in quegli anni era un lusso per pochi. La parte più esuberante del gruppo propendeva decisamente per scendere subito al mare, quella più matura spingeva per il pellegrinaggio. Democraticamente decidemmo di mettere ai voti. Donna Catena cercò di imporre il suo regime autoritario: «Iu vinni cu vuattri picchì mi puttauru in pilligrinaggiu a Marunnuzza niura. Prima a Marunnuzza, appoi si pensa o mari e a pilaia».

Carmelo e Anna, rispettivamente per idolatria e piaggeria, appoggiarono la madre e suocera, Simone e Lorenzo, sempre più sghignazzanti, si astennero: il loro unico obiettivo era la parmigiana di melanzane e quello poteva dirsi acquisito; Agata, Giampaolo e io votammo per il mare. Tre a tre e due astenuti: perfetta parità. Mancava un voto, ci girammo all'unisono a guardarlo: percepimmo un esile fil di voce, chiaramente marcata da una profonda esitazione, proveniente dal basso: « Marunnuzza ».

« Bravo Turi, t'arricugghisti! Carusi, quattru a tri, muti e amuninni! » annunciò con piglio militaresco donna Catena.

Salimmo al santuario, salutammo devoti la Madonna nera, poi lasciammo la matrona ai suoi cento e più ex voto da recitare per conto di mezza Librino e ce ne uscimmo sul belvedere a picco sulla baia di sabbia dorata, davanti a un mare dipinto di tutte le sfumature di blu. Agata era splendida, Giampaolo nero come la pece, mentre Simone e Lorenzo si godevano una granita alla mandorla e gelsi neri, distratti da due turiste tedesche un po' attempate.

Quando il sole era oramai allo zenit, donna Catena uscì dal santuario e diede il suo placet a raggiungere la spiaggia. Essendoci presentati per ultimi parcheggiammo le auto a due chilometri dal mare e percorremmo in silenzio il viottolo sotto un sole africano, aiutando il povero Turi a trasportare tutto il necessario per attrezzare il camping Marletta. Arrivammo in riva al mare sull'orlo di una sincope. Carmelo si occupò dell'anguria, immergendola nell'acqua di mare, per nulla conscio che la medesima era a trenta gradi, e quindi non raffreddava nulla. Turi, con la perizia di chi lo ha fatto mille volte, cominciò a costruire la capanna che ci avrebbe ospitati. Piantò l'ombrellone nella sabbia, lo aprì, collegò i teloni – fatti cucire appositamente – alle punte dell'ombrellone e da qui al terreno, creando una specie di tendone da circo, al cui centro venne immediatamente sistemata la sedia della regina. La quale, vestita di tutto punto, adagiò immediatamente le sue pesanti membra, controllando con occhi vigili che nulla sfuggisse al suo dominio. Madidi di sudore e abbacinati dal sole, ci andammo a tuffare nelle limpide acque del Tirreno, rimanendo a giocare e a nuotare per un'oretta abbondante. Ma commettemmo un errore fatale. Parmigiana e pasta al forno, già provate da tre ore di viaggio più altre due nel cofano al santuario, furono inopinatamente lasciate fuori dalla capanna da Carmelo, troppo distratto dall'anguria, che non voleva saperne di rinfrescarsi, e dal bikini della sua Anna. Il sole cocente delle ore quattordici diede il colpo di grazia alle preziosissime teglie. Quando, affamatissimi, già divoravamo col pensiero le succulente libagioni, una inequivocabile zaffata di rancido arrivò alle nostre narici: la pasta al forno e la parmigiana, preparate con tanto amore da donna Catena, avevano esalato il loro ultimo respiro. Le urla della monarca verso il suo suddito si sentirono fino a Reggio Calabria. Per fortuna gli arancini, protetti dall'olio della frittura, avevano resistito e furono azzannati voracemente da tutti gli astanti, che non lasciarono prigionieri.

La lunga giornata di mezza estate stava volgendo al termine, la spiaggia si andava lentamente svuotando, il sole si stava tuffando nel Tirreno, nascondendosi timidamente dietro la sagoma di Lipari. Eravamo seduti sulla battigia ad ascoltare in silenzio lo sciabordio ritmico delle piccole onde di marea smontante che si appoggiavano dolcemente alla sabbia, quando Giampaolo iniziò con tono solenne: « Io lo so che adesso vedi tutto rosa. Lei è meravigliosa, dentro e fuori, sono il primo a dirlo. Ma tutte le case, le auto, le feste, le settimane bianche, le vacanze all'estero, la cultura, le famiglie, le prospettive di lavoro, i modi di interpretare la vita, che vi dividono e che oggi entrambi fate finta di non vedere, un giorno vi si pareranno davanti agli occhi come ostacoli insormontabili e quel giorno sbatterete il muso di brutto. Soprattutto lei. E non se lo merita. Zez, io alla favola di Cenerentola non ci credo, questa storia non ha futuro. La passione fra un uomo e una donna è un sentimento fantastico, ma quando poi la passione si trasforma, ed è inevitabile, in qualcosa di diverso e di duraturo, deve poter poggiare su basi solide e omogenee, che voi due non possedete. Pensaci bene. Non farla soffrire ».

Ascoltai impietrito, senza riuscire a ribattere nulla.

Giampaolo comprese il mio disagio e per sdrammatizzare tornò al vernacolo aggiungendo con aria sarcastica: « Mbare, u jonnu in cui donna Catena vorrà canusciri to patri, ci vogghiu essere magari ju. Già m'a vidu a facci di Luigi mentri dda zaudda ci cunta a vita so'! Megghiu do cinematografu!!! »

La sua fu un'analisi fredda, precisa, dirompente, estremamente realistica. Malgrado ciò io non la volli prendere in considerazione. Amavo follemente Agata e pensavo che niente e nessuno avrebbe mai potuto separarci.

Ovviamente, mi sbagliavo...

La coltellata alla schiena mi giunse, del tutto inaspettata, dall'uomo più importante della mia vita: Bruto si materializzò sotto le sembianze di Luigi Giuliani, mio padre, che alla fine di quella estate indimenticabile mi annunciò che gli era stata affidata la direzione della filiale di Napoli.

« Ma vattene affanculo, tu, l'IBM e il tuo lavoro. Io da qui non mi muovo! »

« Tu fai quello che dico io! E basta! »

Quelle parole gli uscirono di getto, con uno sforzo immane. Sapeva quanto dolore mi avrebbe provocato, ma lui era il comandante in capo e il comandante in capo non può mostrare emozioni.

Lasciammo Catania in treno in una calda notte di settembre, Agata venne a darmi l'ultimo saluto in stazione. Era inconsolabile, e io riuscii solo a giurarle eterno amore.

I primi tempi a Napoli furono durissimi, perché se Luigi tornò nella vecchia capitale del Regno delle Due Sicilie con tutti gli onori che si riservano a un mega direttore, io non ritrovai la città che avevo lasciato tre anni prima.

La mia vecchia compagnia si era sciolta per cause di forza maggiore: il Marchese era andato a studiare alla Bocconi; il Romano si era arruolato nell'esercito come volontario in ferma prolungata, ed era stato assegnato alla Brigata Folgore a Pisa, il posto perfetto per lui; il Chiattone, invece, aveva raggiunto a Stoccarda il fratello che gli aveva procurato un posto da operaio alla linea di montaggio della Daimler Benz.

« Monto 'e spinterogeni ncopp'a Mercedès 200! Me ranno duimila marchi o mese! E chi 'e vereva tutte sti sorde a Napule? » mi urlò entusiasta al telefono dal Baden-Württemberg. Come dargli torto...

Mi era rimasto solo il Greco, che venne a riabbracciarmi il giorno stesso in cui arrivai. Mi raccontò che era stato assunto come apprendista tuttofare a Radio Marte, un'emittente privata che in pochi anni, grazie al suo palinsesto fatto di calcio, news locali e musica pop, aveva scalato tutte le posizioni massmediatiche della città fino a issarsi a broadcaster di riferimento della Napoli bene. Paolo Vitiello stava studiando da fonico, un'opportunità importante, e per il resto era sempre in giro per la città e la provincia a caccia di notizie e interviste, a supporto dei giornalisti. Tempo libero da dedicarmi ne aveva ben poco.

La IBM assegnò a Luigi un appartamento di duecento metri quadrati a via Partenope, angolo piazza Vittoria, con vista spettacolare sul Golfo, governante e Audi 100 con autista a disposizione.

Io però venni sopraffatto dal mal di vivere. Mi chiusi in casa, lasciando la mia camera unicamente per mangiare, senza rivolgere la parola a nessuno, men che mai a Luigi. Sopravvivevo unicamente in attesa di quel treno, che una volta al mese il despota mi aveva concesso per tornare dalla ragazza che amavo.

Ma rientrare a Catania per pochi disperati giorni significava solo gettare altro sale sulla ferita: rivedevo Agata, rivedevo i miei amici, ma la mia vita non era più lì con loro.

L'autunno scivolò via lentamente, lasciando spazio a un inverno che si annunciava lunghissimo. Trascorremmo il Natale separati, ognuno con le rispettive famiglie, nessuna eccezione al matriarcato meridionale, trasferendo la speranza di vederci ai giorni a venire. Per Capodanno, però, Luigi ebbe un'idea delle sue. Appassionatissimo di sci, tifoso sfegatato di Alberto Tomba, amante delle Alpi e del freddo rigenerante, trascinò l'intera famiglia in montagna a Livigno, una landa gelida sperduta in mezzo alle Retiche, tanto da essere soprannominato « il Piccolo Tibet », dove risiedevano i migliori contrabbandieri d'Europa, esperti trafficanti di Rolex e sigarette. Io non fumavo, detestavo gli orologi e il freddo, e non sopportavo più il maestrino Luigi che pretendeva di tracciarmi tutte le traiettorie anche sulle piste azzurre.

« Domani me ne vado! »

« E dove, di grazia? »

« Da Agata, a Catania. »

Mi rise in faccia.

« Tu da qui non ti muovi. Domani sveglia alle sette che saliamo al Carosello 3000, c'è una nera perfetta per allenarci. »

Non replicai. Davide aveva sconfitto Golia con l'astuzia, non con la forza. Servivano idee brillanti, servivano soluzioni appropriate.

Servivano soldi.

Trovai un complice tutt'altro che inatteso in donna Marisa. Lei adorava Agata e adorava l'amore in tutte le sue forme. Sganciò duecentomila lire, gran bella cifra per l'epoca, mi diede un bacio lieve sulla fronte e mi assicurò che con Golia ci avrebbe parlato lei.

L'alba del 3 gennaio si presentava livida. Misi fuori il naso: faceva un freddo becco e nevicava copiosamente. Sgattaiolai fuori dall'hotel con uno zainetto e un maglione leggero scelto per il clima di Catania, maledicendo tutte le Alpi Retiche e magari pure le Lepontine, e partii per un'odissea lunga millesettecento chilometri utilizzando ogni mezzo possibile di trasporto. Per fuggire da quell'inferno di ghiaccio e orologi di lusso esentasse c'erano due sistemi: quello dei vecchi contrabbandieri, ovvero scollinare il Corno di San Colombano a piedi seguendo i sentieri che portavano agli alpeggi, e quello dei nuovi contrabbandieri, un comodo bus di linea della Regione Lombardia per Bormio, il presidio di civiltà più vicino. Ovviamente optai per il secondo, presi posto a fianco dei pendolari dell'esportazione clandestina, tipi loquaci e mansueti, amici dell'autista e dei finanzieri che controllavano l'uscita dalla zona franca. Giunto a Bormio, compresi di essere ancora in alta montagna: il freddo non allentava la morsa e la neve continuava a scendere a falde larghe. Attesi un altro bus che mi condusse, tra ragazzini urlanti e turnisti notturni smontanti, a Tirano, capoluogo dell'Alta Valtellina, stazione terminale delle Regie Ferrovie di Sua Maestà Vittorio Emanuele, oggi avamposto amministrativo italiano alle porte della ricca Engadina. La neve aveva ceduto la scena a una pioggia torrenziale. Al binario 1 presi l'accelerato per Milano Centrale, che fermava anche nelle stazioncine più sperdute. Giunsi nella capitale economica nel tardo pomeriggio, poi una lunga coda in biglietteria e finalmente lui, il « Trinacria », l'espresso che mi avrebbe condotto nell'isola più bella del mondo. Alle prime luci della sera del giorno seguente, dopo circa venti ore di viaggio, intravidi finalmente il profilo dell'Etna con il suo mantello di neve e il cappello di nubi. Catania era subito lì. Ce l'avevo fatta. Qualsiasi essere umano sarebbe stato annichilito da quella traversata degna della ritirata dell'ARMIR, io invece ero vispo come un grillo.

La potenza dei diciott'anni.

La potenza dell'amore.

Quei giorni però non andarono come avevo lungamente sognato. Sì, certo, ci divertimmo molto, soliti locali, solite mangiate, solite romantiche coccole fino a notte fonda. Ma percepii chiaramente che Agata non era serena, che qualcosa la turbava. Non gliene parlai, mi convinsi che si trattasse di qualche problema di famiglia, anche se, osservando donna Catena e il suo schiavo Turi, non annusai nulla di anomalo.

L'indizio più evidente erano i suoi occhi: i due lapilli di lava incandescente che mi avevano travolto erano diventati tizzoni spenti. Nemmeno Giampaolo, prontamente interrogato in proposito, seppe darmi una interpretazione. Mi raccontò che, durante la mia assenza, l'aveva incontrata un paio di volte al McIntosh, la sede invernale del Banacher, e aveva avuto l'impressione che lei lo stesse evitando. Nulla di più.

Il tempo, come sempre tutt'altro che galantuomo, volò via senza che io fossi riuscito a darmi una risposta. Tornai a Napoli perplesso. Ne parlai con il Greco, che provò a sdrammatizzare: « 'O Zè, tu 'o ssaje comme sò fatte 'e femmene: 'nu journe te portano in cielo e 'o journe appresso te fanne verè l'inferno. Mo nun fa accussì, nunn'a dà retta, vedrai che a essa ce passa e tu te stai 'ntussecann'a salute pe' senza niente! »

Sperai nel fatalismo partenopeo, accettai il suo consiglio e provai, per quanto possibile, a scacciare i cattivi pensieri, anche se non riuscivo a togliermi dalla mente l'espressione cupa della mia ragazza. Mi macerai per settimane, fino a che non giunsero i giorni della Candelora ad annunciare l'imminenza di Sant'Agata, la cui festa è una tra le manifestazioni cattoliche più seguite al mondo. Il fercolo della martire attraversa l'intera città trainato dai suoi devoti, i cosiddetti «Cittadini», abbigliati, malgrado il clima invernale, solo di un saio di cotone bianco, il «Saccu», chiuso da un cordone monastico bianco, e di un copricapo di velluto nero, detto «Scuzzitta». Completano l'abbigliamento un paio di guanti bianchi e un fazzoletto, anch'esso bianco, indispensabile per la supplica, durante la quale viene agitato al grido di «Semu tutti divoti, tutti. Cittadini, cittadini! Viva sant'Àjita!»

Un evento imperdibile per tutti i catanesi, stanziali, emigrati o di adozione come me. Anche quel 1989 non fece eccezione. Trovai la città addobbata a festa, tra luminarie, strade tirate a lucido, bancarelle coloratissime con mercanzie di ogni tipo, cibo di strada delizioso, devoti che sciamavano emozionati da ogni vicolo, nella loro inconfondibile divisa immacolata.

Carmelo, neanche a dirlo, era un Cittadino, ma un Cittadino, diciamo, di seconda mano. La sua devozione per la giovane martire aveva radici, molto pratiche e poco mistiche, nel suo rapporto con il geometra Santo Bottarello, padre di Anna, la sua storica fidanzata, impiegato all'Ufficio tecnico del Comune di Catania, ma soprattutto vice-sostituto-assistente di don Masino Basile, Capu Vara del Fercolo, cioè il ras della festa. Il sogno del geometra Santo Bottarello era che la mattina del 3 febbraio, inizio dei festeggiamenti, una sincope, anche solo momentanea, mettesse fuori uso don Masino Basile e i suoi primi assistenti, in modo da lasciare a lui la guida della festa. La sua ossessione aveva coinvolto tutta la famiglia, ma non avendo avuto dal Signoruzzo la grazia di generare figli maschi ed essendo la qualifica di Cittadino riservata ai soli uomini, non gli restò che puntare su quel genero, così dimesso e banale, ma in compenso così devoto alla figlia. Come molti suoceri che si credono onnipotenti, anche il geometra Bottarello aveva fatto un gravissimo errore di sottovalutazione. Il giovane Carmelo si rese immediatamente conto dell'occasione che gli si stava presentando: abbracciare la fede della Santuzza gli avrebbe consentito di scalare piani gerarchici importanti, non solo all'interno della famiglia Bottarello, ma anche della Confraternita, che, oltre alla festa, gestiva questioni laicamente più interessanti.

Tutto questo bailamme andava inesorabilmente a impattare sulla vita di Agata, e di conseguenza sulla mia. Già nelle edizioni precedenti donna Catena, per questioni di sicurezza, aveva pregato la figlia di seguire la processione al fianco del fratello, processione che durava ventiquattro ore filate, fino all'alba del giorno dopo, quando finalmente i Cittadini decidevano che era giunto il momento di riaccompagnare il fercolo in Duomo. Un sacrificio fisico imponente che tuttavia moltiplicava a dismisura la devozione dei fedeli verso la Santuzza e instillava un senso di sconfortante paganità in coloro che non erano stati toccati da tale grazia. Fra i quali purtroppo c'ero anch'io.

Anche quell'anno non fece eccezione. Carmelo uscì di casa alle due di notte per essere tra i primi a varcare il cancello in ferro battuto che protegge la dimora della martire e portarla all'aperto. Noi dormimmo qualche ora in più e lo raggiungemmo solo in tarda mattinata. Agata, però, era sempre più triste e sconsolata, faceva fatica anche solo a darmi la mano. Seguimmo la processione in silenzio per un bel pezzo, attendemmo i potenti fuochi d'artificio organizzati dalla confraternita di piazza Principessa Jolanda, terminati i quali partirono boati, applausi e le solite litanie. E fu in quel preciso istante che Agata, con la voce rotta dal pianto, esordì improvvisamente: « Zez, ti prego, non ce la faccio più! Dio mio, Zez, sto male. Dobbiamo parlare, adesso! »

In quell'istante Carmelo, genero del vice-sostituto Capu Vara, lanciava la supplica: « Cittadini, semu tutti divoti, tutti. Cittadini, cittadini! »

E la folla, estasiata, adorava in coro: « Evviva sant'Àjita! »

Sbarrai gli occhi.

« Dimmi amore mio, che cosa è successo? »

Carmelo, sempre più indemoniato, conduceva la litania della folla con sguardo allucinato: « Cittadini, semu tutti divoti, tutti? Cittadini, cit-tadini! »

« Zez, c'è un altro. »

« Evviva sant'Àjita! »

« Un altro? »

« Cittadiniiiii! »

« Un altro, Zez. »

« Cittadiniiiiiii! »

« Agata, un altro chi? »

« Cittadiniiiiiiii! »

« Zez, ascoltami! Non ce la faccio più! Tu sei andato via, non ci sei mai! Che rapporto è? Vedersi poche ore, una volta al mese? Non potevamo andare avanti così... e poi... poi adesso c'è lui, io mi sentivo sola e lui mi è stato così vicino... mi spiace Zez, è finita. Non volevo dirtelo per telefono. »

« Semuuuu tutti divotiiiii, tuttiiii? Cittadiniiii? Cittadiniiiii? »

Rimasi paralizzato. Fu come prendere un treno in corsa in piena faccia. Mi accasciai sul marciapiede. E piansi, come mai nella mia vita.

« Evviva Sant'Agata! »

4

RANE

Nell'immaginario collettivo, ogni storia d'amore che si rispetti inizia in maniera lieta e termina dolorosamente. Ma qualche volta accade che gli eventi si capovolgano e che invece sia proprio il primo incontro a rivelarsi doloroso, ai limiti del funesto.

La fine della storia con Agata mi aveva trascinato nel buio più nero. Ore e ore a letto a fissare una piccola macchia di umido sul muro della camera. Niente e nessuno riusciva a scuotermi dal torpore in cui ero precipitato, finché un giorno non mi svegliai con un dolore lancinante in bocca. Il mio dente del giudizio aveva deciso di venire al mondo, ma non disponeva dello spazio adatto. Papà Luigi, preoccupato, mi procurò un appuntamento istantaneo con il dottor Alfonso Di Gennaro, suo dentista di fiducia.

Alfonso Di Gennaro, per tutti don Alfonso, un omone di due metri, fisico atletico malgrado i cinquanta suonati, due mani enormi e affusolate, occhialetto di tendenza, grande cultura nascosta dietro il vezzo di parlare un napoletano arcaico con vocali strascicate che facevo estrema fatica a comprendere, si presentò come un grande appassionato di basket, nonché presidente, allenatore, capitano e giocatore della Libertas Napoli, cui mi chiese di unirmi. All'apparenza era una squadra di pallacanestro, in realtà una scalcinata compagnia di giro di ultraquarantenni dediti a questo nobile sport con il malcelato obiettivo di prendersi un paio d'ore libere da mogli asfissianti e figli piccoli. Data la scarsezza dei mezzi atletici e tecnici, anche solo definirla squadra sapeva di eufemismo: la Libertas galleggiava stabilmente nelle ultime posizioni dell'ultima serie della Federazione, la Prima Categoria. Mi fu subito chiaro che don Alfonso non aveva bisogno di un giocatore di classe, ma di bassa manovalanza da gettare in campo alla bisogna, quando la situazione volgeva al peggio e servivano uomini che prendessero mazzate, salvaguardando l'integrità fisica dei padri di famiglia.

Decisi comunque di accettare. Dopotutto la mia vita era a pezzi e non avevo più nulla da perdere.

Il mio esordio nel Girone H del campionato campano di Prima Categoria avvenne nel Centro Polisportivo di Secondigliano, nuovo di pacca, dove per sicurezza, ma lo seppi dopo, don Alfonso ci chiese di recarci con auto non appariscenti, perché « non si sa mai ». I padroni di casa ci accolsero con tutti gli onori, ci fecero accomodare negli spogliatoi e ci chiusero dentro.

A chiave.

Mentre cercavamo di comprendere i motivi di una ospitalità così soffocante, andai in bagno a bere un goccio d'acqua, dato che le casse della società non potevano permettersi quella minerale. Girai diverse volte i rubinetti fino a che non mi si spanarono in mano, ma di acqua non ne uscì nemmeno una goccia. Ne dedussi un messaggio neanche tanto subliminale: quel giorno avremmo dovuto sudare molto poco. Andai da don Alfonso per avvertirlo, ma mi accorsi che era intento a effettuare con l'arbitro il cosiddetto riconoscimento, cioè a verificare la corrispondenza fra l'identità del giocatore e il cartellino federale, urlando i nostri dati attraverso un finestrino aperto che dava nello spogliatoio dei giudici di gara, anch'esso chiuso a chiave.

Il tempo di cambiarci e una mano amica venne ad aprirci la porta. Uscimmo guardinghi, attraversammo un lungo corridoio buio degno di *Shining* al termine del quale mi aspettavo di trovare Jack Nicholson, mentre invece trovammo il presidente avversario. Ecco, a suo favore va detto che non aveva gli occhi da pazzo, ma in compenso esibiva un bello sfregio sulla faccia e un revolver alla cintura. Glissai. Deglutii. Proseguii. E così entrammo sul parquet per il riscaldamento. La nostra maglia giallo canarino suscitò la calorosissima accoglienza della tifoseria avversaria, in un tripudio di cori all'unisono: « Ricchiò! Femmenielle! »

Evidentemente il colore giallo, quello con cui i Lakers terrorizzavano tutta la West Coast americana, a Secondigliano non faceva paura proprio a nessuno.

Come facilmente prevedibile, il match partì da subito in salita. I miei stagionati compagni compresero all'istante che l'obiettivo di quel giorno era tornare sani e salvi dalle rispettive famiglie. Lo stesso don Alfonso, che da capitano allenatore vanitoso si metteva sempre in quintetto base, quella volta si accomodò quatto quatto in panchina, in attesa degli eventi. La partita scivolò via fra palle regalate, tiri alla cieca e fischi arbitrali a senso unico. Nel secondo tempo, oramai sotto di trenta punti, la voce sinistra del coach proferì un ordine perentorio: « Uagliò, trase! »

Da buona matricola, misi tutte le remore da parte e ubbidii. Quel giorno avevo indossato, con malcelato orgoglio, un paio di nuovissime Converse All Star, il sogno americano di ogni cestista, appena acquistate da Foot Locker, che a noi ragazzi del Sud faceva tanto Fifth Avenue di Manhattan. Erano bellissime, fiammanti. E bianche, bianchissime. Appena misi piede in campo, nel silenzio generale, irruppe una voce: « Azz', guardate a chisto, guardate che sfaccimm'e scarpe! E chi cazz'è, Nureyev? »

L'intero palazzetto venne giù dalle risate. E i tre minuti e quaranta secondi che don Alfonso mi concesse si tramutarono in una mortificante passerella davanti a un pubblico di omofobi.

Fra i tanti problemi di Napoli la cronica mancanza di impianti sportivi era probabilmente uno dei meno sentiti dal popolo, che aveva ben altre questioni di cui lamentarsi e preoccuparsi. Ma noi la subivamo direttamente. Fu così che dopo decine di istanze andate a vuoto, finalmente il Comune assegnò al nostro scalcinato sodalizio la palestra della Tito Livio, la scuola media di San Pasquale. Don Alfonso, quando fu convocato dall'assessore allo Sport per sottoscrivere l'accordo, notò che tentennava. Dopo un minuto di imbarazzato silenzio, il politico tirò fuori il rospo, tutto in una volta: « Don Alfonso, la palestra è confermata ma la potete usare solo a metà ».

Don Alfonso trasecolò: « In che senso, a metà? »

« Eh, a metà. Sì, perché l'altra metà è stata assegnata alla Ginnastica Partenope, che si allenerà insieme a voi. »

Don Alfonso, si oppose con garbo e dignità: « Assessò, ma che cazzo stai dicenno? »

« Don Alfo', qua tutti vulite pazzià, ma i campi quelli sono, non ce ne stanno per tutti: così io ho pensato: a basket si gioca in due squadre con due canestri giusto? Ma quando vi allenate siete voi e voi, giusto? E allora il secondo canestro a che vi serve? »

Il ragionamento non faceva una grinza. Don Alfonso ne fu talmente inebetito che firmò con la mano tremante dalla rabbia, girò sui tacchi e ossequiò con un *salutame a soreta* che si udì fino a Capri.

E fu così che in una tiepida sera di ottobre, nel pieno dell'allenamento, accadde il fattaccio. Ricordo perfettamente un sibilo, come quello di un siluro. Il mio cervello ebbe il tempo di analizzare nanosecondo per nanosecondo ciò che di lì a un attimo mi sarebbe accaduto. Con la coda dell'occhio vidi un oggetto rotondo, rosso, con degli anelli, volava verso di me a velocità supersonica. Cercai di stabilire se fosse Marte o Saturno ma capii subito che lo scontro era imminente e non ci sarebbe stato il tempo di ingaggiare Bruce Willis di *Armageddon* per deviarne la traiettoria con una bomba nucleare, dunque mi preparai all'impatto. E qui la scena si sdoppia fra quello che vidi io e quello che videro i presenti. Vabbè, per me fu facile, perché nell'istante dell'impatto le tenebre si impossessarono delle mie membra. Nel resto della palestra si udì dapprima un sinistro rumore di cartilagini deflagrate e in rapida successione un colpo secco sul parquet: era il mio corpo steso a terra, con un sorriso ebete stampato in faccia.

Quello che accadde dopo ebbe importantissime ricadute sulla mia vita degli anni a venire. No, tranquilli, non mi ruppi niente, fu solo una grande botta. Don Alfonso corse da me, mi diede due schiaffoni e mi chiese, nel suo elegante vernacolo, cosa diamine fosse successo. Risposi col poco fiato rimasto e con la bocca dalla quale colava uno spaventevole rivolo di sangue, poi rivelatosi solo un capillare rotto: « Bel-lis-si-ma ».

« Uagliù, ma sta cantando? »

« Bel-lis-si-ma. »

« Uagliù, chisto sta delirando malamente, chiammate l'ambulanza, subito! »

No, don Alfonso, io non stavo affatto delirando. Avevo appena visto il paradiso, sotto forma di un essere femminile celestiale.

Ludovica Zatterin, classe 1973, atleta di punta della Ginnastica Partenope, specialità corpo libero, bella da non credere, segni particolari due magnetici occhi da cerbiatta, quelli che mi spedirono con sospetta commozione cerebrale dritto agli Incurabili, che, a dispetto del nome inquietante, era un ospedale.

Bene, cosa fosse accaduto è facile dedurlo, ma è giusto raccontarlo ugualmente: il pallone da basket per noi cestisti è un oggetto sacro, un compagno di vita. Purtroppo, ha un paio di difettucci: è duro come la pietra e pesa quanto un jumbo al decollo, quindi la prima cosa che ti insegnano gli allenatori è di non prenderlo mai in faccia, perché potresti rimanerci secco. Quella benedetta sera l'allenamento procedeva tra la solita litania di don Alfonso e la solita ironia dei miei stagionati compagni di squadra. Dopo il riscaldamento e i fondamentali, il nostro coach passava agli schemi. Dovete sapere che don Alfonso era un accanito seguace di Dan Peterson e, al pari del suo maestro, riteneva, invero immodestamente, che un grande allenatore fosse più determinante del quintetto che andava in campo. Ma se il mitico Dan aveva Dino Meneghin, Bob McAdoo e Mike D'Antoni, Don Alfonso aveva noi, che dopo dodici secondi netti di 1-3-1, la zona pressing inventata dal guru di Evanston, strisciavamo la lingua sul parquet. E così ci ammorbava gli zebedei con infiniti schemi, talmente complicati che a un occhio non allenato sembravano concepiti da un programmatore di Harvard, e invece erano solo frutto di una mente offuscata da nottate infinite su Italia Uno a seguire i Lakers, mentre la moglie ragionava su come sbatterlo fuori di casa. Durante questi esercizi incomprensibili, la noia prendeva spesso il sopravvento, ma poiché in fondo gli volevamo bene ce la mettevamo tutta per non farla trasparire. Quella sera, nell'altra metà del campo, quella assegnata alle ginnaste, si materializzò una figura femminile di una bellezza accecante: Ludovica Zatterin, boccoli biondi raccolti in una sensualissima coda alta, dalla quale sfuggivano singoli ciuffetti monelli sugli occhi, prontamente rispediti indietro con ripetuti vezzosissimi sbuffi, zigomi alti, nasino alla francese, lineamenti del viso angelici, due gambe lunghe e tornite, un fondoschiena a cuoricino e un décolleté che sembrava dipinto, il tutto su centosettantacinque centimetri di bellezza fuori dall'ordinario. Ecco, quanto tempo pensate che ci metta il cervello di un uomo a elaborare una descrizione così? Esattamente lo stesso che ha impiegato il pallone da basket a lasciare le braccia nerborute del mio playmaker e a terminare la sua corsa sul mio naso.

« Dottore, ho visto una madonna. »

« Lo so uagliò, con la botta che hai preso secondo me hai visto pure san Giuseppe, il bue e l'asinello. »

« No, dottore. Non mi sono spiegato. Non ho visto la Madonna, ho visto una madonna. »

Non fui compreso e il valium spense sul nascere quello che al dottorino del pronto soccorso apparve come un normale delirio post traumatico.

Ludovica Zatterin, forse attanagliata dai sensi di colpa, sicuramente conscia che il suo corpo da reato aveva già creato numerosi incidenti in passato, si presentò l'indomani agli Incurabili in orario di visite con un mazzo di fiori di campo. Io li scambiai incautamente per crisantemi, e mi domandai, con la complicità dei sedativi a secchiate, se quell'essere angelico fosse lì per il mio funerale, a festeggiare il mio ingresso in Paradiso. Invece ero vivo e vegeto e la Zatterin era venuta per me. Fu amore a prima vista.

Ma chi era la mia nuova fidanzata? Be', prima di tutto è opportuno risalire alle origini di questo nome di famiglia, che a Napoli suonava altamente esotico. Suo nonno, Orfeo Zatterin, nato da mezzadri poverissimi in una fattoria nelle paludose campagne di Adria, aveva raccolto l'invito del duce e, come molti suoi compaesani, aveva lasciato con tutta la famiglia le infide terre del delta del Po per andare nell'Agro Pontino a scavare il Canale Mussolini, quello narrato da Antonio Pennacchi in un memorabile libro. Poi, finiti gli scavi, avendo legato poco con i pontini, decise di proseguire il suo viaggio verso sud, fermandosi a Paestum, nella Piana del Sele, dove rivide le malinconiche terre natie. Acquistati, per poche migliaia di lire, acri su acri di terreno paludoso e malarico che i contadini locali non erano riusciti a bonificare, ebbe il lampo di genio di introdurvi l'allevamento dell'unico animale che in quelle condizioni sguazza alla grande: la bufala. Insieme a lui c'era il piccolo Giuseppe, detto Bepi, che, fattosi adulto, prese in mano le redini dell'azienda paterna, trasformandola in uno dei principali produttori di quel latte con cui si caglia l'oro del Sele: la mozzarella di bufala campana DOP.

Bepi era il padre di Ludovica, un omone tutto d'un pezzo come solo i contadini veneti sanno essere. Alto, biondo, ventre prominente, due mani che erano due badili, schietto e sincero. Insomma, anche se non proprio un mostro di cultura, poteva definirsi un suocero interessante. Purtroppo, però, aveva un grande problema: quando parlava non si capiva nulla. Pur avendo lasciato il Veneto in tenerissima età, era stato comunque educato a una sola lingua: il dialetto rodigino. E pretendeva che tutti lo capissero. Malgrado le difficoltà di comunicazione, legammo velocemente utilizzando il linguaggio comune della passione per il buon cibo e il buon vino. Un giorno, oramai entrati in confidenza, mi condusse nella sua cantina, dove trovai da un lato una strabiliante collezione di Amarone d'annata, fra cui un paio di

Quintarelli da rapina a mano armata, nonché grappe di ogni tipo, dall'altro invece una fossa comune, sotto forma di enorme freezer, nel quale conservava bufale intere, macellate con cura. Erano quelle che avevano raggiunto un'età non più compatibile con la produzione del latte. L'economia di guerra appresa nel natio Polesine non consentiva a Bepi di seppellire semplicemente le sue fedeli lavoratrici. In una sorta di cannibalismo neandertaliano, le doveva sfruttare fino all'ultimo, mangiandosele. Purtroppo, questi riti venivano estesi a tutti gli ospiti del suo desco, sottoscritto incluso. Prima descriveva minuziosamente le caratteristiche organolettiche e nutritive, a suo dire molto superiori rispetto alla semplice vacca, poi azzannava la carne con voluttuosità inaudita. Ora, posto che per degustare una bistecca di bufala di palude di vent'anni di età ci voleva una dentatura di titanio, non è che il gusto fosse così inebriante. Quando qualche decennio dopo i Fratelli La Bufala la misero in carta a venti euro a bistecca, pensai che il vecchio Bepi fosse un visionario incompreso, lo Steve Jobs dei bovini.

Bepi in cucina aveva fissazioni degne del maestro Vissani. Il risotto, ad esempio, lo faceva solo col vialone nano. Meritorio non c'è che dire, varietà autoctona del suo amato Veneto, ma anche causa di polemiche infinite con i suoi concittadini. Perché una premessa è doverosa: a Paestum il riso lo mangiano solo quando stanno male di stomaco. E per quello bastava un semplice originario, il vialone nano proprio non sapevano cosa diamine fosse. Ovviamente il fiero Bepi non si lasciava abbattere dalle pigre abitudini borboniche e se lo faceva spedire dalla sua patria lontana, non parendogli vero di poterlo condividere con un terrone sui generis come il suo novello genero.

Sosteneva che il vialone nano desse il suo meglio con un condimento ancora più esotico: le rane. Già, le rane. Molti, al solo pensiero di addentarne una, sarebbero assaliti da conati di vomito. La rana è un anfibio, né carne, né pesce, o meglio un animale di carne che si comporta come un pesce. Io la assaggiai senza preconcetti: aveva la consistenza e le sembianze del pollo e l'odore e il sapore del pesce. Buona, anzi ottima. Bepi le catturava con perizia ogni domenica mattina nei meandri più nascosti dei suoi acquitrini e le portava in tavola il giorno stesso, in risotto o meglio ancora fritte, la vera morte della rana. Quando le mangiavo, mi capitava di pensare alla sfiga di quel povero animaletto finito nel mio piatto. Negli acquitrini del Sele quegli esserini vivevano in numero impressionante e al contrario la squadra speciale della Sezione catturandi della Federazione Caccia & pesca della provincia di Salerno era composta da una sola persona, il Bepi. Scacciavo queste immagini lugubri dedicandomi al succulento piatto, divorando cosce e petti dei malcapitati anfibi. Mi accorsi presto, però, che questa mia devozione gastronomica verso il capofamiglia mi aveva inimicato definitivamente l'altro, fondamentale, componente della famiglia: Gabriella Senese in Zatterin, la splendida, sensualissima, pericolosissima, genitrice di Ludovica.

Gabriella, a dirla con le parole di Vincenzo Salemme, era un femminone esagerato: quarant'anni portati con eleganza innata, fisico snello e sodo da ventenne, minigonna di ordinanza su stiletto tacco dodici; nonché responsabile della segreteria di un noto capitano d'industria salernitano del settore dell'acciaio. La città, maligna, vociferava su una *liaison dangereuse*, tuttavia alla moglie dell'industriale importava poco e nulla, essendo esclusivamente interessata al portafoglio del maritino. Bepi, da parte sua, pensava alle bufale e alle rane e comunque approfittava bisettimanalmente dei servigi coniugali di Gabriella, attività ludica che a quell'età, lo scoprirò col tempo, è niente affatto scontata e ti fa dimenticare qualsiasi problema di relazione. Insomma, una cooperativa delle corna che manteneva tutti felici e contenti. Tutti tranne una, la mia fidanzata.

Ludovica Zatterin odiava le bufale, le rane e suo padre, al quale addossava la colpa di non aver saputo contenere una moglie esuberante, sua madre. Un po' come dare la colpa ad Arrigo Sacchi quando Roberto Baggio sbaglia il rigore decisivo contro il Brasile. Un capovolgimento delle responsabilità coniugali che mi lasciò sorpreso e che mi fece scoprire quanto fosse difficile essere l'uomo di una donna che odia il padre.

Ludovica, primo anno di giurisprudenza alla Federico II, prezioso monolocale in una traversa di Mezzocannone finanziato dal Bepi, nessuna amica vera – si sa, la bellezza estrema crea invidie e gelosie ingestibili –, amante degli animali, amazzone esperta, ambientalista militante, esponente di punta della sezione locale del WWF, nonché membro operativo di Greenpeace Italia. Insomma, ai miei occhi democristiani, una agitatrice sociale.

La nostra prima estate debuttò sotto un temporale di violentissimi litigi, relativi a come, ma soprattutto a dove, trascorrerla. Io la presi in contropiede e la ammonii che non doveva nemmeno immaginare di trascorrerla in Antartide ad assaltare baleniere giapponesi con idranti e gommoncini, anche perché, dopo aver apprezzato bufale e rane, non avrei potuto escludere ulteriori passioni gastronomiche per i filetti di balena. Le fiamme che uscirono dai suoi occhi si spensero solo dopo che mi comunicò che a sua volta mai e poi mai sarebbe venuta a oziare su una spiaggia modaiola del Salento, piena di reazionari con girovita prominente e fighe di legno con i culi al vento. Diedi fondo a tutta la mia diplomazia e riuscii in una operazione di ricamo degna del Consiglio di sicurezza dell'ONU. L'armistizio fu siglato sulla base di una divisione equa dei tempi e rispettosa delle inclinazioni dei due contendenti: quindici giorni nel Salento sulla mia spiaggia, quindici giorni di campo di lavoro WWF sul monte Conero.

Le due settimane salentine trascorsero pigramente nell'aria umida e bollente dello scirocco jonico. Le mie iniziali paure si rivelarono infondate e la mia fidanzata si adattò immediatamente ai lenti ritmi della comunità che la accolse. L'unico, per così dire, incidente ebbe origine da un piccolo difetto di Ludovica, da ascrivere probabilmente alla ancor giovane età: un senso del pudore non del tutto sviluppato. In soldoni, appena lo riteneva opportuno, cioè quasi sempre, si metteva in topless. Ero certo che non lo facesse con malizia, ma per mero senso di libertà, e quando le facevo notare che sbracarsi a seno nudo su una spiaggia ad alta densità di famiglie non era proprio elegantissimo, lei mi rispondeva che non comprendeva il motivo per il quale Sara potesse andare liberamente con tanga brasiliano e relative chiappe di fuori, mentre a lei non era consentito mostrare quelle tette di cui madre natura l'aveva così generosamente dotata.

Già, Sara. Quando presentai Sara a Ludovica, fu odio a prima vista, reciproco. Sara, figlia felice di famiglia felice e genitori sereni e uniti, tutto ciò che Ludovica aveva sempre desiderato e non aveva mai potuto avere. Tuttavia, essendo entrambe intelligenti, evitarono di condurmi a una scelta di campo che sarebbe stata deleteria per tutti, e si mantennero a distanza di sicurezza, riducendo i contatti ai soli convenevoli sociali. La rivalità riemergeva ogni tanto, per esempio in discoteca, dove Sara non perdeva occasione di sfoggiare le sue gambe lunghissime, indossando eleganti abiti d'alta moda. Ludovica, da parte sua, si presentava al Gibò, tempio della notte salentina, un balcone sul fiordo del Ciolo, quello famoso per i salti dal ponte alto trenta metri, in salopette, Superga bianche e canotta non corredata da alcun contenimento, così che il suo décolleté, ballando, sfuggiva a destra e sinistra, causando orrore e sgomento nel selezionato pubblico femminile e un terremoto di testosterone in quello maschile. Capii che se una donna si traveste da maschiaccio e riesce a risultare ancora più sensuale di quando veste da femmina, allora la faccenda si fa veramente incandescente.

Fra noi due era una sfida sportiva continua. Alle sette del mattino eravamo già sul campo da tennis: due palleggi di rito e subito partita, all'ultimo sangue. Lei rubava le chiamate, protestava a ogni punto, imprecava come uno scaricatore di porto, sembrava la sorella pazza di John McEnroe. Odiava il mio *serve and volley*, la faceva uscire di senno perché a suo dire le toglieva ossigeno al cervello, mentre il tennis è uno sport di strategie e ragionamento. Io le rispondevo che i suoi problemi neurologici applicati al tennis non erano affar mio e finiva subito in rissa. Subito dopo scendevamo al mare e prendevamo la barca per un giro nella baia. Alla pupa non stava bene la mia tecnica di remata, inveiva, sbuffava, ironizzava. Fino a che non le cedevo scalmi e remi e lei si metteva a rullare stile fratelli Abbagnale. A mezzogiorno, partita di beach volley con gli amici, rigorosamente in squadre rivali, ma lei non si accontentava mica di sfidarci alla buona. Pretendeva rotazioni corrette e rispetto dei ruoli, e a muro saltava come se stesse giocando la finale dei Mondiali. Triturava talmente le palle, che alla fine non mi feci scrupolo a spedirle il Mikasa colorato sul suo meraviglioso nasino. Quando ci vuole ci vuole!

Malgrado tutto ciò, ci amavamo...

Le due settimane sullo Jonio trascorsero in un amen e giunse l'ora di trasferirsi sull'Adriatico, al campo di lavoro WWF. Giunti alla stazione ferroviaria di Ancona fummo accolti da Paolo e Bruno, rispettivamente capo campo e suo vice. Paolo, il boss, psicologo di professione, carattere solare, bello come il sole, evidente sciupafemmine professionista. Bruno, il suo secondo, architetto, un orsacchiotto peloso, buono come il pane, grande amante dei piaceri di Epicuro, colui che mi ha iniziato al Rosso Conero, con quotidiane missioni ad alto tasso alcolico fra le migliori cantine sparse tra Osimo e Castelfidardo per testare il vino destinato al campo. Con loro, conobbi l'accento marchigiano, rustico ma simpatico, con evidenti retaggi dello Stato Pontificio.

In pochi minuti arrivammo all'headquarter. Vabbè, nel WWF si americanizza tutto, in realtà era la scuola elementare di Poggio, un paesino di cinquecento anime sulle pendici meridionali del Conero, esattamente sulla verticale di Portonovo, una delle più belle spiagge dell'Adriatico. Le aule trasformate in camerate, i letti forniti dall'aeronautica militare, dismessi dalla adiacente stazione radar meteorologica in fase di smantellamento essendo venuto meno il nemico al di là dell'Adriatico. Insomma, definirli letti era un eufemismo: brande a castello, fattura anni Cinquanta, reti sfondate e arrugginite, materassi di paglia.

Dell'ambiente mi colpì subito un aspetto peculiare: le camerate e i bagni erano misti, nessuna distinzione di genere. Per un borbonico osservante come me fu una divertente novità: le grandi rivoluzioni sessuali del '68 e del '77 erano giunte molto attenuate nel Meridione. La mia generazione era cresciuta con un rigido ordine morale dettato da un regime cattolico integralista basato sui seguenti elementi: a) rigida separazione tra maschi e femmine fino all'età della ragione; b) divieto assoluto di rapporti sessuali prima del matrimonio. Tali assiomi erano spesso causa di gravi effetti collaterali, quali anoressia sessuale per le ragazze e tempeste di pippe per i ragazzi, capaci di creare intere generazioni minate nel fisico e nello spirito. A salvarmi da queste disgrazie ci aveva pensato don Marco, il quale predicava che commettere peccato mortale e finire sulla barca di Caronte per una semplice sega non ne valeva proprio la pena; e se proprio anelavamo a ledere il sesto comandamento che almeno fosse con una donna in carne e ossa. In questo caso, con Gesù, ci avrebbe messo una buona parola lui.

Arrivammo buoni ultimi. I nostri compagni di avventura, circa una ventina, preponderanza assoluta di donne, provenienza padano-pontificia, erano già tutti lì ad aspettarci. Per semplificare l'approccio raggruppai gli astanti in categorie professional-geografiche. Le maestrine: Roberta e Arianna, milanesi di Buccinasco, laureate in pedagogia e maestre di asilo a Porta Romana; i bergamaschi: l'intera famiglia Rota, due fratelli e due sorelle, dall'alta val Brembana, montanari dalla lingua incomprensibile, dall'aspetto rude e dal cuore grande; le romane: Alessia e Mirella, studentesse di giurisprudenza, testaccine dalla parlantina sciolta e sguaiata, dalla spregiudicatezza verbale e sessuale inversamente proporzionale all'esuberanza fisica. Le ombrose umbre: Giovanna, Piera e Francesca, nate e pasciute a Umbertide, universitarie a Perugia, tristi, bigotte e noiose; ai fini sociali, oserei dire, inutili. Infine, Maurizio, il più anziano, viterbese, divorziato, pippomane integralista, brillante e verace. Insomma, ravvisai rapidamente che vi fossero tutti gli ingredienti per una bomba termonucleare a innesco sentimental-sessuale. E i fatti che ne seguirono mi diedero ampiamente ragione.

Ludo e io eravamo l'unica coppia conclamata e innamorata, quindi riuscimmo a godere di un osservatorio privilegiato dal quale analizzare tutte le danze amorose che si susseguirono in quelle intense settimane. Paolo sedusse Robertina con facilità disarmante, Arianna saltò addosso a Bruno, i due Rota, di bocca buona, si gettarono a capofitto sulle romane, e ancora oggi non mi è chiaro in che lingua comunicassero. Maurizio tentò l'*all-in* sulle ombrose umbre con risultati terrificanti.

A parte le acrobazie sentimentali, reale obiettivo del campo di lavoro era fornire aiuto concreto alla protezione civile per l'osservazione antincendio. In pratica ci erano state assegnate due postazioni fisse e gli adeguati strumenti tecnologici per poter scorgere in anticipo ogni piccolo focolaio da cui potesse svilupparsi un incendio su più larga scala. Fummo inquadrati militarmente sotto la tenenza della Guardia forestale di Ancona Sud, al comando del tenente Salvo Musumeci, catanese doc, cazzaro top.

Salvo girava in divisa mimetica su una UAZ del 1960, sostenendo che fosse un monumento alla tecnologia del popolo sovietico. In realtà era solo un catorcio dello squattrinato Ministero dell'Agricoltura. Durante i trasferimenti su strade impervie dal campo al posto di osservazione, ero terrorizzato che la fuoriserie stalinista ci abbandonasse o ci trascinasse giù per qualche dirupo in un estremo tentativo di suicidio. Arrivammo più o meno sempre interi. Salvo ci congedava con le sue solite raccomandazioni da manuale delle giovani marmotte, poi ci veniva a riprendere dopo qualche ora, sfruttando il periodo intercorrente per farsi gli affari suoi.

Andò tutto liscio. Eolo, Dio del vento, durante la nostra sorveglianza si prese la pausa di Ferragosto e quindi non accadde assolutamente nulla. Tranne un episodio che avrebbe potuto avere conseguenze giudiziarie di non poco conto.

Un giorno, insieme a Maurizio, ero di turno in osservazione presso il punto Charlie 1, lato ovest del Conero, che dava sull'abitato del Poggio. Il pomeriggio procedeva sonnacchiosamente, a farci compagnia lo stridio dei falchetti e la musica di Radio Subasio, quando, a un certo punto, fummo destati da una voce maschile, matura e roboante: « Voi chi cazzo siete? »

Io, che già odio essere svegliato durante la siesta pomeridiana, ebbi un ritardo di reazione che non mi consentì una risposta adeguata. La voce mascolina proseguì: « Vi ho chiesto che cazzo state a fare qui ».

Stante il mio reiterato silenzio, Maurizio prese in mano la situazione: « Ahò! Ma chi cazzo sei tu, si nu schiodi te gonfio come 'na zampogna! »

La comunicazione proseguì sotto pessimi auspici.

« Io lo so chi siete voi due, due luridi guardoni. »

Cioè, adesso, osservare una montagna, o meglio fare finta di osservarla mentre si sonnecchia, ad Ancona significa essere dei guardoni?

Senza darci il tempo di replicare l'uomo continuò, introducendo un elemento supplementare, invero sorprendente: « A stronzi, la vedete quella casa là in fondo? Ecco, quella è casa mia. Lo vedete quel terrazzo lì? Ecco, è il terrazzo di casa mia. La vedete quella donna che prende il sole nuda sul terrazzo? Ecco, quella è mia moglie. E voi due guardoni la state spiando. Adesso chiamo subito i carabinieri e vi denuncio! »

Aspetta, aspetta, aspetta. La questione si faceva interessante. Presi in mano la situazione e illustrai al signore le motivazioni della nostra presenza lassù, in nome e per conto della Repubblica italiana. Il tipo però non mi credette e forse non aveva torto. Eravamo due soggetti dall'abbigliamento dubbio, sbracati sotto un albero con un binocolo professionale e senza documenti. Non c'era da stupirsi che insistesse con le minacce.

A quel punto capii che l'unico sistema per venir fuori dalle secche era chiamare la tenenza della Forestale. Mal me ne colse. Nella fretta, presi la trasmittente e utilizzai il canale 1, quello della Protezione civile regionale, anziché il canale 8, quello esclusivo della tenenza.

« Charlie 1 a comando, mi ricevete? Passo! »

Dopo numerosi tentativi finalmente Salvo rispose: « Cazzo vuoi? Passo! »

Andiamo bene. Gli spiegai l'accaduto e le motivazioni del tizio. Salvo rifletté qualche istante, poi proseguì: « Charlie 1, mi confermi che il soggetto vi sta accusando di osservare la moglie nuda invece delle pendici della montagna? Passo! »

« Signorsissignore, confermo! Passo! »

« Charlie 1, ma sta moglie com'è? È bona o è un relitto? »

Allo scoccare di queste parole, una voce furiosa si inserì nel canale 1: « Qui Prefettura di Ancona, ma chi cazzo siete? Come cazzo vi permettete di parlare di stronzate sul canale di emergenza della Protezione civile? Lasciate immediatamente il canale libero e datemi subito la vostra posizione, che la comunico alla pattuglia più vicina per venirvi a identificare, passo ».

Come ritrovarsi nel carcere di Ancona da perfetto innocente... Mentre chiedevo umilmente scusa, Salvo fu più veloce della Polizia di Stato. In tre minuti era già lì, rischiando di far tirare le cuoia al sempre più riluttante bolide sovietico, sbatté in faccia al tizio la sua linda uniforme verde. Minacciò di denunciarlo per interruzione di pubblico servizio e ingiurie a pubblico ufficiale e lo allontanò in malo modo apostrofandolo come cornuto e impotente, appellativi che in bocca a un siculo orgoglioso sembrarono ancora più esplosivi. Poi impugnò il suo Leica telescopico personale, lo puntò sul terrazzo, mise a fuoco, fece una faccia disgustata, e sentenziò: « Minchia la Venere di Milo ».

Nel frattempo, all'*headquarter* si era scatenato un turbinio di emozioni sentimentali con conseguenti riverberi sessuali. Il punto fondamentale era l'assenza di un luogo deputato ove potersi unire carnalmente senza offendere l'altrui sensibilità. Personalmente avrei anche potuto farne a meno, d'altra parte se Ludo mi aveva trascinato in un kolkhoz sovietico poi non poteva pretendere che i miei ormoni si sentissero liberi di defluire allegramente. Risolsi il dilemma facendomi trasportare dal karma eccitativo che avvolse come un sudario tutto il gruppo, riconoscendo che i campi WWF non sono null'altro che un coacervo di promiscuità sessuale. Tendenzialmente tutti fanno l'amore con tutti e tanti saluti alle specie protette.

Feromoni e testosterone cominciarono a sobbollire pericolosamente. Così, vista l'indisponibilità di spazi interni, con buona pace degli astanti luogo deputato all'attività copulatoria venne eletto il giardino, quello che durante l'anno scolastico era riservato alla ricreazione dei bimbi. In fondo a destra, nel buio pesto della notte, c'era una enorme quercia che digradava su un terreno morbido ed erboso, sul quale venivano stesi stuoie e asciugamani, oppure, per gli anziani di animo o di giunture come il sottoscritto, addirittura interi materassi.

I problemi erano fondamentalmente due: il primo, la turnazione, perché col trascorrere dei giorni le coppie aumentavano e con esse proporzionalmente le necessità esaltate da Venere. La postazione sotto la quercia però era una sola, quindi bisognava stabilire i turni. Ma le fanciulle non gradirono l'idea di abbandonarsi alla passione a ore preordinate. Passò dunque la mozione che i sudditi di Elisabetta definiscono con chiarezza: *First Come First Served*, cioè chi prima manifestava desiderio, prima si appropriava del giaciglio copulatorio. Questo sistema democratico, tuttavia, aveva il suo *bug* allorquando si verificavano desideri in contemporanea, che, incontrollabili e non procrastinabili, provocavano addirittura sconfinamenti all'interno della camerata. Evento, a dire di Paolo, epocale, mai verificatosi negli anni precedenti, segno di una solidissima salute sessuale del gruppo. Durante quella vacanza scoprii che le donne del Nord vivevano l'atto sessuale in maniera alquanto scomposta e rumorosa e i cinquanta metri che separavano la camerata dalla « Quercia del sesso », considerando le finestre spalancate per il caldo e il silenzio notturno, erano assolutamente insufficienti. I rumori di fondo, in cui spiccavano i gorgheggi di Roberta, i mugolii delle romane e le mistiche invocazioni al Signore di Arianna, creavano disturbi di carattere variabile, che spaziavano dalla privazione del sonno al sottoscritto ai turbamenti psichici di Maurizio il pippomane.

Ora, non crediate che un campo di lavoro WWF si risolva in una copia sbiadita del Rocco Siffredi Bootcamp. Quel poco di tempo rimasto, una volta espletate le attività amatorie e i turni di osservazione, veniva impiegato in gite naturalistiche lungo le pendici della montagna. Il Conero è uno scenario unico, perché se da una parte si scala con sentieri degni delle Tre Cime di Lavaredo, dall'altra, se scendi dalla parte giusta, concludi la tua escursione in baie incontaminate dal mare blu cobalto.

Il clou fu il periplo del monte. Partimmo tutti insieme di primissimo pomeriggio e subito saltò agli occhi la varietà di outfit tra i partecipanti. Si spaziava dai fratelli Rota, scarponcini Zamberlan professionali, pantaloncini di velluto, camicia a quadri di flanella, doppia borraccia termoregolata, caffè e acqua; per giungere al sottoscritto, Air Jordan ai piedi, che almeno avevano il collo alto antivipera e antidistorsione, pantaloncino da bagno hawaiano, maglietta del Napoli numero 10, bottiglietta di plastica Gaudianello attaccata al collo come un San Bernardo. Dopo cento metri dalla partenza, lasciammo il tratto asfaltato in piano e imboccammo il sentiero sterrato che portava alla vetta. Io, che avevo approcciato la stradina baldanzosamente in prima posizione, ricordando il Mario Cipollini dei tempi belli, non appena la strada si impennò mi ritrovai a essere risucchiato dal gruppo, dapprima dagli indistruttibili Rota e poi, mano a mano, da tutti gli altri, compresa Ludo, che, superandomi, mi gettò una occhiata inorridita, sconfinante nella commiserazione. Dopotutto lei era una figlia del fiero Veneto, mentre io non avevo nessun antenato montanaro. Mentre ci inerpicavamo, inoltrandoci nella fitta pineta che nascondeva anche il cielo, sulla punta dei miei Ray-Ban cominciarono a addensarsi oscuri presagi, che lasciarono spazio a puro terrore quando il distacco dal gruppo fu talmente consistente che tutti sparirono alla mia vista e mi ritrovai praticamente solo.

Solo, be', quasi.

«Ah Cipollini, ma 'ndo cori? Dai, aspettame e famose er Mortirolo insieme, così nun ce squalificano per fuori tempo massimo.»

Ecco, Maurizio. Scavallammo il gran premio della montagna con un ritardo tale che i cronometristi erano già andati via portandosi pure lo striscione di arrivo. Giunto in vetta pensavo che le mie pene fossero finite, ma così non fu perché se le mie Air Jordan avevano sopportato il pietrisco della salita si dimostrarono del tutto ingovernabili in discesa, su un tappeto di bastardissimi aghi di pino. Finii col culo per terra innumerevoli volte, nelle orecchie le imprecazioni di Maurizio e davanti il nulla. Quella stronza di Ludovica non si era degnata di aspettarmi: il suo smodato senso della competizione glielo aveva impedito. Poi, lentamente, la pineta si diradò, il rosa del tramonto fece capolino dietro agli alberi, l'odore del salmastro cominciò a farsi strada in mezzo a glicini e cespugli di macchia mediterranea e infine comparve lui, sua maestà il mare, a picco sotto di noi. Mi rianimai, accelerai il passo e, dopo aver ripetutamente rischiato l'osso del collo, finalmente raggiunsi la spiaggia: l'acqua era limpida e cristallina, cominciai a correre come un bambino, mi liberai delle Air Jordan, della maglietta azzurra fradicia e mi tuffai nelle fresche acque delle Due Sorelle, una delle più belle baie del Mare Adriatico.

Mentre mi stavo godendo l'agognato refrigerio, mi

voltai e mi accorsi che metà del gruppo era rimasto sulla spiaggia, aria mesta e pensierosa.

« Ahò, e che nun ve menate? » fece il toro di Viterbo.

« Noter an se mia bu de nodà » risposero i Rota, con vago imbarazzo.

« Zez, ma che cazzo stanno a dì? »

« Ehm, mi sa che i montanari non sanno nuotare. »

« Nun ce posso crede. Allora Dio c'è! »

Terminato il bagno, il capo campo decise che era ora di rientrare, e i Rota si ringalluzzirono sapendo di tornare nel loro habitat naturale. Chiamai Ludo, le spiegai che per nulla al mondo avrei riaffrontato l'Everest, per giunta all'imbrunire. Quindi le consegnai scarpe e maglietta e le dissi che ci saremmo rivisti al campo. Lei non comprese, allora feci un cenno a Maurizio, ci dirigemmo dalla parte opposta, verso il mare, ci immergemmo di nuovo in acqua e lentamente, bracciata dopo bracciata, ci dirigemmo verso nord direzione Portonovo, distante non più di cinquecento metri.

« Ah Ludo, nun te sta a preoccupà, a questo nun se lo pijano nemmeno gli pescicani. »

Ludovica mi recuperò semiassiderato, all'una di notte, sui ciottoli di Portonovo: non avevo considerato la corrente dell'Adriatico, che la sera sulla costa ovest circola da nord verso sud e aveva trasformato quella nuotata in un'odissea.

5

BAMBAGIA

Anche quella interminabile estate volse alla sua malinconica conclusione. Un'estate intensa e divertente, pur piena di continui litigi e discussioni, anche sulle questioni più banali. Rientrati a Napoli la situazione non migliorò, anzi. Venuta meno l'adrenalina delle avventure estive, il nostro rapporto entrò in un tran tran quotidiano fatto di lezioni all'università, allenamenti nelle rispettive discipline sportive e lunghe serate davanti alla tv.

Lei e io, soli, senza amici: lei non ne aveva mai avuti, i miei erano lontani.

Lei e io come il giorno e la notte, discutevamo su qualunque scemenza: il film in prima visione da guardare al cinema, pancetta o guanciale nella carbonara, ciabatte o calze di spugna nelle serate casalinghe. Tutto ampiamente bypassabile se non fosse stato che Ludovica considerava tutti gli uomini, me incluso, alla stregua di suo padre, bonaccioni invertebrati succubi delle donne, uniche e sole regine incontrastate della preziosa razza umana.

La sera rientravo a casa psicologicamente provato. La necessità di tenere sempre botta su tutto senza mai un momento di pace sociale, eccetto i sempre più rari momenti di sesso, mi stava letteralmente prosciugando. Da parte sua lei era sempre più sul piedistallo, dal quale riversava su di me ogni più piccola frustrazione. Il declino appariva inesorabile: la mia storia con Ludovica Zatterin era dolorosamente entrata nella sua fase terminale.

I patemi d'amore con Ludovica ebbero pesanti ripercussioni sul mio rendimento universitario. Luigi si aggirava torvo per casa, indeciso se darmi una pesante ripassata o attendere che la buriana sentimentale si allontanasse. Ma il problema non era Ludovica, il problema era che quello che stavo studiando mi faceva letteralmente schifo.

Per comprendere i miei tormenti è necessario tornare indietro di un paio d'anni, al momento della scelta della facoltà: dire che non ebbi alcuna voce in capitolo sarebbe un eufemismo.

« Domani ti vai a immatricolare a Economia e commercio! »

« Ah! »

« Alla Federico II. »

« Ah... »

Fine delle comunicazioni.

Nel giro di pochi chilometri, mio padre avrebbe potuto scegliere tra almeno quattro facoltà di Economia: Napoli 2, situata ad Aversa, pubblica, appena inaugurata, in cerca di matricole da portare rapidamente alla laurea, in pratica una passeggiata di salute; Napoli Parthenope, università privata per pochi eletti, sotto Castel dell'Ovo, retta salata, ma laurea assicurata in quattro anni; Salerno, appena trasferita dalla sede storica sul lungomare all'oscuro paesino di Fisciano, ufficialmente perché lì erano stati acquistati i terreni per la creazione di un grande campus stile americano, in realtà perché un uomo politico aveva deciso di portarsela a pochi chilometri dalla sua città. Ovviamente la scelta, di mio padre, ricadde sulla quarta candidata: Università degli Studi di Napoli Federico II, la più prestigiosa, quella che a suo dire mi avrebbe garantito un sicuro sbocco nel mondo del lavoro a fine quadriennio. Il giorno dell'iscrizione avrei dovuto comprendere in quale guaio mi aveva messo. Eravamo diecimila matricole davanti a due sportelli animati da operatori diversamente indefessi. Restai in piedi in coda dalle sette di mattina alle dieci di sera, quando finalmente rientrai a casa trionfante con il libretto immacolato.

Ben presto scoprii, a mie spese, che i professori erano un coagulo di radical-chic sinistrorsi dediti a una selezione naturale che nemmeno a Harvard, tanto che su dieci matricole solo due giungevano alla sospirata laurea. Oramai la frittata era fatta, così cercai di limitare i danni inventandomi di sana pianta un piano di studi del tutto personale che mi avrebbe aperto le porte del mondo umanistico. Ma i dodici esami scientifici fondamentali andavano fatti comunque ed erano dodici macigni indigeribili. Così, una volta terminati in scioltezza i vari storia, geografia e diritto di ogni genere, cominciarono i dolori: ragioneria, matematica, economia, tutte materie per me assimilabili all'arabo. Per matematica generale potei contare sulla genialità del professor Roberto Reversa, un uomo immenso, un vero illuminato. Dopo anni di esperienza, Reversa era giunto alla conclusione che i pochi periti commerciali che arrivavano a sedersi di fronte a lui fossero minorati mentali, completamente scevri da qualsiasi logica matematica, questuanti un voto qualsiasi, purché fosse sufficiente, e siccome si era stancato di vedere sempre le stesse facce a ogni appello rispondere in maniera beota alle stesse domande, ebbe un'idea geniale. A inizio corso chiamava a sé tutti i ragionieri, li guardava negli occhi e diceva loro candidamente che forse un giorno avrebbero potuto comprendere le derivate, ma mai e poi mai gli integrali, che avrebbero sottratto loro la poca gioia di vivere residua. Quindi a questi poveri disgraziati, fra cui il sottoscritto, sarebbe stata concessa la grazia di un esame a prova di imbecilli, basato su un programma ridotto, che si chiudeva proprio con le derivate, a fronte di un diciotto fisso. La condizione era che la scelta fosse esclusivamente volontaria e che al termine dell'esame lui potesse stampare un calcio nel culo del candidato, a suo dire con intento augurale, davanti a tutta la classe. Era un suo ancestrale modo per sfogarsi contro una razza, quella dei ragionieri, ritenuta inferiore. Ma Reversa non considerava che per noi anche le derivate potevano rappresentare un ostacolo insormontabile. Ragion per cui mio padre, compresa l'antifona, giocò d'anticipo e ingaggiò una professoressa per garantirmi la preparazione necessaria. La sua grandeur non gli consentiva una più che sufficiente docente di liceo scientifico. No, scelse una associata di Matematica 1 della facoltà di Matematica e statistica dell'Università di Fisciano, pardon, Salerno; pagandola, ovviamente, uno sproposito.

Rossella Verderame, classe 1967, laureata a ventun anni, cattedra a ventisei, un genio assoluto, un po' sovrappeso, lenti a fondo di bottiglia, capelli raccolti in un *tuppo* tenuto su con una matita smangiucchiata, vita sociale molto limitata, attività sessuali non pervenute. Non so quanto fu felice di accettare quell'incarico: probabilmente non fu capace di sottrarsi oppure aveva pensato che un alto dirigente della IBM avrebbe potuto tornarle sempre utile in futuro. L'inquadramento fu, manco a dirlo, militare: tre lezioni a settimana, due ore piene, dalle sei alle otto del mattino, perché poi lei doveva prendere il treno per il campus a tenere le sue regolari lezioni e io ero solo un rompimento di maroni. Ma in sei mesi Rossella Verderame trasformò un ignorante epocale in un piccolo genio della matematica. Superai l'esame al primo colpo con una tale padronanza della materia che il professor Reversa si dispiacque che avessi scelto il « Programma Cretini », come da lui stesso definito, e almeno mi risparmiò il calcio nel deretano. Quel successo andava dovutamente festeggiato. Mi feci finanziare da un Luigi gongolante per il risultato e invitai Rossella da D'Angelo, lo stellato Michelin sul Vomero. La professoressa Verderame mi telefonò al pomeriggio chiedendomi se potesse portare una sua collega, che aveva appena chiuso una importante storia d'amore, sottolineando che era molto carina e divertente. La storia con Ludovica era spirata per cause naturali oramai da qualche mese e dopo intere settimane segregato in casa con funzioni e derivate come uniche compagne di vita avevo voglia di riaffacciarmi al mondo dei rapporti sociali. Non ebbi dunque dubbio alcuno nel ratificare la proposta della professoressa.

Ero in ritardo come al solito, loro aspettavano davanti all'ingresso del ristorante, dunque ebbi la possibilità di osservarle da lontano arrivando a piedi. Marianna era magra, di quel magro segaligno, tutta tendini e nervi tesi. Stava fumando una sigaretta con voluttà. Non era particolarmente attraente: tailleur longuette color viola, scarpe mezzo tacco, profonde rughe sulla fronte, occhio molto vigile, quasi spiritato, protetto da una strana montatura di plastica rossa. Insomma, pensai, niente di interessante e serata buttata nel cesso. E invece a tavola la situazione si capovolse completamente e quella che appariva come una donna fisicamente anonima, si trasformò in un intrigante cigno di simpatia ed erotismo. Finimmo a letto la sera stessa.

Poi però commisi due errori. Il primo fu trasformare l'incontro di una notte in una relazione vera e propria. Il secondo fu non fidarmi del mio istinto, perché Marianna si rivelò molto presto una donna difficile e complessa, con una personalità borderline, opportunamente nascosta da una smisurata intelligenza e da una cultura di altri tempi.

Sulle prime, visto il carattere particolare, immaginai che fosse figlia unica. Mi sbagliavo. Marianna aveva un fratello di nome Michele...

È la mattina del 7 novembre 1979, il piccolo Michele è raggiante, fra poco più di un paio d'ore realizzerà il sogno della sua giovane vita: l'esordio con la maglia blu notte della Cavese nella categoria giovanissimi, contro i pari età della Nocerina, gli storici avversari di Nocera Inferiore.

Mamma Rosa entra silenziosa nella sua cameretta con un vassoio in mano, solleva la serranda, si siede sul letto del suo bimbo, gli accarezza i capelli e gli sussur-

ra che è ora di alzarsi. Michele si sveglia lentamente. Quella notte ha dormito pochissimo, l'adrenalina gli ha impedito di prendere sonno prima di tarda ora. Mamma Rosa gli mette un cuscino dietro la schiena, afferra il vassoio e glielo pone sulle ginocchia: cornetto alla crema ancora caldo di pasticceria e un corroborante tazzone di latte e Nesquik. Alla vista della colazione gli occhi di Michele si illuminano, allarga le braccia e avvolge il collo di Rosa, sussurrandole che è la mamma migliore del mondo e lasciandola in uno stato catatonico da overdose di amore. Michele, dopo aver divorato la colazione, rivolge la sua attenzione al borsone della partita: lo ha preparato con calma scientifica la sera prima, controllando meticolosamente che ci fosse tutto il necessario. Tira fuori la maglietta, la apre con delicatezza: è la numero 8, quella che il mister gli ha affidato per il suo esordio da titolare. La contempla come una reliquia, poi la stringe al petto e immagina, fotogramma per fotogramma, il momento dell'entrata in campo.

Michele sembra più piccolo della sua età, ha la pelle liscia e profumata come quella di un poppante, una montagna di capelli castani lasciati allo stato brado, due occhi verdi, puri come l'acqua di sorgente, un manipolo di lentiggini a incorniciargli il nasino all'insù e un paio di lenti da miope che toglie solo quando gioca a calcio, con risultati a volte catastrofici.

Michele adora il calcio, non è stato toccato dalla grazia dei piedi buoni, ma supplisce alla mancanza di tecnica con il fiato e un carattere generoso, che in breve tempo lo hanno trasformato in un beniamino dello spo-

gliatoio. Gioca da mediano, quello che nel calcio di una volta si posizionava davanti alla difesa, proteggendo le spalle alle mezzali e correndo per tutti. Il suo idolo è Lele Oriali, il centrocampista dell'Inter, che pochi anni dopo diventerà campione del mondo con la nazionale azzurra, nonché ispiratore di una struggente canzone di Luciano Ligabue.

È arrivato il momento di partire per lo stadio. Mamma Rosa e Marianna lo aspettano sulla porta di casa, lui scende le scale trascinandosi il borsone a tracolla che sembra più grande di lui. In pochi minuti sono davanti all'ingresso degli spogliatoi, lui si fionda dall'auto prima ancora che sia ferma, lancia un bacio volante alla mamma e alla sorellina e si infila nel portone dando il cinque a don Ruggero, lo storico custode dello stadio comunale. Entra per primo nello stanzone, alla spicciolata arrivano tutti i suoi compagni, buon ultimo il mister che si schiarisce la voce e attacca il suo solito discorso motivazionale, che nessuno ascolta ma che tutti applaudono. Poi un'ultima occhiata alle scarpette, i cui lacci per Michele restano un oggetto altamente problematico, e via in campo per il riscaldamento. Entra a testa alta, va a cercare lo spicchio di tribuna dove dovrebbero essere mamma e Marianna, alza la manina e strizza l'occhio in segno di saluto, poi via dal preparatore atletico per gli esercizi necessari a entrare in campo con i muscoli alla giusta temperatura. Mancano pochi minuti, nuova corsa dentro lo spogliatoio, finalmente la può indossare, la maglia blu notte con il numero 8 sulla schiena. Adesso c'è da attendere solo che l'arbitro passi dallo spogliatoio per la chiamata in campo. Attimi interminabili, la tensione sale, Michele fa per mangiarsi le unghie, poi però pensa a quante volte Mamma Rosa gli ha intimato di non farlo e allora si ferma. Ecco l'arbitro, dai si va, il piccolo Cuomo entra in campo per ultimo, lo ha chiesto espressamente al Mister, almeno per il saluto d'inizio a squadre schierate, avrebbe avuto un solo compagno più alto al suo fianco e non due, a evidenziare ulteriormente la sua bassa statura.

Le squadre si sistemano in campo, Michele è concentrato sui suoi compiti, appena l'arbitro fischia si proietta nella metà campo avversaria ringhiando su ogni pallone. Corre veloce, il vento in faccia che gli scombina i ciuffi monelli. Si sente leggero, sempre più leggero, come un airone che prende portanza salendo verso il blu.

Poi...

Poi, all'improvviso, Michele sente una morsa al petto. Forte. Fortissima.

La leggerezza scompare, i muscoli si induriscono, le braccia gli scivolano lungo i fianchi.

Michele rallenta, si ferma, fa altri due passi, e crolla a terra, prono in avanti.

Gli altri bambini non si accorgono di nulla, continuano a inseguire felici il pallone, solo il Mister comprende che sta succedendo qualcosa, scatta dalla panchina, entra in campo, si lancia su Michele.

Lo gira su un fianco, gli toglie la lingua dalla gola, gli prende il polso, pochi secondi, la sua faccia si trasfigura. Poi si china, poggia l'orecchio sul petto del bimbo, altri secondi infiniti, si alza di scatto e grida con un urlo disumano di chiamare un'ambulanza.

Mamma Rosa vede il trambusto, non comprende cosa stia succedendo, si alza in piedi, cerca Michele con lo sguardo. Michele non c'è. Quell'interruttore della disperazione che risiede nel cervello di ognuno di noi impedisce a Mamma Rosa di accettare l'idea che Michele sia lì, a terra, tra le braccia tremanti del suo allenatore, in arresto cardiorespiratorio.

Mamma Rosa è paralizzata, rimane ferma sugli spalti stringendo la manina di Marianna fin quasi a spezzarle le dita. Solo la sirena acuta dell'ambulanza la sveglia dal torpore. Abbraccia stretta Marianna e le chiede di non muoversi da lì. Scende in campo a passi lenti come a voler rimandare quell'appuntamento atroce che il destino le ha riservato, mentre i paramedici si chinano su Michele per intubarlo.

Mamma Rosa si fa largo in mezzo a loro, si inginocchia, prende la manina di Michele e si crea uno spazio vitale, come una leonessa a difesa del suo cucciolo ferito.

Non respira! Non respira!

Le voci dei rianimatori si fanno sempre più convulse, sempre più lontane.

Non c'è polso! Non c'è polso!

La meravigliosa pelle rosea di Michele diventa grigia, le sue lentiggini vengono cancellate da un'ombra scura che gli attanaglia il viso. Le sue labbra carnose sono una massa violacea.

Adrenalina! Adrenalina!

Il medico rianimatore, con ordini perentori fa scaricare il grosso defibrillatore.

Gli operatori riprendono il massaggio cardiaco, il mister esausto si accascia sull'erba come un sacco di plastica vuoto. E singhiozza disperato.

Non defibrillate! Non defibrillate.

Non tutte le aritmie cardiache sono defibrillabili.

Massaggiano, insufflano, operano per più di un'ora. Poi anche l'ultimo dei sanitari crolla distrutto. Cala un silenzio innaturale, tutti si alzano, solo Mamma Rosa resta inginocchiata a fianco del suo bambino continuando a tenergli la mano. Poi si stende al suo fianco appoggiando la sua testa vicino a quella oramai fredda di Michele, come quando si addormentavano insieme nel buio della cameretta.

Ed è così che lo vede: si staglia nel cielo, il suo sorriso immenso, i suoi occhi limpidi, le sue lentiggini.

Rosa lo vede salire in cielo e scomparire nel blu infinito. Il tempo di implorare la Madonna di proteggerlo e custodirlo, poi chiude gli occhi e tutto si fa nero.

Marianna, da brava bimba obbediente, è rimasta sugli spalti, da dove ha visto sua madre caricata priva di sensi in ambulanza, verso il pronto soccorso. Qualcuno si accorge di lei, le si avvicina, prova a tendere una mano per abbracciarla. Lei rifiuta ogni contatto. Sa che deve fare una cosa per il fratello. Prende tutto il coraggio che le è rimasto, scende negli spogliatoi, si avvicina alla borsa col nome di Michele, raccoglie le sue scarpine, piega ordinatamente la biancheria e l'accappatoio già pronto per la doccia. Manca ancora una cosa, la più importante: si guarda intorno con attenzio-

ne, viviseziona ogni angolo dello spogliatoio. E finalmente li vede. Si avvicina, li afferra delicatamente, li inforca, una montatura di plastica rossa, inconfondibili. Gli occhiali di Michele. Da quel giorno lei sarà gli occhi del fratellino.

Uscendo dagli spogliatoi trova una folla muta, paralizzata dal dolore. Lei con i suoi occhiali rossi, e il borsone a tracolla, la fende, senza degnare nessuno di uno sguardo, e si avvia verso casa, schiena dritta e sguardo alto.

Giunta a casa, entra nella cameretta di Michele, ripone le scarpine nel ripiano, la biancheria e l'accappatoio nei cassetti, si stende sul letto e si scioglie in un pianto senza fine.

Era il 7 novembre 1979, Michele Cuomo aveva solo dieci anni. Quel giorno salì in cielo e ancora oggi a me piace immaginarlo mentre gioca a calcio con gli angeli, la sua maglia color blu notte e il numero 8 sulla schiena.

Mamma Rosa lo raggiunse dopo meno di tre anni, una leucemia fulminante. Marianna mi raccontò che sua madre aveva trascorso gli ultimi minuti di vita con il sorriso stampato sul volto. Certo, si stava riunendo a Michele. Ma c'era qualcos'altro.

Sopravvivere alla morte di un figlio piccolo è l'unico dolore della vita non immaginabile, non gestibile, non quantificabile.

Non è una tragedia.

Non è un orrore.

Non è un baratro.

Semplicemente, non è...

Mamma Rosa era felice perché stava morendo. Si stava finalmente liberando da quel *non è*...

Marianna rimase figlia unica e orfana di madre, costretta ad accudire un padre inebetito dal dolore. Roba da annientare qualsiasi essere umano adulto, figuriamoci una ragazzina di quattordici anni. Prima di tutto si tolse il saio della fede. Gesù la aveva tradita; quel Gesù cui, sin da bambina, ogni notte nelle sue preghiere aveva affidato la serenità della sua famiglia e del suo fratellino; quel Gesù che aveva dapprima implorato di aiutare la sua mamma a riprendersi, e poi, supplicato di guarirla: quel Gesù che invece si era voltato dall'altra parte.

Indossò una corazza, per trattenere il dolore dentro di sé. Sarebbe stato inutile pensare di liberarsene, perciò lo avrebbe usato come carburante. Poi vestì un elmetto e andò ad affrontare la vita come si affronta una guerra.

Da quel momento in poi sarebbe stata sempre la migliore, la vincente, la dominatrice assoluta di ogni rapporto umano e professionale.

E non l'avrebbe mai più data vinta a nessuno, di sicuro non a Gesù Cristo.

Figuriamoci a me...

Tralasciando i suoi indubbi successi professionali, nel foro e all'università, uno dei problemi di Marianna era che qualunque sua passione diventava questione di vita o di morte. Fra queste vi era proprio il calcio, e in particolare la sua Cavese, la squadra di Cava dei Tirreni, la sua città. La Cavese assurse alla gloria calcistica eterna andando a vincere, nei primissimi anni Ottanta, a San

Siro contro lo scalcinato Milan pre-berlusconiano di Giussy Farina, quello della serie B raccolta sul campo e non nelle aule giudiziarie. Io sinceramente non avrei mai immaginato che una cittadina così piccola potesse raccogliere un così alto numero di tifosi. Tutti uniti a sostenere i giocatori in maglia blu notte, ma soprattutto tutti uniti da un odio atavico, smisurato, crudele, verso il colore granata, quello della US Salernitana, la città del capoluogo, distante solo sette chilometri.

Malgrado l'exploit di San Siro, la gloriosa squadra blu era ritornata in serie C, dove ad aspettarla c'era l'intera SS18, Strada Statale Tirrenica Inferiore, quella che parte da Napoli, attraversa Torre del Greco, con gli amaranto della Turris, poi Torre Annunziata, con gli storici bianchi del Savoia, fondato dai sabaudi un secolo prima, poi devia leggermente a ovest verso Castellammare di Stabia, con le vespe giallo blu, e prosegue in direzione di Pagani, con gli azzurrostellati, quindi raggiunge i molossi rossoneri di Nocera Inferiore e, ancora più a sud, Salerno con la vecchia signora granata della serie C, per terminare nella Piana del Sele con i bianconeri della Battipagliese. E tutti quanti insieme, quell'anno, aspettavano solo loro, i cavaiuoli.

Che una stimata professoressa universitaria e avvocatessa di grido potesse ricoprire, in una sorta di riedizione di Dottor Jekyll e Mr. Hide, il ruolo di ras della Fossa, andava al di là di ogni logica e immaginazione. Lei inizialmente non mi raccontò nulla della sua seconda vita, privilegiando quella di facciata da prof universitaria in carriera. Era estate, il campionato era fermo, ogni tanto sproloquiava di calciomercato, ma non sembrava pericolosa. Una sera mi trascinò a una festa in piscina sulla terrazza dell'Hotel Continental a via Partenope per la presentazione del nuovo disco di Tony Esposito. C'erano diverse troupe radiotelevisive e io feci un rapido giro di orizzonte sperando di trovare il Greco, che non poteva mancare in un'occasione come quella. Non feci fatica a rintracciarlo, fonico di fiducia di Renato Mastrangelo, uno degli anchorman di punta della radio. Ci abbracciamo, non ci vedevamo da molte settimane, e ci raccontammo le ultime notizie, nostre e degli amici lontani. Avevano aperto il buffet. Io avevo una fame bulimica, lasciai il Greco che, trascinandosi gli strumenti del mestiere, doveva installare la postazione tecnica, e mi tuffai sul sartù di riso, fatto con la ricetta originale del Settecento. Mentre stavo assaporando ogni singolo chicco mi voltai verso la balaustra della terrazza e con mia somma sorpresa vidi Marianna, Mastrangelo e il Greco confabulare animatamente. Non immaginavo si conoscessero. Pur incuriosito, rimasi a distanza a godermi il sartù e lo champagne, servito senza lesinare dai camerieri in livrea. E allora fu il Greco a raggiungermi.

« 'O Zè, ma tu a canosci a chella? »

« 'O Grè, veramente stiamo insieme. »

« Co chella? »

« Sì, perché? »

« Ma tu 'o ssai chi è chella? »

« Sì, è la professoressa Marianna Esposito. »

« Ma quando mai! L'università è una copertura. Chell'è 'a capessa dei Boys, la curva della Cavese, una vera jena! »

Il mio storico amico non ebbe una sola volta l'ardire

di indicare la mia fidanzata per nome, per lui era solo e unicamente *chella*. Il motivo fu presto spiegato: lui e Renato, quando il Napoli Calcio giocava in trasferta al Nord, seguivano la Turris e la Juve Stabia nel campionato di Serie C e ogni volta che dovevano andare allo stadio Lamberti, al pari di tutti i giornalisti della capitale del regno, venivano collocati sistematicamente fuori dalla cabina stampa, all'aperto. Ora, essendo Cava dotata di un microclima degno delle *midlands* britanniche, capitava spesso che dovessero lavorare esposti a pioggia e vento. Quella sera il Greco stava giusto ribadendo a Marianna che, con tutto il rispetto per la nobile città di Cava dei Tirreni, si era definitivamente rotto il cazzo di prendersi malanni nonché insulti dai vicini tifosi della tribuna vip, chiedendole, in nome della vecchia conoscenza universitaria con Renato, di mettere una parola buona con l'addetto stampa della società calcistica per concedere loro una posizione più consona allo status di rappresentanti più prestigiosi dei media napoletani. Marianna, ascoltate attentamente le ragioni del mio amico e del suo capo, li liquidò con uno sguardo carognesco e il doppio epiteto di *napulilli* mentecatti. Il Greco si inalberò talmente tanto che al momento dell'intervista a Tony Esposito si dimenticò di accendere il microfono, costringendo Mastrangelo e il noto musicista a ripeterla ex novo. Poi raccolse tutto e si avviò agli ascensori, non prima di avermi preso in disparte: « 'O Zè, chella non mi piace per niente, è 'na femmena cattiva, statt'accuorto frà ».

« 'O Grè, non è una donna cattiva, è solo una donna che ha attraversato il dolore nella sua forma più violenta.» Questo avrei voluto dirgli, ma non era né il luogo né il momento.

Eppure, quell'episodio fu solo l'antipasto del prosciugamento della mia vita sociale. Lei non sopportava i miei amici, i miei amici non sopportavano lei. I nostri sabato sera così trascorrevano in perfetta solitudine di coppia. Assolto il suo ruolo di capo curva nella tradizionale riunione programmatica del sabato pomeriggio, finalmente poteva dedicarsi a me. Gironzolavamo fra trattorie e osterie dell'agro nocerino-sarnese. Le nostre preferite erano nei posti più sperduti, a Tramonti, lungo la tortuosa via che sale al valico di Chiunzi, la porta più bella sulla Costiera amalfitana. Oppure a Sarno, dove sorgeva una misteriosa trattoria con un mulino ad acqua che attingeva alle sorgenti dell'omonimo fiume, quello che qualche chilometro più a valle diventa il più inquinato d'Italia.

Era il paradiso dell'anguilla, ma dopo le bufale e le rane del papà di Ludovica, ingerire animali strani non mi causava oramai alcuna difficoltà. La prima volta che ci andammo, la proprietaria ci accolse con un paio di forbici da trenta centimetri. Le impugnava anche quando venne al tavolo a prendere la comanda, sottoponendoci un menu dove trovavano spazio solo due voci: anguilla fritta e anguilla alla brace. Concordammo per la fritta. Osservai la signora allontanarsi. Pensavo tornasse in cucina per consegnare l'ordinazione e invece prese la direzione opposta e, con le sue forbici da killer e una pagina di giornale, aprì una finestra, tirò su un secchio di zinco, vi infilò le mani con rapidità felina, afferrò un essere lungo, viscido e guizzante, lo guardò con occhi feroci e con un movimento rapido e preciso, *zac*!, gli tagliò la testa. Il tapino, pur privo di testa, continuò a muoversi, ricordandomi antiche scene dei tempi della Rivoluzione francese, quando i nobili venivano decapitati e continuavano a muoversi malgrado la testa fosse già rotolata dalla ghigliottina.

Insomma, stavo per divorare un povero esserino torturato dalla razza umana. Se con me ci fosse stata Ludovica penso si sarebbe alzata e avrebbe affrontato la signora a mani nude in una sfida sull'orlo del pozzo. Non essendo toccato da questi problemi, mi sbafai l'intera anguilla fritta con estrema soddisfazione, chiedendo il bis, premunendomi soltanto di alzare gli occhi al cielo al momento della decapitazione.

Durante le nostre cene Marianna mi rincoglioniva di chiacchiere, soprattutto pettegolezzi universitari di cui non mi importava, e commenti alle nuove sentenze della Corte di Cassazione di cui non capivo nulla. Solo dopo scendeva dal suo trono di prima della classe e mi dedicava le attenzioni che ogni fidanzata riserva al suo uomo. No. Non pensate al sesso. Le nostre serate del sabato le terminavamo romanticamente abbracciati sul lettone del suo attico sulle colline sopra Cava dei Tirreni, mentre vedevamo Maurizio Mosca formulare pronostici sulle partite dell'indomani tramite un oscuro pendolino. Il sesso, il sabato sera prima della partita, era bandito.

Scoprii presto che la mia vita sessuale era irrimediabilmente condizionata dai risultati calcistici della Cavese Calcio. Se la domenica pomeriggio la Cavese vinceva, Marianna piombava a Napoli e mi saltava addosso, sbranandomi; se poi la vittoria era in trasferta ci si issava verso vette inenarrabili di orgasmi multipli. Per contrappasso, se – non sia mai! – la Cavese perdeva, si piombava in una astinenza sessuale degna dei monaci della Badia, il monastero dell'anno Mille che sovrasta Cava. In più, c'era l'oscura variabile SS18 Tirrenica Inferiore. Perché se la sconfitta giungeva contro una delle compagini dislocate sulla statale, potevo tranquillamente procedere a una penectomia totale, perché tanto non avrei battuto chiodo per il resto dei miei giorni.

Il prezioso risultato dell'esame di matematica non generò un'onda lunga di successi universitari. Tutt'altro. Mi sentii prosciugato di ogni voglia di studiare materie per le quali non provavo il minimo interesse.

E questo andò a ripercuotersi soprattutto sul rapporto con i miei genitori, per i quali la laurea era diventato il solo e unico strumento con cui valutarmi.

Ero irascibile, scontroso, fatalista, insofferente.

Triste.

Marianna aveva fatto irruzione nella mia vita esattamente in quel momento, quando le mie sofferenze personali stavano raggiungendo l'apice.

Due animi inquieti che si incontrano al momento giusto.

Dopo la notte di sesso seguita alla cena da D'Angelo, mi ritrovai ad ammirare quella donna di successo, brillante e coinvolgente. Da parte sua, lei mi aveva studiato bene, inquadrando perfettamente quali fossero le origini del mio malessere spirituale.

Perché se è vero che da una parte soffriva di un evidente complesso legato alla sua storia personale e probabilmente anche alla sua scarsa avvenenza, dall'altra era dotata di una personalità potente e di un'intelligenza sopraffina che sapeva usare con chirurgica determinazione.

Col senno di poi, ero come un pesciolino finito nella rete. Lei mi aveva raccolto, coccolato, e poi delicatamente posto nel suo acquario, dove io avrei potuto continuare a nuotare sereno in acque chete, invece di affrontare le onde tempestose del mare della vita, e dove lei poteva darmi tutto il suo amore, ma al contempo controllarmi e, alla bisogna, esibirmi come una preda pregiata, di quelle che solo i grandi pescatori sanno catturare.

Aveva compreso che l'amorevole bambagia nella quale Luigi e Marisa mi avevano cresciuto, con lo scopo di proteggermi dai pericoli, mi aveva inconsapevolmente sottratto gli strumenti necessari a stare al mondo. La cattività era il mio approdo sicuro, e lei era la mia domatrice. Più che un acquario, una gabbia. Dorata, ma pur sempre una gabbia.

Mi stavo pericolosamente avvicinando al punto di non ritorno. Ero completamento accecato, tanto da vedere in Marianna una benefattrice per la mia anima turbata e non una donna sola e triste che faceva dell'egoismo la sua principale arma di difesa. E così tutta la mia rabbia si rivolse contro colui che ritenevo il solo e unico colpevole: papà Luigi.

Dovevo riappropriarmi della mia vita. Era giunto il momento di rinunciare alla *comfort zone* della cameretta con vista su Capri e della paghetta di papà, trovare una strada tutta mia, rendermi economicamente indipendente e andare a vivere da solo.

L'università poteva aspettare.

Per fortuna nei ruggenti anni Novanta un lavoretto a un baldo ragioniere non lo negava nessuno.

In gran segreto, inviai decine di curricula ad aziende locali e nazionali. In tanti mi risposero: feci un colloquio presso il glorioso pastificio Russo di Cicciano, dove mi volevano come aiuto contabile, poi addirittura all'Italsider di Bagnoli, dove mi offrirono un posto come operaio all'altoforno. No, così sarei finito dalla padella nella bracc. Un giorno, però, del tutto inaspettata giunse una strana missiva. Proveniva da Verona, l'ultimo posto al mondo da cui avrei pensato di ricevere un'offerta. Una piccola compagnia aerea privata, Air Alps, cercava personale di terra per l'apertura di una base all'aeroporto di Capodichino. Mi incuriosii, andai al colloquio, fui assunto. Al livello più basso, come facchino, ma fui assunto.

« Papà, mi hanno assunto! » gli dissi tutto d'un fiato, con l'entusiasmo di un bambino la notte di Natale.

« E con l'università? Cos'hai intenzione di fare? »

Glaciale. Non mi chiese chi, come e perché mi avesse offerto un lavoro. Lo riteneva solo uno schizzo fastidioso, una macchia di inchiostro sul lineare progetto di vita che lui aveva disegnato per me.

Ci rimasi malissimo.

Ma la porta della gabbia oramai era stata scardinata.

Air Alps era una piccola compagnia privata, nata qualche anno prima all'Aeroporto Valerio Catullo di Verona dalla mente visionaria di alcuni imprenditori locali. Il successo fu immediato e la compagnia allargò il suo network a gran parte del territorio nazionale e alla Germania, in virtù di un accordo di collaborazione con Lufthansa. Air Alps volava con gli ATR 42, acronimo di Avions de Transport Régionale, velivoli costruiti a Tolosa, ma progettati a Napoli. C'era di che andarne orgogliosi. All'apparenza.

In realtà ATR era la Fiat dei cieli: costava poco, pesava come una piuma, volava a velocità di lumaca. In compenso consumava quanto un'Ape Piaggio. Insomma, il massimo del fatturato con il minimo sforzo. Da Capodichino volavamo in tutta Italia e verso Monaco e Francoforte per consentire ai nostri clienti l'accesso al network transoceanico di Lufthansa. L'ATR era un buon aereo, con qualche limite strutturale di cui tenere conto. Soffriva, ad esempio, il vento contrario in quota, inconveniente che poteva allungare notevolmente i tempi di volo. Di conseguenza, la prima preoccupazione dei nostri comandanti era il meteo, perché le coincidenze di Lufthansa a Monaco erano molto tirate e anche solo trenta minuti di ritardo potevano risultare fatali al regolare proseguimento del viaggio: coincidenze perse, clienti inferociti e strigliate per tutti da Verona.

Come detto, debuttai come facchino di rampa, colui che carica le valigie e i pacchi postali sull'aereo. La stiva dell'ATR è come il portabagagli di un'auto. Anziché essere collocata dietro, è situata a prua, subito dietro il cockpit, ma è altrettanto piccola. Quindi bisognava caricare con raziocinio, come una famiglia con tre figli alle prese con la partenza delle vacanze d'agosto. Inoltre, i nostri passeggeri che a Monaco procedevano oltre oceano si portavano dietro case intere. Imparai a sollevare valigie di quaranta chili senza sforzo: era tutta una questione di metodo.

In pista legai molto con i rampisti, gli equipaggi e i comandanti, tanto che il mio apprendistato terminò prima del previsto e il caposcalo mi promosse a banconista di check-in. Mi ritrovai quale unico uomo in mezzo a decine di donne, tutte decisamente avvenenti, laureate all'Orientale, capaci di parlare il mandarino con accento di Canton e il tedesco con inflessione della Bassa Sassonia.

Tutte avvenenti, tranne una, la mia coordinatrice, Maria Elisabetta Nastri, una giovane zitella ultratrentenne, lunatica e velenosa, autoritaria e decisionista. Come è tradizione a Napoli, anche a lei spettò un soprannome pubblico: lei era per tutti Dwight Eisenhower. Il paragone con uno degli uomini politici più famosi e potenti del Novecento, il grande presidente americano che da generale tenne testa a Hitler, la gratificava moltissimo, e non ne faceva mistero. In realtà non poteva sapere che l'associazione non era con il presidente ma con la *USS Dwight Eisenhower*, la portaerei più grande del mondo, perché Maria Elisabetta Nastri aveva un culo talmente grande che ci poteva tranquillamente atterrare l'F-14 di Tom Cruise in *Top Gun*.

L'unico a tenere a bada l'autoritarismo della Nastri, difendendoci dai suoi soprusi, era un giovane funzionario, alto, elegante, un po' taciturno, ma dallo sguardo buono. Il suo nome era Flavio Friguglia ed era ingegnere di rampa, in pratica colui che ogni volta che si accende una spia deve correre all'aereo e fare la prima diagnosi. Nella maggior parte dei casi basta resettare il computer di bordo e la spia si spegne, ma quando resta accesa l'ingegnere di rampa diventa l'uomo da cui dipendono le sorti dei passeggeri. Per fare quel mestiere ci vuole una grande conoscenza tecnica del mezzo, una perfetta padronanza delle procedure di compagnia e tanto sangue freddo. E lui aveva tutte quelle doti. Volare con Flavio su un ATR 42 però era un incubo. Conosceva a menadito ogni singolo componente dell'aereo e non era propriamente convinto che fosse l'aereo più sicuro del mondo, come decantava la pubblicità. Ogni scricchiolio per lui aveva un significato preciso. Passavo tutto il tempo a leggergli gli occhi: se erano rilassati, andava tutto bene, se li puntava sullo schienale davanti c'era da cominciare a preoccuparsi. Flavio e io legammo subito, eravamo talmente diversi da sembrare i poli opposti di una calamita. E, come calamitati, diventammo inseparabili.

La sera, a cena, mia madre mi tempestava di domande, curiosissima di ogni aspetto di un mondo a lei del tutto sconosciuto. Papà Luigi osservava la mia metamorfosi con apparente distacco, prendendo la parola solo per chiedermi quando fosse il prossimo appello di diritto commerciale. In realtà, da fonti sicure, venni a sapere che si era prodigato per raccogliere informazioni sull'azienda che mi aveva assunto e sulle mie mansioni.

Anche la professoressa Cuomo guardava al mio nuovo lavoro con la superiorità che la distingueva. Pensava fosse un hobby, utile a migliorare ulteriormente il mio livello economico, già alto grazie a papino. Ma con gli sviluppi di carriera che ne seguirono, il suo approccio verso di me cambiò radicalmente. Marianna diede sfogo a uno dei sentimenti che, per quanto umanissimo, è forse uno dei più insopportabili assieme all'invidia: la gelosia. Era gelosa dei miei piccoli successi, di un ambiente di lavoro così giovane e internazionale e della mia amicizia con Flavio. Si rese conto che lei non era più il faro della mia vita e io non ero più il suo toyboy da esibire ai vernissage più alla moda della città. Malgrado le mie rassicurazioni, la situazione non mutò, anzi andò man mano peggiorando. La sua gelosia si rivolse, senza che io le avessi mai dato una sola ragione per dubitare della mia fedeltà, verso le mie colleghe. È vero, erano donne, giovanissime, alcune molto belle, ma i nostri ritmi di lavoro al check-in erano talmente serrati che non avevo né tempo né voglia di imbastire qualsivoglia tipo di relazione, men che meno di carattere biblico.

Il tarlo, purtroppo, la divorava dentro. Un giorno si presentò in aeroporto. Venne al check-in, non mi trovò, allora cominciò a cercarmi ovunque e infine mi adocchiò, avvicinandosi di soppiatto mentre stavo prendendo un caffè con una collega. Scenata epocale. Dopo mezz'ora di discussione basata sul nulla cosmico e dettata esclusivamente dai suoi fantasmi interiori, tornò in sé, mi chiese scusa e scappò via piangendo.

Ma intanto la figura di merda sul posto di lavoro l'avevo fatta io.

Mentre, immobile al centro della sala partenze, la vedevo allontanarsi, mi sentii strattonare con vigore.

« Vieni con me! »

Era Flavio, che mi trascinò bruscamente nel suo ufficio.

« Adesso basta! Sei invischiato in un legame tossico e

solo tu non te ne stai rendendo conto. Quella donna ha una serie di conflitti irrisolti con se stessa che la conducono a scaricare le sue frustrazioni su di te. »

« Flavio, Marianna è una donna difficile, ne sono consapevole. La gelosia fa parte del suo carattere, è istintiva, esplosiva, umorale. Ma è solo una corazza che lei indossa per difendersi, lo sai anche tu. Perché la sua vita, Flavio, è tutta una difesa. »

Clap clap clap.

Flavio applaudì ironicamente con studiata lentezza.

« Ascoltami, queste belle stronzate valle a raccontare a qualcun altro. Il problema qui non è lei, sei tu! Lo stronzo qui non è lei, sei tu! Ti faccio solo una domanda e pretendo una risposta chiara, composta da una sola sillaba. Tu la ami? »

« ... No... »

« Vedi, ti ha talmente soggiogato che stavi per dire cazzate pure a te stesso. Tu non la ami. Non l'hai mai amata. L'hai utilizzata come salvagente quando stavi per affogare. Ma adesso che sei sano e salvo sulla riva del mare non hai più bisogno di lei. Però non sai come dirglielo. Perché sai che lei ha costruito il suo mondo intorno a te. E allora, per non affrontare un passaggio che, da pusillanime quale sei, non saresti in grado di gestire, ti sei costruito un universo parallelo nel quale siete una coppia affiatata e innamorata, con lei giusto un filino gelosa. »

« Flavio... »

« Taci, fammi finire! Più tempo passa più questa situazione si andrà incancrenendo. Lei ti ama, ma di un amore malato, con la certezza che tu sia l'uomo della sua vita, o, per meglio dire, lo schiavo della sua vita. E dall'alto della sua presunzione mai e poi mai penserebbe che tu un giorno la possa lasciare. Più tempo farai passare, più sarà difficile dirle ciò che hai il dovere di dirle.»

Silenzio glaciale.

«E adesso sparisci, che ho un circuito di un ATR che mi sta dando il tormento. L'ho toccato e ritoccato cento volte ma non dà segni di vita.»

«Vabbè, che novità, come con il tuo pisello, no?»

Feci appena in tempo a chiudere la porta quando sentii infrangersi sullo stipite il boccale in ceramica che gli avevo portato dall'Oktoberfest e che usava come portapenne. Come tutti gli ingegneri aveva qualche difficoltà col concetto di ironia.

Su quello che mi aveva detto Flavio a muso duro io ci stavo rimuginando da mesi. È orrendo ammetterlo ma quella relazione era nata ed era cresciuta sulla base di determinati presupposti che con l'amore avevano poco o nulla a che fare. Ma mentre i miei, col tempo, e per fortuna, erano venuti meno, i suoi si erano cristallizzati in una sorta di mondo di mezzo dove lei era la regina incontrastata e incontrastabile di una storia d'amore travolgente.

Insomma, un castello di carte.

È vero, ero spaventato dalla sua reazione. Lei la donna iper-passionale, come avrebbe risposto davanti a un abbandono improvviso?

Le sarebbero ripiombati addosso tutti i fantasmi che la perseguitavano da quel maledetto 7 novembre 1979, i fantasmi di una vita in cui la parola felicità era stata bandita per sempre.

Come potevo ferire una persona forte solo in apparenza, ma in realtà debole e indifesa? Si può rimanere con una donna senza amarla, solo per paura di farle del male? E quanto male le stavo facendo, continuando a fingere con lei e con me stesso? Per tutto il periodo della nostra relazione avevo pensato che i ruoli fossero ben definiti: io la vittima, lei il carnefice. Ma io le avevo fatto credere di amarla, io le avevo fatto credere che fosse indispensabile alla mia vita, io mi ero abbeverato alla sua personalità quando lei mi aveva raccolto, vuoto e accartocciato come una lattina di Coca-Cola.

Il carnefice ero io!

Glielo dissi tutto d'un fiato in una notte di tregenda, chiusi nella sua macchina in una via Caracciolo spazzata dalla pioggia e dagli spruzzi delle onde del mare che sbattevano, rumorose, sui frangiflutti.

A Marianna franò il terreno sotto i piedi. Avevo sbriciolato il suo mondo con poche semplici parole. Era incredula più che disperata. Mi raccolse le mani in un ultimo gesto di amore possessivo. Io mi sciolsi dalla sua presa con fatica: assistere impotenti alla estrema sofferenza di una donna, essendone la causa, è una delle più brutte esperienze della vita.

« Ma io ti amo » mi sussurrò piangendo.

« Io, purtroppo, no... »

Non mi perdonò mai.

6

INFRAMEZZO

« Allora! La vogliamo finire di giocare con gli aeroplanini, e diamo un senso a questa vita dissoluta, che stai dissipando come se non fosse l'unica che ti è stata affidata? »

Gli occhi di ghiaccio di Luigi mi fissavano. Le sue pupille due spilli gelidi a inchiodarmi al muro.

« Tu avevi due soli obiettivi: conseguire la laurea e trovarti un lavoro degno di questo nome. Siamo lontani dal primo e lontanissimi dal secondo. Adesso basta! Visto e considerato che hai deciso di fare di testa tua, da ora in avanti dovrai imparare a sopravvivere solo con i tuoi mezzi, e con quello stipendio da fame da banconista facchino. »

Rimasi in silenzio. Sapevo che quello non era un dialogo, ma un monologo. Mi aveva studiato per mesi senza far trasparire nulla. Ora, all'improvviso, emetteva la sua sentenza.

Inappellabile.

Non replicai nulla. Mi alzai, aprii la porta del suo ufficio e me ne andai.

Feci le valigie quello stesso pomeriggio. Donna Marisa, appoggiata allo stipite della porta, mi osservava senza dire nulla con gli occhi umidi di lacrime.

« Mamma, perdonami, ma se resto anche solo un minuto di più in questa casa rischio di veder crollare le poche certezze che sono riuscito faticosamente a costruirmi in questi mesi.»

«Sì, ma...»

«Io so che lui mi vuole bene più di ogni altra cosa al mondo, ma ama a modo suo. Che non è il mio. Ti prego, lasciami andare. È l'unica speranza che ci resta per ritrovarci un giorno più forti e uniti di prima. E comunque te lo prometto, verrò a cena ogni volta che mi sarà possibile.»

Luigi fu informato da donna Marisa. Non fece una piega. Sospese la sontuosa paghetta con decorrenza immediata, essendo questa destinata solo agli effettivi della casa e non ai disertori. Le conseguenze sul mio conto corrente furono immediate e rovinose. Per qualche giorno mi appoggiai da Flavio, poi un provvidenziale passaparola tra amici mi aprì le porte di una camera ammobiliata a prezzo di saldo in un appartamento condiviso a via Martucci, la strada che scende da piazza Amedeo alla Riviera di Chiaia, dalla quale si diramano mille vicoli, con i panni stesi e le matrone a *sciosciarsi* dal caldo insopportabile dei bassi. La casa era più che dignitosa: quattro belle camere da letto, ampie e luminose, una cucina in comune, due bagni che mantenevamo ordinati e puliti.

Tutto perfetto, tranne i miei coinquilini...

Il proprietario, Fabio Roscioli, agente scelto della Polizia di Stato, un quintale di peso per un metro e sessanta centimetri, bel faccione tondo, girovita esuberante, che a guardarlo non potevi fare a meno di pensare che alla mensa della questura si mangiasse da dio. Originario di Polla, basso Salernitano, dove aveva cominciato la carriera nella Polizia stradale, aveva ereditato il prezioso appartamento napoletano da una zia zitella deceduta qualche anno prima, che lui aveva opportunamente assistito negli ultimi anni di vita e dalla quale era stato generosamente ricompensato. Per evidenti limiti fisici, Fabio era stato destinato al lavoro d'ufficio, ma ogni tanto, approfittando della penuria di personale operativo, riusciva a farsi qualche volante notturna, per cui si abbigliava alla Frank Poncharello, con stivaloni di pelle e Ray-Ban di tendenza. La mattina dopo rientrava distrutto, farneticando di inseguimenti a camorristi e contrabbandieri, alternati a incontri sessuali multipli con colleghe assatanate sul sedile posteriore della Alfa 33 di ordinanza.

Un cazzaro.

Marcel Van den Beek, olandese di Rotterdam, a Napoli in Erasmus, per gli amici « Frankie » in virtù della straordinaria somiglianza con Frank de Boer, giocatore dell'Ajax e della nazionale olandese.

Marcel era un olandese da cartolina, tutto canne, birra e figa. Dopo due mesi, parlava un italiano perfetto e si gingillava con le fanciulle locali, estasiate dal suo fascino esotico. Ufficialmente studiava economia, in realtà lo studio era una copertura della sua attività principale: il fancazzismo. Malgrado si sforzasse di non fare assolutamente nulla per tutto il giorno, alla fine non poté evitare di dimostrare il suo innato spirito imprenditoriale. Nel giro di pochi mesi riuscì a trasformare la sua grande passione per la birra da hobby in fonte di guadagno. Trascorreva ogni santo giorno da Specialità Tirolesi, pub gastronomico con piatti crucchi gestito da Darko Subotic, un giostraio slavo di chiara origine rom, il quale a dispetto della reputazione che purtroppo ammanta il popolo nomade svolgeva il suo lavoro con passione e abnegazione. Nel panorama mangereccio di Napoli, piuttosto tradizionale, Specialità Tirolesi si ritagliò un proprio spazio, servendo würstel originali, speck, stinchi di maiale, nonché la migliore birra alla spina della città. E chi meglio di Marcel Van den Beek, pensò Darko, come promoter/cameriere/buttadentro del locale? Il mio coinquilino accettò senza remore e nel giro di poche settimane, grazie ai suoi agganci, alle sue conoscenze, alla sua empatia, il fatturato di Specialità Tirolesi raddoppiò. Ma il virgulto olandese non era tipo da rilassarsi sugli allori. Un giorno ci disse che doveva tornare a Rotterdam per questioni di lavoro. Con Fabio riflettemmo che la parola lavoro in bocca a Marcel suonava alquanto stonata, non gli demmo credito e attendemmo curiosi il suo ritorno. Marcel tornò dopo una settimana con tre casse di una birra a noi sconosciuta, di nome Grolsch. Era strepitosa. Darko se ne innamorò al primo sorso e ne ordinò subito dieci barili. Il successo fu immediato. A Napoli tutti impazzirono per la nuova lager olandese. Marcel lasciò il posto di cameriere promoter e una carriera universitaria tutta da costruire per farsi assumere da Grolsch come export manager per l'Italia.

Lo rincontrai, molti anni dopo, al pub Grolsch di Amsterdam, nel quartiere a luci rosse, dove dietro a un enorme grifo spillava litri di bionda, affabulando i clienti autoctoni con i suoi inverosimili aneddoti italiani.

Un avventuriero.

Last but not least, Antonio del Gebbio, detto Tony, laurea in ingegneria nucleare alla Federico II con lode e bacio accademico, dottorato al Dipartimento di Dinamica e un grande progetto a Cambridge, dove si recava settimanalmente grazie ai biglietti super scontati che gli procuravo spacciandolo per dipendente Air Alps. Altezza media, calvizie precoce, nove decimi di miopia, ventre prominente, un cervello fuori dal comune. Ma come tutti i geni presentava alcuni lati oscuri che definire singolari è un eufemismo. Ogni sabato sera Tony si esibiva come fachiro nei locali della movida, specialità mangiafuoco. Io rimasi molto impressionato da questa sua passione, ma Tony mi spiegò che con la dovuta esperienza non era un'attività pericolosa. Servivano solo concentrazione e movimenti coordinati. Tuttavia, trattenere in bocca sorsate di benzina presentava alcune controindicazioni: una su tutte il fatto che, pur sputandola sempre fuori, era inevitabile che qualche goccia del combustile gli finisse nello stomaco e da qui nell'intestino. Non era pericoloso, ma c'erano alcune accortezze da prendere: non scorreggiare e non utilizzare slip acrilici. Sì, perché la benzina miscelata ai villi intestinali e innescata dai gas di espulsione, che fungevano da detonatore, poteva causare una dolorosa fuoriuscita dal culo di carbon fossile, che incontrando tessuto acrilico avrebbe potuto scatenare un incendio dalle conseguenze imprevedibili. Non preoccupatevi, per fortuna non accadde mai. Ma quando la domenica mattina andavo a svegliarlo per la tradizionale partita di calcio, la sua camera puzzava come una raffineria dell'AGIP.

L'ingegnere nucleare Tony del Gebbio, contrattista a Cambridge, aveva un'altra passione, decisamente più torbida, che coltivava in assoluta segretezza: l'orgasmo femminile. Un giorno mi chiese se fra le mie colleghe ci fossero lesbiche dichiarate o quantomeno bisessuali, disposte a partecipare a una importante ricerca scientifica. Mi guardai bene dal chiedergli per cosa gli servissero e, spinto dalla nobile motivazione, presi diligentemente a cercare. In quel gineceo che era Capodichino, non mi ci volle molto per trovarle: Titti Morra, napoletana procace, addetta alle pulizie dello scalo, e Filomena Lo Cascio, palermitana efebica, addetta ai controlli di sicurezza. Coppia dichiarata e affiatata. Spiegai alle ragazze che un professore universitario stava cercando volontarie per una ricerca. Loro si incuriosirono e accettarono. Tony si presentò con le sue lenti a fondo di bottiglia, una borsa di pelle piena di documenti e un sorriso a trentasei denti. Si appartarono in un angolo della saletta vip che gli avevo riservato e ne uscirono sorridenti dopo più di un'ora. Malgrado la mia aria incuriosita, i tre convitati non mi confidarono nulla. Quel che è certo è che dalla sera successiva Titti e Filomena cominciarono a venire regolarmente a casa nostra e a chiudersi in camera con Tony per ore. Devastato dalla curiosità non mi restò che andare a origliare. Riuscii a sentire solo parole incomprensibili, rumori metallici, avvisi sonori.

Una sera, all'improvviso, sentii bussare alla porta della mia camera: «Zez...»

«Dimmi Tony.»

«Zez, ho bisogno di te.»

«Arrivo!»

Entrai in camera sua. Trasecolai. Sembrava di essere nell'antro di Frankenstein Junior: tre computer, strumenti tecnologici di ogni tipo, illuminazione alogena. Tony con il cranio madido di sudore, gli occhi spiritati come quelli di Marty Feldman, guanti da chirurgo, lingua felpata.

E Titti e Filomena, avvinghiate sul letto.

Completamente nude.

« Minchia, un'orgia? »

Tony non rispose alla provocazione, era troppo concentrato: « Okay, ragazze, ci aiuta Zez, cominciamo! »

« Tony, cominciamo cosa? »

« Ehm, ci dovresti dare una mano con il tuo cosino. »

« Il mio cosino, cosa? »

« Zez, il tuo cosino. Lo sai usare, vero? Bene, tiralo fuori e mettilo sull'attenti. E quando lo dico io intervieni. »

A quelle parole si mise uno strano casco, smanettò con una decina di manopole, temperò i fischi e le emissioni sonore dei vari strumenti. Poi: « Ragazze, aaazione! »

Titti e Filomena si lanciarono in un amplesso bollente, che avrebbe reso orgogliosa Saffo.

Rimasi paralizzato.

« Okay, Zez, adesso tocca a te. Concentrazione! Interazione! Penetrazione! Entra, stantuffa, conta fino a dieci ed esci. Prima con Titti, poi con Filomena. »

« Entro, stantuffo, esco, dieci secondi... Ma che cazzo dici? Tony tu sei un pazzo matricolato. E voi, due sciroccate totali. E almeno quando parlo per favore potete smetterla di leccarvi e rimettere dentro le lingue che mi sembrate due ramarri della Tasmania, e che cazzo! »

« Zez ti prego, fallo per la scienza: è un piccolo passo per la donna, un grande passo per l'umanità. »

« Tony, io me ne vado. L'unico passo che può fare l'umanità è quello di internarvi, tutti e tre. »

Dopo tre mesi, una mano birichina fece scivolare sotto la porta della mia camera una rivista.

NATURE, 1994 December, 22

Last Month the young Italian researcher Antonio del Gebbio presented an important research concerning the female climax, entitled « Interlude Theory ». The study has shown that women achieve the most intense pleasure through a series of erotic foreplay with another woman, requiring the penetration of a phallus, human or artificial, only at the peak of the sexual arousal and solely for the purpose of achieving orgasm.

Professor Del Gebbio argues that this research will upset the balance between genders and will make a fundamental contribution to improve the female sexual condition all over the world. *

Seguivano una serie di diagrammi, istogrammi e cartesiane che descrivevano minuziosamente, secondo per secondo, il funzionamento della vagina femminile all'atto dell'eccitazione sessuale e del raggiungimento dell'orgasmo.

* Il giovane ricercatore italiano Antonio del Gebbio lo scorso mese ha presentato una importante ricerca concernente l'orgasmo femminile, intitolata « Interlude Theory ». Questo lavoro ha dimostrato che le donne raggiungono il piacere sessuale più intenso mediante una serie di preliminari con un'altra donna, necessitando della penetrazione di un fallo, umano o artificiale, solo all'apice della eccitazione ed unicamente al fine meccanico del raggiungimento dell'orgasmo.

Il Professor Del Gebbio sostiene che questa ricerca sconvolgerà gli equilibri tra i generi e assumerà una connotazione fondamentale per migliorare la condizione sessuale femminile in tutto il mondo.

Il lavoro fu ufficialmente presentato dal Dipartimento di Ginecologia presso l'aula magna della Federico II. Arrivarono giornalisti scientifici da tutta Europa a intervistare Tony, divenuto oramai una celebrità. Sul palco trovarono posto anche le due giovani collaboratrici, che Tony spacciò per ricercatrici universitarie: « Signorina Morra, dopo il successo di questa ricerca pensa di rimanere a dare il suo contributo all'Università? »

« Professò, ſoss'a Maronna. Io devo portare i soldi a casa. Ho appena ricevuto una proposta bella assai, da domani vado a fare le pompe alla Bosch. »

Idrauliche, ovviamente.

Ma la standing ovation si levò spontanea comunque.

Intanto sul lavoro, malgrado Maria Elisabetta Nastri, le cose andavano sempre meglio. Nonostante fossi l'unico uomo del gruppo di banconisti, i *frequent flyer* facevano a gara per venire da me. Perché risolvevo problemi: trovavo posti vicini, lontano dall'ala, accanto al finestrino, sul corridoio, a due passi dal bagno. Componevo e scomponevo la pianta del piccolo aereo come fosse un puzzle. E tutto sempre col sorriso sulle labbra. Questa attitudine non sfuggì al caposcalo, che mi segnalò a Verona per una promozione. Funzioni libere però a Capodichino non ce n'erano. Mi proposero la direzione dell'Ufficio commerciale in città, in via Depretis, all'interno del grattacielo del Jolly Hotel, giusto a fianco della questura. Era un lavoro decisamente meno estenuante rispetto a quello aeroportuale: orari fissi, ritmi regolari, una comoda poltrona dietro la scrivania. In fondo bisognava seguire i clienti *personal* che entravano in negozio, e andare a trovare la clientela business per proporre i nostri servizi aziendali dedicati. E tutti i week-end liberi, aspetto che, da turnista aeroportuale, mi era sconosciuto oramai da anni. Questa nuova qualità di vita mi avrebbe potuto spalancare orizzonti epicurei fino ad allora sconosciuti. Invece il primo pensiero fu di riprendere seriamente in considerazione l'idea di tornare sui libri, perché io a Luigi non gliela volevo dare vinta. In fondo mancavano pochi esami, serviva solo l'ultimo sprint.

Spesso accadeva che in ufficio mi raggiungesse il Greco per quello che a Napoli è un rito ancestrale: il caffè di mezza mattinata. Un giorno, però, arrivò correndo, accaldato e con un sorriso a trentasei denti: « 'O Zè, mi ha selezionato Mediaset!!! Mediaset, ti rendi conto! »

« 'O Grè, ma è fantastico! »

« Come fonico! Vado in staff alla troupe degli inviati speciali del TG5, al colloquio è venuto anche Enrico Mentana, 'o Direttore! »

Poi continuò, sempre più infervorato: « Allora, aggia ì a Cologno, Colognoooo, come sfaccimma si chiama? »

« Monzese, Cologno Monzese. »

« Eh, Cologno Monzese. Appena succede un fatto importante la troupe deve essere pronta a partire in un paio d'ore e se sono di servizio tocca a me. Andrò in giro per il mondo. Possibilmente non su quelle chiaviche degli aerei vostri! »

Era il sogno della sua vita. Lo strinsi forte, nonostante sapessi che mi stava lasciando anche l'ultimo grande compagno della mia adolescenza.

Sul fronte sentimentale, terminata la storia con Marianna, avevo deciso di staccare la spina. Mi dedicai, insieme a Flavio, ai piaceri tipici del maschio italico: calcio, birra e cazzeggio. Mantenendomi a debita distanza da qualsiasi donna.

O quasi.

Lo squillo del cellulare, lasciato improvvidamente acceso, ruppe l'ozioso silenzio di una torrida domenica mattina di inizio estate.

Era Irene, una collega, casertana di stanza a Fiumicino, fidanzatissima con Carlo Tessori, ingegnere aeronautico in Alitalia, un bravo ragazzo, mio conoscente. Con Irene c'era chimica, lo avevo sentito subito. Ci eravamo annusati qualche mese prima, lei single, io uomo fedele a Marianna, non era proprio il momento. Ma eravamo rimasti in contatto.

« Voglio fare una passeggiata in Costiera, mi accompagni? Arrivo a mezzogiorno alla Stazione Centrale » mi disse con voce squillante.

Irene Ricciardi, classe 1976, lunghi ricci biondi, lineamenti del viso irregolari, fisico longilineo e tutte le curve al posto giusto. Simpatica e brillante, intelligenza non spiccatissima, ma in fondo non me la dovevo sposare.

Andai ad attenderla al binario, scese dal treno con una mini vertiginosa, un top ridotto al minimo indispensabile, e un cappello di paglia a proteggere la sua pelle chiara e lentigginosa.

La abbracciai delicatamente, profumava di sandalo. Le presi la sacca e le feci strada verso la mia Lancia Y. Era una giornata caldissima, decidemmo per una sosta rigenerante a Cetara per un bagno nelle acque blu cobalto del Tirreno; poi dritti ad Amalfi, dove avevo prenotato la zuppa di pesce da Gemma. Gemma è una vera gemma: molto nascosta, si entra da un vicoletto scuro, poi in cima a una doppia rampa di scalini si arriva a un terrazzino aperto sulla maestosità del duomo, costruito dai longobardi prima dell'anno Mille. La zuppa di Gemma era una istituzione: in una grande padella di ferro, un soffritto di aglio, olio, pomodorini e prezzemolo, accoglieva delicatamente il pesce di alto mare, tra cui spiccavano la pezzogna e lo scorfano, i molluschi e i crostacei, esclusivamente di Amalfi. Il tutto innaffiato da un Ravello bianco gelato che faceva riconciliare con il mondo. Dopo svariati bicchierini di limoncello fatto in casa, che avevano decisamente compromesso i freni inibitori della fanciulla, già di loro poco tirati, riprendemmo la strada verso Napoli. Mi raccontò che la storia col suo uomo attraversava un momento di crisi. Non ci voleva un genio per capirlo. Nel momento in cui trascorri una domenica di luglio in Costiera con un altro, è evidente che del tuo uomo non te ne importa proprio nulla. A parti invertite io avrei raccontato che la mia donna era ingegnere alla NASA, lavorava a Cape Canaveral, al Kennedy Space Center sul progetto per il lancio del nuovo Shuttle, donna meravigliosa ma la lontananza e l'astinenza sono difficili per tutti.

Durante il viaggio di ritorno, la sua mano scivolò dolcemente sulla mia. Io inizialmente la ritrassi, conscio delle conseguenze che una mia tacita accettazione avrebbe potuto scatenare. L'idea di approfittarmi della donna di un altro non mi piaceva affatto. Peccato che in quell'auto fossi l'unico a pensarla così.

Il profumo della sua pelle, misto alla salsedine, ebbe però un impatto terrificante sui miei buoni propositi, facendo emergere desideri incontrollabili, decisamente malsani. Poteva salvarmi solo una terapia d'urto. La prima che mi venne in mente fu dirigermi verso la stazione ferroviaria sperando in un treno in imminente partenza per Caserta.

« Guarda che io a casa non ho nessuno che mi aspetta. »

Ah, ecco...

« Zez, me lo offri un caffè? »

« Certo, andiamo da Scaturchio, caffè cremosissimo nel bicchierino di vetro e una sfogliata riccia strepitosa. »

« No, a me piace quello della moka. Scuro, profumato, bollente... Tu ce l'hai una moka a casa, vero? »

E si passò la mano sulla coscia tesa, tirando su, impercettibilmente, la mini già di per sé vertiginosa.

San Martino, protettore dei cornuti, io ce la sto mettendo tutta, ma tu non mi stai aiutando manco un po'...

Aprii la porta di casa con circospezione, pregando non ci fosse nessuno dei miei coinquilini. Entrammo di soppiatto e fummo accolti da un silenzio quasi sospetto. La feci accomodare in camera mia, la chiusi dentro a chiave, andai in cucina e misi su la moka da due tazze.

Mentre attendevo il fischio della caffettiera, una voce stridula alle mie spalle mi fece sobbalzare: « Bravo Zez, quello che ci vuole in una controra domenicale. Me ne dai un poco? »

Cazzo, il prof Del Gebbio! Nooooo!

« Certo Tony, ecco qui, zucchero? »

Presi una delle due tazze e gliene misi un dito.

« Uaneme do priatorio, e che r'è? La carestia? »

« Tony, se vuoi te lo puoi prendere tutto, poi me lo rifaccio. »

Il professore non se lo fece ripetere due volte, si lanciò sulla caffettiera, fece per versarselo, ma si bloccò all'improvviso: « 'O Zè, perché due tazzine? »

« No, è che... »

« Chi è? »

« Chi? »

« Eh, chi? Jamme bello!!! »

« Una, Tony, una! Non la conosci. »

« E addò sta. »

« In camera mia, giusto un caffè poi se ne va. »

« E comm'è! È bellella? O è 'nu chiavatone? E ja, fammela verè! »

« Tony, è domenica, dal feto di cherosene che ti lasci dietro direi che ieri hai esagerato con gli shottini dell'AGIP. Se ti avvicini alla mia camera ti giuro che ti infilo una bombola di propano nel culo, saltiamo tutti in aria, ma almeno muoio realizzando un sogno! »

« Mamma mia, Zez, come sei irascibile, le femmine dovrebbero rilassare, invece a te fanno venire gli sturbi. Poi c'ho ragione io che il piacere se lo devono cercare fra loro e loro... »

« Tony, per favore... »

« Sì? »

« Sparisci. »

Rifeci la moka, tornai in camera e trovai Irene adagiata sul mio letto, prona, i soffici boccoli a incorniciarle il viso da adolescente dolcemente poggiato sul guanciale, il ginocchio destro leggermente piegato, il braccio destro lascivo a toccare terra.

Nuda.

Eh, no! E così non vale!

Riuscii solo ad appoggiare il vassoio con le due tazzine sul comodino.

La fanciulla si dimostrò particolarmente vorace e una irrefrenabile passione invase la camera da letto senza lasciare alcuna possibilità a una controffensiva morale. Tuttavia, proprio quando eravamo prossimi al momento apicale, il maledetto squillo del suo cellulare capovolse improvvisamente il caldissimo verso di quella bollente domenica d'estate.

Dall'alto della sua posizione dominante, la signorina non si scompose, rispose al telefono con voce del tutto naturale, proseguendo imperterrita nei suoi movimenti, ora ondulatori, ora sussultori, lasciandomi del tutto stupefatto per come riuscisse a proseguire la conversazione con una corretta articolazione delle parole senza mordersi la lingua. La mia nuova dimensione di uomo oggetto nelle mani di una scaltra ventenne mi fece rabbrividire. Diedi due colpi ben assestati, lei si rifugiò in un urletto, che spacciò al suo ignaro interlocutore per un singhiozzo dovuto alla grande mangiata e finalmente si decise a disarcionarsi, per andare a proseguire la chiacchierata sul balcone, sempre, ovviamente, come mamma l'aveva fatta.

« No, niente, era Tessori, sta venendo a prendermi. »

« Sta venendo a prenderti? E dooove? »

« Qui, a casa tua! »

« A casa mia? »

« Sì, Zez, perché, è un problema? »

Ma come perché, benedetta fanciulla! Ti chiama il tuo lui che sta venendo a prenderti, tu sei a letto con me e mi chiedi dove sta il problema???

« Per favore, rivestiti! »

« Ma come rivestiti? Dai, su, ricominciamo, lui sta partendo adesso da Torre, prima di un'ora non può essere qua. »

« Ma per chi mi hai preso? Per Rocco Siffredi? La scopata a comando col cronometro? Per favore rivestiti. »

« Zez, cazzo! Non mi puoi lasciare a metà! »

« Irene, per piacere, fai come se fossi stato immerso in una vasca di bromuro. Andiamo! »

« In una vasca di che? »

« Lascia perdere. »

Lui, Carlo Tessori, ingegnere, altezza media, ventre prominente, stempiato, sguardo e fisico da nerd, capoprogetto della compagnia di bandiera a Fiumicino ma nato e cresciuto a Torre del Greco, cercava di usare il proprio potere per sedurre fanciulle alle prime armi. Con scarsi risultati, almeno fino a Irene, che si era fatta voluttuosamente accalappiare. Dopotutto il fascino della A stilizzata non era paragonabile alla nostra piccola aerolinea.

« Dunque, ragioniamo. Tu hai detto a Tessori che andavi a un pranzo domenicale in costiera per fare *team building* con i colleghi dell'area Sud. Mi hai chiesto correttamente un passaggio che ovviamente non potevo negarti e dopo pranzo ti ho riportato a Napoli per riprendere il treno. Fino a qui fila, giusto? »

« Giusto! »

« E poi cosa gli hai detto di preciso? »

« Che mi hai invitato a casa per un caffè in attesa della partenza del treno. »

« Ah, ecco, adesso ti ho invitato io. »

« Che palle Zez, mi stai asciugando. »

« Irene, cazzo, ma non riesci a pensare ad altro? Stai seria e concentrati. Il tuo Carlo ha pensato amorevolmente di venirti a prendere e arriva fra mezz'ora: ci presentiamo tu e io. Il tuo uomo non è fesso. »

Ci voleva una soluzione. E ogni qualvolta avevo un problema, la soluzione aveva un nome e un cognome: Flavio Friguglia.

« Fla'. »

« Che vuoi? »

« Che fai di bello? »

« Che vuoi? »

« No, niente, è che... »

« Zez, è domenica, è la controra, ci sono quaranta gradi all'ombra, stavo dormendo, che cazzo vuoi? »

« Houston, abbiamo un problema. »

« Ma vaffanculo tu e Houston. »

Dopo dieci minuti, era sotto casa mia, parcheggiò, scese dalla macchina, vide Irene, capì tutto all'istante, risalì in macchina, mise in moto e se ne andò. Irene e io rimanemmo inebetiti sul marciapiedi.

« Comunque, a prescindere da qualsiasi cosa abbiate combinato, siete due stronzi! »

Aveva fatto il giro dell'isolato ed era tornato da noi. Proseguì: « Vabbè, equipaggio: chi fa rapporto? Voglio tutti i dati in tempo reale ».

Riassunsi la situazione: bisognava inventarsi di sana pianta un pranzo in un luogo pubblico con almeno dieci persone di cui solo due presenti. Flavio sarebbe stato il terzo. Per comodità confermammo come luogo del pranzo Gemma: difficile che lo conoscesse, locale troppo elegante per un napoletano di provincia trapiantato alla Magliana. Identificammo gli altri sette commensali fra i soggetti meno in vista di Capodichino, in modo che fosse impossibile che lui avesse rapporti con loro. Insomma, eravamo sulla buona strada. Ma c'era una cosa che mi preoccupava. Il ventre prominente dell'ingegner Carlo Tessori non prometteva nulla di buono. Nel senso che mi sarei giocato gli zebedei che non ci avrebbe fatto alcuna domanda sugli aspetti tecnici del pranzo di lavoro, quanto su cosa avessimo mangiato. Poco male, il menu poteva essere quello effettivamente condiviso con Irene. Il mio fraterno amico Flavio Friguglia era un genio, ma se c'era una cosa su cui zoppicava era la memoria. Doveva solo ricordarsi il contenuto della zuppa di Gemma, ma sembrava fosse alle prese con la *Divina Commedia*, sudava come un turco, sbuffava come un purosangue alla corda della pista dell'ippodromo di Agnano: « Fla', zuppa di pesce... »

« ... Zuppa di pesce... »

« Pezzogna, scorfano, triglie di scoglio, orate, polpo, totani, calamari, cozze, vongole e fasolari. »

« Sì? E che più? Non vi potevate mangiare quella della Findus che dentro stanno tre pesci in croce? »

« Fla', sei un infedele, meriteresti la decapitazione per il solo fatto di aver pensato una tale mostruosità! Ascoltami bene, il tuo collega cicciobombo ingegnere ci chiederà, sicuro come la morte, che cosa c'era dentro a quella cazzo di zuppa che ha fatto svegliare la sua cazzo di fidanzata all'alba, per venire a passare la cazzo di domenica in Costiera Amalfitana con me e te. E lo chiederà a te. »

Irene fu un'attrice straordinaria: appena lo vide, gli corse incontro, lo chiamò amore mio e gli stampò un bacio voluttuoso che avrebbe resuscitato anche un cadavere. Per portarlo sul suo terreno, la panza felice, lo introducemmo alla gelateria Nettuno, punto fermo di tutti i napoletani di San Pasquale in materia di sorbetti e affini. Gelato alla frutta e brioche di ordinanza. Un capolavoro. Lo avevamo in pugno. Poi, come da mie scientifiche previsioni, mise i suoi occhi in quelli di Flavio e formulò la domanda che avevamo previsto. Furono i dieci minuti più lunghi della mia breve vita, ma il mio amicone, seppur con qualche pausa di troppo, se la cavò egregiamente. Tessori non sospettò di nulla e, prendendo per mano Irene, ci salutò calorosamente, tornandosene felice da dove era venuto. Con Irene ci incontrammo un altro paio di volte, non lo nego. Aveva doti di primissimo ordine, ma l'idea di fare l'altro era fuori discussione. E a dirla tutta anche di fare quello ufficiale. Così, quando lei ipotizzò che avrebbe potuto lasciare il suo uomo per regolarizzare la nostra posizione, le confessai con sofferenza che la mia ragazza, quella che lavorava alla NASA, sarebbe tornata prima di Natale. Fu un ottimo deterrente.

Qualche mese dopo attendevo Flavio presso l'aeroporto di Firenze, dove c'era un workshop per dipendenti delle compagnie aeree nazionali. Io ero arrivato da Verona dove avevo avuto un briefing di direzione, Flavio saliva in bus con i colleghi di Napoli e Roma. Mi allarmai quando chiamandolo al telefono mi rispose a monosillabi. Lo attesi con impazienza. Il primo a scendere dal pullman fu l'ingegner Tessori, mi passò davanti con occhi inferociti sibilando un qualcosa del tipo: « Sei un pezzo di merda ». Compresi che era successo qualcosa, ma non feci in tempo a realizzare cosa che mi trovai di fronte Flavio: feci per abbracciarlo, ma lui mi scostò con freddezza e non mi degnò di uno sguardo. Poi si voltò all'improvviso, mi prese per il bavero e con i suoi occhi azzurri, divenuti glaciali, cominciò a canticchiare, lui stonato come una campana, una canzone di Riccardo Cocciante:

Perché un amico se lo svegli di notte,
è capitato già
esce in pigiama e prende anche le botte
e poi te le ridà

e SCIAFF! mi mollò un ceffone a mano piena.

La fedifraga aveva inopinatamente confessato il tradimento. E anche l'identità dello stronzo con il quale lo aveva consumato, complice incluso. L'ingegner Tessori, ferito nell'onore, approfittò del consesso plenario del pullman, prese il microfono in stile gita del liceo e, dopo un discorso di detti e non detti, accusò Flavio Friguglia, senza mezzi termini, di essere un pappone smidollato, buono solo a tenere il moccolo all'infame del suo amico, che poi ero io. Flavio non mi rivolse la parola per l'intero week-end.

Ci restai malissimo. Così, trovai consolazione in Serena Pratesi da Siena, responsabile di rampa Meridiana a

Firenze Peretola, orgogliosissima sostenitrice della Civetta, contrada sfigata che all'epoca non vinceva un Palio dal 4 luglio 1979. In quell'occasione imparai sul campo che se proprio devi metterti con una di Siena, è meglio se la scegli di una contrada vincente: Giraffa, Oca, Onda, Chiocciola, Istrice per capirci. Altrimenti finisci coi maroni sfrantumati da notti intere trascorse a parlare di zoccoli irregolari, cavalli scossi e malefici patti fra contrade alleate, dall'entrata alla corda fino alla curva di San Martino.

Serena era completamente matta, laureata in giurisprudenza, parcheggiata in Meridiana in attesa di decidersi a entrare nello studio del padre, notissimo penalista, nonché sindaco del Monte dei Paschi. In realtà sperperava i soldi del padre in viaggi e vestiti. Nelle settimane successive continuammo a incontrarci, preferibilmente a Roma, nell'appartamento di Trastevere usato dal padre quando patrocinava al Palazzaccio. Purtroppo, però, la città eterna non ebbi mai l'occasione di godermela: non mettevamo piede fuori dalla porta; solo sano, potente, vigoroso sesso.

Nulla di più.

Serena era particolarmente esigente. Il sabato sera mi concedeva una cacio&pepe e un paio di filetti di baccalà, poi subito a casa, a portare avanti il lavoro. La domenica sera mi trascinavo alla stazione Termini, giusto in tempo per salire al volo sull'ultimo espresso per Napoli, dove arrivavo a notte fonda completamente sfatto, due occhiaie orrende e una sensazione di vuoto pneumatico nel cuore.

7

ESAMI

L'ufficio commerciale raggiunse risultati economici straordinari. A Verona strabuzzarono gli occhi: oltre il cinquanta per cento di biglietti emessi in più rispetto all'anno precedente. In realtà non feci nulla di particolare: approfittai della congiuntura economica favorevole, e per il resto ci pensò il mio essere Zez, lingua sciolta, empatia, attitudine commerciale, condite da una giusta dose di cialtronaggine.

Ma nemmeno questi successi lavorativi furono in grado di donarmi la serenità; era arrivato il momento di rimuovere una grande spina che mi stava trapassando il cuore.

Alzai il telefono, chiamai mio fratello, l'uomo da tutti trenta e lode senza essere secchione. Era a Milano, alle prese con la tesi per la laurea alla Bocconi.

«Carlo, che programmi hai per questa estate?»

«Non lo so, niente di che, pensavo a qualche Valtur in Tunisia o in Turchia.»

«Cancella tutto. Domani ti mando il biglietto per Napoli: io devo finire quella maledetta università anche se non mi serve a un cazzo, e tu sei l'unica persona al mondo che mi può aiutare!»

«Zez, fammi capire, mi stai chiedendo di trascorrere tutta l'estate a studiare con te in quella camera di merda con vista sui bassi, mentre quei tre smandrappati dei tuoi coinquilini si aggirano per il corridoio? Che meravigliosa botta di vita! E la sera? Aperitivo a Cercola e cena a Scampia? »

« Giovanotto, fai poco lo spiritoso, hai capito perfettamente. Ho un mese di ferie a partire da domani: di giorno ci chiudiamo in camera e tu mi imbocchi come un neonato, Politica economica e Finanza d'impresa a cucchiaiate. La sera poi si vede. Ah, la settimana prossima vernissage di Air France che inaugura la rotta per il Charles de Gaulle sul roof dell'Excelsior, portati lo smoking, ma mi raccomando portalo prima in tintoria e fallo scrostare dalla patina di nebbia. »

« Borbone del cazzo, Milano voi la potete solo invidiare. E mandami sto biglietto! Ah, ovviamente in business... »

Passammo tutto luglio nell'afa napoletana a studiare ossessivamente.

Lui discettava, io mi abbeveravo.

Ai primi di agosto ripresi servizio, e allora studiavamo di notte. Ripetemmo gli argomenti fino allo sfinimento, ma davanti a me vedevo finalmente uno squarcio di luce.

Carlo fu straordinario. Se è vera la vulgata secondo la quale i fratelli, a differenza degli amici, non si scelgono e ti prendi quello che viene, posso affermare con certezza che a me è andata di gran culo.

Alla fine dell'estate, come segno di riconoscenza, regalai a Carlo una settimana al Quisisana di Capri. Mi telefonò lamentandosi che era un gineceo di nobildonne ultraottantenni, gli risposi che lo avevo scelto apposta: era l'unico posto dove uno stakanovista asburgico avrebbe potuto cuccare alla grande. Da parte mia continuai a darci dentro, mi presentai alla sessione di settembre sicuro di me, superai i due esami mancanti in rapida serie, tutti al primo colpo. Era fatta. Appena mi alzai dalla sedia dell'ultimo appello chiamai Carlo e scoppiai in lacrime.

« Non è me che devi chiamare. Su, è arrivato il momento di fare quella telefonata. »

Sì, era arrivato il momento.

« Papà, fra dieci giorni mi laureo... »

« Lo so, tuo fratello appena uscivi passava dall'ufficio e mi raccontava tutto. »

« Ecco, vorrei che tu quel giorno fossi al mio fianco. »

« Io sono sempre stato al tuo fianco, anche quando credevi che fossi il tuo peggior nemico. Sapevo che ce l'avresti fatta. Sono orgoglioso di te! »

« Grazie papà! »

Seguì un momento di imbarazzato silenzio, poi Luigi si schiarì la voce e mi disse: « Non torni più a casa, vero? »

« No, papà, non torno più a casa. »

Ebbe un attimo di esitazione, come quando stai per dire qualcosa, ma il magone delle lacrime che stanno per scendere te lo impedisce.

« Ti voglio bene, figlio mio. »

« Anch'io papà... »

Le grandi novità non erano finite. Nel tradizionale giro di funzioni di fine anno si era liberato il ruolo di vicecaposcalo in aeroporto. Fui selezionato per il colloquio, che andò alla grande.

Ero funzionario, a soli ventisette anni.

Lo stipendio era commisurato all'incarico: potevo finalmente realizzare il sogno di andare a vivere da solo. Ero al settimo cielo, anche se abbandonare quella casa condivisa in via Martucci con il suo ineguagliabile carico di varia umanità fu più difficile del previsto. Ma la vita doveva andare avanti. Così presi in fitto un monolocale a via Umberto Maddalena, a due passi dall'aeroporto. Certo, il quartiere era quello che era, per un figlio adottivo di Mergellina era come trovarsi in terra straniera, ma almeno avrei ottimizzato i tempi e dormito qualche ora in più. E soprattutto potevo finalmente assaporare la libertà di una casa tutta mia.

Come numero due dello scalo ebbi un notevole aumento delle responsabilità.

Non ci fu da meravigliarsi, dunque, quando in una tiepida mattina di inverno fui chiamato d'urgenza dal responsabile del check-in. C'era una ragazza preoccupatissima, sull'orlo di una crisi di nervi. Se a Napoli era una giornata radiosa, Monaco di Baviera in quelle stesse ore era sommersa da una tormenta di neve. La direzione del Franz Joseph Strauss ci aveva comunicato che sarebbero stati in grado di mantenere una sola pista aperta, e quindi il nostro Napoli-Monaco sarebbe giunto in Baviera con due ore di ritardo. Quindi, la disperata fanciulla avrebbe perso la coincidenza Lufthansa per la sua destinazione finale: Tel Aviv, Israele.

« Buongiorno direttore, mi chiamo Samuela Coen. La prego, mi aiuti, domani c'è il matrimonio di mia cugina e io sono la testimone di nozze. Non posso mancare per nulla al mondo. »

La parola direttore mi fece salire il sangue al cervello. Di super mega direttore in famiglia ne bastava e avanzava uno.

« Signorina, la prego, sono un semplice caposcalo facente funzioni. Venga con me in ufficio e vediamo cosa possiamo fare. »

E che possiamo fare? Boh?

Telefonai alla direzione voli di Capodichino con scarse speranze: aerei diretti quel giorno non ce n'erano; ai coatti della A stilizzata non avrei chiesto nemmeno un bicchiere d'acqua. Mi rimaneva solo Air France. Rispose Celine Montagnier, la mia omologa in divisa blu notte di Chanel: « Mais oui, Zez, il y a toujours une siège pour toi ».

« Merci Celine, je te remercie. »

« Bene, signorina Coen, sono riuscito a trovarle un posto con Air France via Parigi, il volo parte fra due ore, questa sera sarà regolarmente a Tel Aviv, in tempo per il matrimonio. »

La fanciulla mi fissò con gli occhi di una cerbiatta scampata ai bracconieri, poi si sciolse in un pianto liberatorio, terminato il quale mi supplicò di accettare almeno un caffè.

Samuela Coen, detta Samy, lunghi capelli biondi naturali, occhi celesti come il cielo d'Irlanda in primavera, diversamente alta, ben proporzionata e morbida come un orsacchiotto di peluche. Figlia di ebrei osservanti, dai quali aveva ereditato tre alberghi sulla Costiera Sorrentina. Laurea in Giurisprudenza conseguita in tempi record. Occupazione: ereditiera. Il caffè durò più di un'ora, poi la accompagnai al gate passando dall'ingresso vip, recuperai la carta d'imbarco da Celine, che ricambiai con uno schioccante bacio sulla guancia, e la scortai fino alla porta dell'Airbus bianco con inserti rossi e blu. Prima di imbarcarsi, si appuntò il mio numero di cellulare sul palmo della mano.

E un paio di settimane dopo, mi chiamò: « Ciao Zez, sono Samy, ti ricordi di me? »

« E come non potrei. Allora, com'è andato il matrimonio? »

« Alla grandissima, e solo grazie a te! Alcuni invitati dall'Europa non sono riusciti ad arrivare, io ho raccontato che ce l'avevo fatta perché avevo incontrato un figlio di Abramo che mi aveva aiutato. »

Al « figlio di » mi aveva preso un coccolone, retaggi cattolical-terronici difficili da estirpare.

« Senti, ti va, appena sei libero, di fare una gita a Sorrento, vorrei poter ricambiare la tua straordinaria cortesia. »

« Molto volentieri, venerdì sarebbe perfetto, sono di riposo. Però perdonami, avrei bisogno di farti una domanda, ehm... personale. Non sei fidanzata, vero? »

« Certo che no, ci mancherebbe! Ma perché me lo chiedi? »

Ecco, perché gliel'ho chiesto? Perché sono stufo di storie di sesso senza alcun costrutto! E come glielo spiego? Forza Zez, inventati qualcosa, una paraculata delle tue!!!

« No, è che sei talmente bella che non potevo immaginarti senza uno spasimante. »

« Dai, su, Zez, così mi fai arrossire! Allora va bene, passo a prenderti venerdì alle dieci, puntuale. »

E venerdì arrivò. Alle dieci del mattino, puntualissima, Samy suonò al citofono. Scesi e la vidi: a bordo di una Mazda MX5 spider color rosso fuoco, foulard di seta di Lanvin, occhialoni Gucci alla Rita Hayworth, capelli al vento. Uno spettacolo. Samy guidava il bolide rosso con destrezza, scivolando fluida fra le curve della Costiera che aveva memorizzate fin dall'infanzia. Sorrento era illuminata dal sole del solstizio di primavera, quello che unisce i colori nitidi dell'inverno con l'aria tiepida della natura che si risveglia. Pranzammo al ristorante di uno dei suoi hotel, serviti e riveriti dal personale, l'isola di Capri a stagliarsi magica davanti a noi. A tavola parlammo di vita, di futuro, di lavoro e di amore. Terminato il lauto pranzo, propendemmo per una passeggiata digestiva sul molo, e mentre la luce abbacinante faceva risplendere i magnifici occhi di Samy ci scambiammo un tenero e potente primo bacio.

Il pomeriggio trascorse romanticamente, tra coccole e carezze. A un certo punto, però, mi accorsi che Samy cominciava a guardare nervosamente l'orologio, fissando contemporaneamente il cielo e il sole. Inizialmente feci finta di nulla, poi non ce la feci più e le chiesi sarcasticamente se lavorasse all'Istituto meteorologico dell'aeronautica. Lei mi guardò imbarazzata, ma allo stesso tempo orgogliosa.

« Oggi è venerdì, al calar del sole inizia lo shabbat e io devo tornare a casa » mi disse.

« Lo sha-ché? » risposi da papalino ignorante.

Lo shabbat è la sacra festa del riposo settimanale del popolo ebraico, durante la quale si osserva l'amore assoluto per Dio ed è vietato compiere ogni tipo di attività fisica e di lavoro, anche solo pigiare il tasto dell'ascensore. Dura ventiquattro ore, inizia al tramonto del venerdì e termina esattamente al tramonto del sabato con una preghiera solenne che sancisce la ripresa di tutte le attività. Samy era attesa da Amos, suo padre, per il tradizionale *shashouka*, le uova aperte su uno stufato di pomodori e peperoni.

Nelle settimane seguenti, frequentando Samy, avrei scoperto tutte le contorte regole alimentari che potevano trasformare una cena con lei in un delicato labirinto politico-religioso. La carne, ad esempio: la religione ebraica ammette esclusivamente quella di quadrupedi ruminanti. Va bene, fino a qui, più o meno, ero in grado di identificarli. Ma fra questi solo quelli con lo zoccolo fesso, cioè diviso in due. E qui mi perdevo. Samy dava per scontato che io conoscessi il mondo animale alla stregua di un veterinario. Cercai di spiegarle che per noi cattolici una bistecca è una bistecca e dello zoccolo sulla quale era montata non ce ne frega una beata fava, l'importante è che sia saporita e cotta al punto. E così, una sera, su quello zoccolo inciampai io, come un fesso. L'avevo invitata a cena nel mio pied-à-terre napoletano, per condividere con lei le leccornie spedite da donna Marisa, che da qualche settimana si era spostata nella natia Bari per risolvere la grana dell'eredità della vecchia casa di famiglia: orecchiette, focaccia e braciole di Bari vecchia. Come nostro solito parlammo di tutto, curiosi di scoprirci a vicenda. Samy mi raccontò della sua passione per gli animali, i cavalli in particolare, e del fatto che suo padre Amos le avesse regalato un sauro di nome Romeo, con il quale faceva lunghe cavalcate nel maneggio di famiglia, sulla strada per Agerola. Io ascoltavo interessato, quando di punto in bianco mi chiese: « Tu che rapporto hai con i cavalli? »

Risposi col pilota automatico: « Ottimo, sono buonissimi ».

« Hai ragione, sono veramente buoni. »

« Alcune volte un po' nervosi. »

« Il mio no. È dolce e tenerissimo. »

Cominciai a percepire una strana espressione sul suo volto. Ma feci l'errore di proseguire, indicandole il piatto: « Questa braciola, ad esempio, mia madre l'ha presa da Mimì, a Bari Vecchia, la migliore. Doveva essere tenera e succosa, eppure guarda qua, questo nervo è immangiabile, se ti finisce in gola ci vuole il 118. Con la carne di cavallo ci vuole attenzione, è buona e cara, ma è nervosa ».

A metà frase vidi Samy impallidire, rivoltare gli occhi all'indietro come la bambina dell'*Esorcista* e crollare dalla sedia come un sacco di patate. Per farla rinvenire usai un paio di calzini orrendamente puzzolenti. Si alzò, non mi degnò di uno sguardo, si riassettò, si precipitò alla porta e sparì per una settimana. In un colpo solo, avevo violato la sua religione e il suo amore per i cavalli. Ma io che diamine ne sapevo che il cavallo era l'unico cazzo di quadrupede con lo zoccolo intero?

Vabbè, poi alla fine capì che il mio non era dolo, ma semplice ignoranza da terrone protocattolico. E mi perdonò.

Una carriera in rapida ascesa, una pace tanto attesa conseguita con mio padre, una delicata storia d'amore appena iniziata. Tutto sembrava finalmente girare per il verso giusto.

E invece, come una tempesta tropicale su una spiaggia dei Caraibi, arrivò lei, la cartolina più temuta da tutti i cittadini italiani di sesso maschile della mia generazione. Era di colore verde, quello della speranza, ma, parafrasando il Sommo Poeta nel primo canto dell'Inferno, la speranza si era costretti ad abbandonarla non appena si superava la carraia delle patrie caserme.

Insomma, la Repubblica Italiana reclamava i miei servigi, senza alcuna possibilità di opposizione. E quel che era più grave, rischiavo anche di dover abbandonare Air Alps, proprio nel momento in cui ero lanciato.

Su questo tema mi preoccupai più del dovuto. A Verona, infatti, non fecero una piega. Ai capi piacevo troppo, perciò mi misero in aspettativa non retribuita, tanto, dissero, dieci mesi passano in fretta.

Mi presentai alla caserma Italia di Tarvisio, in un tetro pomeriggio di dicembre. Mi ero rifiutato di viaggiare nella tradotta messami gentilmente a disposizione dal Ministero della Difesa, presi il nostro volo del mattino da Capodichino a Verona, ne approfittai per salutare tutti i colleghi, a terra e in volo, poi noleggiai una macchina e mi avviai verso il confine di Stato, a cento metri dal quale era stata edificata la Caserma Italia.

Fortunatamente nel 1996 la cortina di ferro era diventata di plastica, la Jugoslavia del maresciallo Tito era un lontano ricordo, il nuovo vicino si chiamava Slovenia e al di là del confine non c'erano più carri armati, ma eleganti casinò e fornitissimi postriboli dove arrivavano giocatori incalliti e puttanieri stagionati da ogni parte d'Italia.

La Caserma Italia aveva dunque perso il suo fascino da Fortezza Bastiani. Ci rimasi un mese, durante il quale appresi i rudimenti del mestiere, sparai bombe finte a occhi aperti e proiettili veri a occhi chiusi, sperando che il fucile, reliquia della Seconda guerra mondiale, non mi scoppiasse in faccia, presi tanto di quel freddo che mi vennero i geloni ai piedi, scoprii la millenaria cultura enogastronomica friulana che, a differenza di quella dei cugini della Venezia-Giulia, non si è mai piegata alle prepotenze degli austro-ungarici, andai a sciare. E, lontano da Samy, fui costretto all'astinenza sessuale.

Dopo il giuramento, sotto una tempesta di neve che seppellì papà Luigi, il quale da ex ufficiale istruttore si era sparato mille chilometri in auto pur di vedere suo figlio in divisa, giunse il cablogramma con la mia destinazione definitiva.

Napoli, *ça va sans dire*.

Giunsi alla Stazione Centrale con la tradotta militare, era febbraio ma a me sembrava giugno. Appena scesi dal treno mi tolsi mantella artica e colbacco, abbracciai stretta Samy, che era venuta ad accogliermi, e mi avviai a piedi verso la destinazione finale, il Comando regione militare meridionale presso la Caserma Goffredo Mameli. Mi presentai al comandante, il tenente colonnello Piero Martarelli, soldato tutto d'un pezzo e uomo di grande spessore. Originario di Caserta, mi spiegò che per alcune settimane avrei dovuto affiancare il suo assistente, prossimo al congedo, per poi prenderne il posto.

L'impatto con la Caserma Mameli fu esilarante. Mi

sembrava di aver lasciato l'esercito prussiano per raggiungere quello di Franceschiello: entrai in camerata e vidi che tutti dormivano su materassi veri, avvolti in lenzuola di ogni foggia e colore, portati da casa. La sveglia delle sei e mezzo suonava, ma nessuno, tranne me il primo giorno, scattava dal letto. L'alzabandiera se lo facevano solo i quattro gatti di servizio, tutti gli altri a poltrire in branda. Ufficiali e sottoufficiali arrivavano comodamente dalle otto in poi, facevano colazione in mensa e poi si facevano i cazzi loro per tutto il resto della giornata.

Mi adeguai rapidamente ai ritmi della nuova caserma. Lavoravo con relativa abnegazione nelle ore previste, poi saltavo sul primo treno per Sorrento e correvo da Samy. Pomeriggio di coccole, cena assieme, rientro in caserma a tarda serata, tanto qualcuno che mi aprisse la carraia dopo il silenzio lo avrei sempre trovato.

Insomma, a poco a poco stavo trovando la mia nuova dimensione anche nella vita con le stellette. Dopo mesi in apnea finalmente stavo ritornando a respirare. Ecco perché mai mi sarei aspettato quella telefonata di Samy: « Zez, sto venendo a Napoli, ti devo parlare, è molto importante ».

Che diavolo era successo?

Prenotai un tavolo da Pasqualino a piazza Sannazaro, quello della mia adolescenza, sperando che mi portasse bene. Quando arrivò con la sua spider, Samy non aveva il suo solito sorriso, ma non sembrava nemmeno turbata. Ci baciammo con passione, ordinammo due margherite e una Peroni familiare. Lei andò subito al punto.

« Zez, mio padre ha acquistato due alberghi sul lungomare di Tel Aviv. Potenzialmente sono due miniere d'oro, il turismo balneare in Israele sta crescendo tumultuosamente. Mi ha chiesto di occuparmi personalmente dell'avviamento, lui deve rimanere in Italia per curare una serie di faccende urgenti. Non posso dirgli di no, lo sai, no? »

Rimasi in silenzio ad ascoltarla senza risponderle. Lei continuò: « Certo, staremo lontani per qualche settimana, ma dopotutto tu hai ancora diversi mesi da mezzo recluso servitore della patria, non sentirai la mia mancanza... »

« Samy, mentirei se ti dicessi che questo tuo incarico mi rende felice, ma non potrei mai oppormi. Anche perché tu, diversamente da me, hai un padre che ti stima anche dal punto di vista lavorativo. Il mio mi adora ma pensa che io stia giocando con gli aeroplanini. Comunque mi mancherai, eccome. »

La settimana dopo la accompagnai a Capodichino, e colsi l'occasione per salutare amici e colleghi. Grazie al mio tesserino riuscii a seguirla fino al gate della EL AL, le linee aeree israeliane. Ci scambiammo un lungo abbraccio. Poi corsi nel mio vecchio ufficio, mi affacciai al finestrone e attesi che il fiammante Boeing 737 bianco con la stella di Davide sul timone staccasse il carrello in direzione est. In quel preciso istante, però, fui sopraffatto da una sensazione di angoscia opprimente: una voce che partiva dal profondo del cuore mi stava dicendo che non l'avrei mai più rivista. Rimasi a guardare il cielo per alcuni interminabili minuti, poi mi riscossi dal torpore e tornai in caserma.

Le prime settimane Samy mi chiamava ogni giorno,

raccontandomi le sue impressioni sulla sua patria di origine, che prima di allora non aveva mai avuto occasione di vivere appieno. Mi confessò di essere sommersa da una mole di lavoro impressionante. La riconversione dei due hotel verso standard più tipicamente occidentali si era rivelata assai più complessa di quanto preventivato. Col passare dei giorni la sua voce si fece via via sempre più stanca e anche le telefonate pian piano si diradarono. Lei sosteneva di non riuscire a chiamarmi a causa dell'impegno sovrumano da quasi venti ore al giorno; eppure io sentivo che qualcosa si stava rompendo. Ma è possibile che non trovasse dieci minuti per me nel corso della giornata? Chi ero veramente io per lei? Più ci rimuginavo sopra, più l'angoscia che mi aveva avvolto all'aeroporto si ripresentava, sempre più forte.

In teoria, Samy sarebbe dovuta rientrare in Italia ai primi di agosto, ma nelle brevi telefonate di luglio non fece alcun cenno al rientro. Finché, un giorno: « Zez... »

« Samy... »

« Zez, non credo di riuscire a tornare ad agosto. »

Lo sapevo!

Non reagii. Lei prese coraggio e proseguì: « L'impegno umano e finanziario della mia famiglia in questa avventura si è rivelato molto superiore al previsto. Amos mi ha nominato amministratore delegato della società che gestisce i due alberghi. Sono l'unica persona al mondo di cui si fida ciecamente ».

« Ma... »

« Zez, lo so cosa stai pensando. Ma sono sua figlia. »

« E io? Io chi sono? »

« Tu sei l'uomo che amo e l'amore è più forte di qualsiasi distanza. »

« Samy, smettila, non sono un bambino. Tu pensi veramente che la nostra relazione possa proseguire a duemila chilometri di distanza con due fusi orari e l'intero Mediterraneo di mezzo, vedendoci ogni sei mesi alle feste comandate, che tra l'altro le mie sono pure diverse dalle tue, sopravvivendo in attesa di quei fugaci momenti che la vita ci concederà? No Samy, *hic et nunc* Samy. »

« Ma... »

« Io voglio vivere qui e adesso! »

« Zez, lo sai, non posso tradire mio padre. »

« Samy, io non ti sto chiedendo di tradire nessuno. La tua vita è soltanto tua. Ma sappi che ogni scelta scatena una serie di conseguenze che bisogna essere pronti ad affrontare. »

Dall'altro capo del filo avvertii un silenzio cupo. Era un silenzio di sofferenza, un silenzio di dolore, il silenzio di chi avrebbe dovuto scegliere. Samuela era sulla torre: Amos e io al suo fianco, il gioco prevedeva di salvarne uno e gettare di sotto l'altro.

E lei stava gettando me.

« Samy, fai ciò che devi fare, ma non mi chiedere di aspettarti a tempo indeterminato. Non lo farò. »

A queste parole avvertii distintamente dei singhiozzi soffocati, come se stesse trattenendo un pianto irrefrenabile.

« Ciao Zez... »

« Ciao Samy... »

Ci sentimmo ancora per qualche settimana, e ogni telefonata era solo di promesse non attendibili, lacrime e rimpianti. Uno stillicidio senza senso. La pregai di non chiamarmi più.

Così fece.

Furono settimane molto difficili, venate di rabbia, solitudine e malinconia. Ancora una volta avevo affidato il mio cuore a una donna che non aveva saputo, o forse in questo caso potuto, custodirlo. E in più c'erano altri cinque mesi di inutile naia prima di rientrare in possesso della mia vita.

L'età stagionata abbinata al declassamento regolarmente certificato dall'ospedale militare mi consentivano di partecipare alla vita amministrativa della caserma e scansare quasi interamente le attività più strettamente militari: niente marce, niente guardie faticose, niente piantoni, niente di niente. Ma a qualcuno la cosa non andava giù. Il tenente Nacci era un ex maresciallo che aveva raggiunto il grado solo grazie a un concorso interno, e si vedeva. Dell'ufficiale non aveva nulla. Era ignorante, arrogante, prepotente. E mi odiava: ai suoi occhi gretto-proletari, risultavo essere solo uno sfaticato figlio della ricca borghesia della capitale del regno. Per lui divenne un punto d'onore coinvolgermi nell'operatività militare vera e propria. Per puro quieto vivere accettai solo due impegni: una settimana al mese a gestire la porta carraia e un giorno al mese a dirigere la guardia al rudere dell'Ospedale Murillo.

La porta carraia era il lavoro perfetto per me: dovevo solo spingere un bottone. La mattina presto bloccavo la macchina del pasticciere che portava i cornetti ancora caldi per la colazione in mensa ed esigevo l'assaggio come tassa di passaggio. Poi mi immergevo in sane letture, lasciando i comandi al mio sottoposto. Nel pomeriggio sonnecchiavo e infine mi accendevo la tv cinque pollici, di mia strettissima dotazione, per seguire partite di calcio, open di tennis e Giro d'Italia, a seconda della stagione. Musica bandita, anche perché i miei gusti musicali erano decisamente differenti da quelli dei miei sottoposti, che si presentavano sempre armati di ottime intenzioni e di stereo portatile da cinquecento watt, ma crollavano miseramente al momento di inserire la musicassetta nell'apposito comparto: solo ed esclusivamente musica neomelodica. Un giorno ero di servizio con il fante Gargiulo, loquace diciottenne della Pignasecca, alto e allampanato, dotato dell'arguzia tipica dei ragazzi dei Quartieri Spagnoli. Mi disse che ci avrebbe tenuto moltissimo a farmi sentire alcuni pezzi di un cantante giovane che si stava affermando in città, soprattutto nel mondo dei matrimoni e delle cerimonie. Lo guardai con sufficienza, ma poiché mi era simpatico mi parve brutto smontare il suo entusiasmo senza ascoltare nemmeno un verso, così acconsentii. Lui, felicissimo, inserì la cassetta nello scomparto: dopo i fruscii tipici delle audiocassette, ebbe inizio una litania in napoletano arcaico, avente a oggetto una storia d'amore e di corna, che non mi suscitò alcuna emozione, tranne una perfida ilarità. In una macedonia di luoghi comuni riferiti a un mondo lontanissimo dal mio, fui colpito da alcuni preziosi assoli al pianoforte che mal si coniugavano con la grettezza del testo.

« Nè, Gargiù, ma chi è stu scemo? »

« 'O Zè, comme chi è? Nun te piace? È impossibile, è troppo bravo. »

« Gargiù, è inascoltabile! Ora, al di là che la vostra musica etnica mi fa veramente schifo, gli assoli di pianoforte sono notevoli. Levami una curiosità: ma chi hanno pigliato a suonare il piano? Fryderyk Chopin? »

« Sciopèn? No, ma quale Sciopèn! E poi chi è stu Sciopèn? Lui si chiama Gigi D'Alessio, 'O Zè, diventerà un grandissimo. »

« Gargiù, ma vafanculo, tu e isso! »

Quando, pochi anni dopo, lo vidi sul palco di Sanremo, compresi che non avrei mai avuto un futuro da discografico.

La direzione della guardia al complesso della Ss. Trinità delle Monache, nome di battaglia « Murillo », si dimostrò affare ben più tosto. Per comprendere appieno i fatti che seguirono è opportuno spiegare i motivi per i quali uno sparuto drappello di soldati di leva doveva occuparsi della sicurezza di un ex monastero. La prima chiesa di quello che diventerà un enorme complesso ecclesiastico era stata completata nel lontanissimo 1536, nella parte alta dei Quartieri Spagnoli, appena sotto la certosa di San Martino. La costruzione era proseguita nei secoli successivi, affidata a un direttore dei lavori di primissimo piano, l'architetto Cosimo Fanzago, il Renzo Piano del Seicento. Alla fine del Settecento, Napoleone, l'anticlericale per eccellenza, in trasferta a Napoli, fece sloggiare le suore e requisì il complesso, trasformandolo in ospedale militare per le sue truppe. Al termine dell'occupazione francese, i Borboni si guardarono bene dal restituirlo alla Chiesa e continuarono a utilizzarlo come centro di cura per l'esercito, destinazione che il complesso mantenne per altri duecento anni, passando per Monarchia e Repubblica Italiana, fino al 1992, quando fu definitivamente dismesso. La responsabilità del rudere rimase però al Ministero della Difesa e qualche anno dopo toccò « difenderlo » proprio a me. Il drappello di guardia era composto da quattro uomini, un graduato e tre soldati, e rimaneva operativo ventiquattro ore continuative. Avevamo a disposizione una casupola che fungeva da ufficio e alloggio, con un'ampia cucina che dava su un terrazzo soleggiato a picco su via Santa Lucia a Monte, trafficatissimo vicolo dei Quartieri Spagnoli. La guardia al Murillo in sé non comportava alcuna difficoltà, ma solo se ti attenevi alle disposizioni non ufficiali che ti venivano passate dai tuoi predecessori all'atto delle consegne ogni mattina. Il giardino dell'Ospedale Murillo – oggi parco dei Quartieri Spagnoli – e il rudere del Cinquecento venivano regolarmente utilizzati dai clan della zona come magazzino di armi e droga. La comodità risiedeva proprio nel fatto che l'ospedale era affidato al Ministero della Difesa e non a quello dei Beni Culturali, poiché noi non avevamo alcun potere di polizia militare. Dovevamo limitarci a fare la guardia alla struttura e non a difenderla da chi, quella struttura, la utilizzava illegalmente da decine di anni. Il comandante fu chiaro sin dal primo incarico: « 'O Zè, ti ho spiegato la situazione, vai là, chiudetevi dentro e nun facite strunzate ».

Devo ammettere che durante la bella stagione le giornate trascorrevano alla grande. La mattina rapido giro di ispezione, poi prima birretta sul terrazzo. Ecco, i rifornimenti di generi di conforto erano il pezzo forte della location: esattamente sotto al terrazzo era situata la panetteria Romano, gestita dalla signora Adele, una deliziosa cinquantenne dotata di vispo spirito commerciale. Adele aveva compreso che esattamente sopra di lei si celava una gallina dalle uova d'oro, ovvero quattro giovanotti affamati irresistibilmente attratti dagli aromi che si sprigionavano dal piano di sotto. I miei predecessori scendevano di persona ad approvvigionarsi, ma presto si resero conto che poteva essere operazione rischiosa, poiché comportava, a norma di regolamento, abbandono del posto di guardia, reato per il quale il codice penale militare, al quale eravamo sottoposti, prevedeva addirittura il carcere a Gaeta. Ora, finire a Gaeta per uno sfilatino imbottito, una pasta cresciuta e un sartù di riso era davvero eccessivo. Adele risolse l'*empasse* dotando la guarnigione di un panierino, che veniva calato a ogni bisogno della truppa e riempito di ogni ben di dio a prezzi decisamente popolari. Il pranzo luculliano era seguito da un pomeriggio di guardia, nel senso che tre di noi andavano a onorare la controra borbonica con una bella siesta e il più giovane rimaneva a guardarci dormire. Il tardo pomeriggio era lasciato libero alle inclinazioni di ciascuno: chi leggeva, chi dipingeva, chi si annebbiava con la maria, chi si uccideva di seghe in bagno con le copie di *Le Ore*, in dotazione settimanale al drappello. Ma quando le prime ombre della sera calavano sulla vecchia Partenope, ecco che scattava il coprifuoco. Ci chiudevamo dentro a doppia mandata e ci accomodavamo davanti alla tv, dove ci saremmo addormentati pigramente mentre all'esterno i soldati di quell'altro esercito avrebbero comodamente preso possesso della struttura, utilizzandola per i loro traffici.

L'Ospedale Murillo, però, fu anche lo straordinario teatro di una fugace, quanto intensa, passione, che mi distolse almeno per qualche settimana dal pensiero fisso della storia terminata con Samuela. Un giorno fui chiamato dal comandante Martarelli nel suo ufficio, dove trovai diversi ufficiali a me sconosciuti e alcuni tizi in borghese, che, chissà perché, scambiai per agenti del Sisde. Quando il comandante mi si rivolse in tono perentorio e formale, capii che c'era puzza di bruciato: « Caporale, la sezione patrimonio artistico del Ministero della Difesa, qui rappresentata dai Tenenti Boccuzzi e Cifariello, ha deciso di concedere alla facoltà di Architettura della Federico II una serie di giornate in cui effettuare i rilievi alla cripta della cappella nei sotterranei del complesso monacale, ove pare ci siano affreschi originali del Seicento. Ma poiché il gruppo di studentesse non può muoversi liberamente all'interno di una zona militare, avremmo pensato a lei come graduato accompagnatore ».

Altro che Sisde, i civili erano professoroni universitari! A riunione terminata, un interminabile battere di tacchi annunciò l'abbandono della stanza di tutti i presenti.

Stavo uscendo anch'io, quando mi sentii tirare di soppiatto per un braccio. Era il comandante, che tornò al vernacolo: « Io 'o saccio che sto mettendo 'a pazziella in mano 'a criatura, ma tu sei l'unico presentabile di questa manica di tamarri. 'O Zè, nun fà 'o strunzo, che te tagli'e palle con la baionetta della divisa di gala ».

La mattina mi feci trovare puntualissimo sulla carraia di ingresso del Murillo ad accogliere la studentessa che mi era stata assegnata.

Simona Bencivenga, classe 1975, secondo anno di Architettura, indirizzo storico-artistico, posillipina di via Orazio, alta, snella, elegante, occhiali da miope con montatura di tendenza, capelli castani lunghissimi legati in una vezzosa coda alta, Vespa 125 bianca che guidava irta sulla punta del sedile, segno distintivo di tutte le figlie di Posillipo alto. Comprese subito che non avevo nulla in comune con quella mandria di buzzurri in divisa e che ero stato momentaneamente e incautamente sottratto alla vita civile per motivi esclusivamente dettati dalla Costituzione della Repubblica.

Le feci strada con la torcia per scendere nella cripta. Appena arrivati giù emanò un gridolino di giubilo: aveva trovato il suo tesoro. In realtà del dipinto restavano solo poche ombre, che io avrei preso per una macchia di umido sul muro. Lei però rimase a contemplarlo per un tempo indefinito, immobile, il viso leggermente piegato sulla sinistra, la punta della matita in mezzo alle labbra, a smorzare un'eccitazione, oserei dire fisica, ancorché mentale.

Venne al Murillo diverse volte e nelle ore trascorse fianco a fianco si creò un gran bel feeling. Purtroppo, dopo circa un mese mi comunicò che i rilievi erano terminati e che quello sarebbe stato il suo ultimo giorno in cripta. Bisognava festeggiare, le dissi, e la invitai quella sera stessa a cena fuori. Accettò all'istante.

La scelta cadde su Reginella, una terrazza a picco sul mare di Posillipo, pianobar, luci soffuse, cucina di alto livello. Lei arrivò in taxi, elegantissima: tailleur nero, trucco appena accennato, coda di cavallo fermata con cura, ai piedi due meravigliose pumps dall'inconfondibile suola rossa di monsieur Louboutin. Appena la vidi entrare le andai incontro e mi inchinai per sfiorarle delicatamente la mano con le labbra. Le scostai la sedia, lei si accomodò, accavallò le gambe con pregevole malizia, attese che prendessi posto anch'io e poi, con studiata sensualità, si sciolse la coda, lasciando che i capelli le cadessero morbidamente sulle spalle, emanando un delicato sentore di albicocca.

Sarà stata la sera tiepida, le luci di Capri in lontananza, la volta di stelle come tetto, le prelibate linguine ai frutti di mare dello chef, ma la serata prese ben presto una svolta ben definita, quella che avevo sognato dal primo momento in cui l'avevo conosciuta.

Giunti al dolce optammo per un cannolo siciliano alla ricotta bagnato da un moscato di Pantelleria. Il cameriere lo posizionò al centro del tavolo. Lei a quel punto mi fissò negli occhi, infilò il dito nella ricotta, e sempre senza staccare il suo sguardo dal mio lo portò alla bocca e lo succhiò avidamente.

Fu come gettare un cerino acceso in una fabbrica di fuochi d'artificio.

Una volta esploso il sentimento, tuttavia, mi si pose il problema di dove consumare quella passione. Casa sua era a due passi, ma lei viveva con i suoi. Impraticabile. Il monolocale di viale Maddalena non lo presi nemmeno in considerazione: una posillipina non supera i confini del Vomero. Serviva un *coup de théâtre*: mi chiesi cosa avrebbe fatto Diego Armando al mio posto e la lampadina mi si accese subito: porsi il braccio destro alla fanciulla e mi diressi verso il Paradiso, inteso come l'hotel sulla collina di Posillipo dove Maradona trascorreva le sue serate con le sue concubine occasionali.

Vivemmo una notte di folle passione, finestra aperta sul Golfo e Napoli ai nostri piedi. La mattina dopo, a sole già alto, tastai sul letto per riassaporare il corpo di Simona, ma non lo trovai. In compenso c'era un biglietto: CAPORALE, È STATA UNA NOTTE INDIMENTICABILE, MA IO HO UN COMPAGNO E UNA VITA AI QUALI NON VOGLIO E NON POSSO RINUNCIARE. SEI STATO FANTASTICO, MA TI PREGO, NON CERCARMI PIÙ!

Mi ritrovai al buffet della colazione.

Solo.

La tazzina dell'espresso in mano, e quattrocentomila lire di conto in reception.

Una pornostar mi sarebbe costata di meno.

La vita in caserma aveva i suoi riti e le sue abitudini, ma ogni tanto potevano accadere episodi talmente assurdi da sembrare irreali. In un bollente e sonnacchioso pomeriggio di un venerdì di mezza estate, il comandante Piero Martarelli e io eravamo in ufficio a sbrigare le ultime pratiche della settimana lavorativa. Nessuno dei due aveva fretta. Lui aveva moglie e famiglia al mare, io l'indomani ero di guardia in carraia, a godermi la caserma vuota del fine settimana e farmi una sana e ricostituente dormita, ma sempre dopo essere passato da Mimì, a piazza Nazionale, per il miglior calzone ricotta e ciccioli di Napoli.

All'improvviso, dalla finestra aperta sul silenzio del piazzale deserto, salì un'imprecazione blasfema seguita da uno sbattere di portiere. Inizialmente non ci facemmo caso e continuammo nelle nostre faccende. Poi però ci giunse una voce agitata e perentoria: « Omm'e merda! Addò cazzo stai??? »

Il comandante e io ci guardammo e all'unisono decidemmo di andare a vedere. Dalle urla belluine che ci giungevano compresi subito che quella sera il calzone di Mimì avrebbe dovuto attendere e anche parecchio. Si stava prospettando quella che, molti anni dopo, Antonio Manzini e il suo vicequestore Rocco Schiavone avrebbero definito una rottura di coglioni del decimo livello. Nel piazzale deserto troneggiava un'ambulanza proveniente dall'Ospedale militare di Caserta, con accanto l'autiere, sigaretta in mano ed espressione assente, e l'infermiere, esagitato e bestemmiante come un camallo genovese: « Petrellese!!! Petrelleseeee! Iesce a fore che quant'è vero santo Bastiano si te truovo t'accire!!! »

Innanzitutto, mi parve fuori luogo l'appello a tale Bastiano, quando eravamo nel territorio indiscusso di san Gennaro.

Lo feci notare al comandante, che rispose: « 'O Zè, parla di femmine, viaggi e pallone, ma lascia stare i santi. San Sebastiano è il santo patrono di Caserta. È uno potente! Iamm'a verè che cazz'è successo ».

Era successo che il fante Petrellese, in cura presso il reparto psichiatrico dell'Ospedale militare di Caserta da oltre sei mesi, era stato beccato a giocare a poker in una bisca clandestina organizzata nottetempo nel reparto di urologia, per di più con un malloppo di lire che tradiva una evidente capacità di logica e pensiero ben superiore alla media – oltre che un gran culo –, elementi clinici che mal si coniugavano con la patologia che il suo medico curante gli aveva diagnosticato. Immediatamente era stato dichiarato abile e arruolato e assegnato alla nostra scalcinata caserma, ove avrebbe dovuto ricominciare daccapo i dieci mesi di naia, non avendo prestato servizio nemmeno un giorno. Appena arrivato, però, Petrellese aveva approfittato di un momento di distrazione dell'infermiere accompagnatore, che si era fiondato allo spaccio per un rigenerante caffè, e della totale abulia dell'autiere, e si era dileguato nel nulla. Però, ragionandoci, eravamo pur sempre in una caserma, da dove era facile uscire, ma solo per gli *habitué* come il sottoscritto. L'infermiere era disperato perché, non avendo ancora raccolto la firma sul modulo di consegna dall'ufficiale di picchetto, la responsabilità della fuga era interamente sua. E così, dopo averlo vanamente consolato, il mio capo fece valere i gradi e con piglio autoritario decise di cercare il fuggitivo. Peccato che non avesse la benché minima idea di dove cominciare le ricerche; la caserma era grande e, soprattutto, deserta, quindi era impossibile sperare in qualcuno che lo avesse visto. Mi guardò con aria interrogativa, io gli risposi con aria assertiva di non pensarci proprio a contare su di me. Ma poi, per puro spirito di servizio, unito a una buona dose di affetto, gli assicurai massima collaborazione. Durante l'operazione si unì a noi il maresciallo Sannino, il responsabile della mensa, quel giorno stranamente di servizio. Era originario di Nocera Inferiore, maneggione come pochi, grande esperto di parmigiano reggiano, che sistematicamente faceva sparire in forme intere, non appena arrivavano dal nostro fornitore di Fidenza.

Cercammo in ogni singolo pertugio, ma di Petrellese si era persa ogni traccia. Dunque, cominciò a farsi strada l'ipotesi che se la fosse data a gambe. Anche perché, vista la sua avversione per la divisa, non avrebbe avuto senso rimanere nel posto che più odiava al mondo. Ci ragionai su: quando un giovane uomo italiano è in una situazione di difficolta qual è il primo luogo ove pensa di andare a rifugiarsi? Semplice, da *mammà*. Controllammo sul foglio matricola luogo e indirizzo di residenza, Casoria, non lontanissimo, ma nemmeno dietro l'angolo. A piedi certo non ci sarebbe arrivato, ma avrebbe potuto prendere un autobus di linea. Riferii la mia teoria al comandante, lui aggrottò un ciglione dei suoi, poi disse che sì, l'ipotesi era valida. Ci serviva una macchina ma l'unica disponibile era la sua Uno verde di servizio, situata nel parco auto sul retro. Il comandante si materializzò all'improvviso davanti all'autiere, purtroppo dormiente, diede una manata tremenda al parabrezza, e il malcapitato saltò in aria strabuzzando gli occhi. Inizialmente non comprese chi fossero gli invasati che stavano irrompendo nell'auto, tre in mimetica e uno vestito da sanitario, poi riconobbe il suo signore e padrone. Allora provò a riassettarsi la camicia del *drop*, l'abito di servizio, ma ancora una volta non fu abbastanza rapido. Il tenente colonnello Martarelli lo prese per il collo e lo scaraventò fuori dal posto di guida senza la minima delicatezza, mise in moto e, con un'unica sgommata fumante, arrivò alla carraia dove era di servizio un caporale della compagnia del tenente Nacci, il quale, vedendoci arrivare trafelati e in orario non consono, tenne la sbarra abbassata e con fare impavido chiese: « Parola d'ordine! »

« 'A bucchina 'e mammeta! » sentenziò tutto d'un fiato il comandante.

Dopo aver sfiorato la colluttazione fisica e la corte marziale, il caporalino comprese che era opportuno alzare quella sbarra, noi voltammo a destra su via Colonnello Lahalle e poi a sirene spiegate verso piazza Carlo III, dove giungemmo dopo aver rischiato l'osso del collo a ogni incrocio. Da quella piazza, infatti, transitavano gli autobus destinati a Casoria. La fermata era giusto all'ombra del Real Albergo dei Poveri. Mi capitava spesso di passare da lì, diretto verso via Foria, dove, esattamente di fianco all'Orto Botanico, servivano la migliore zuppa di cozze della città, quella di Corrado, un fondo di *freselle* inzuppate nel sugo di cozze e pomodoro, sovrastato da una smisurata quantità di tarantine enormi, a loro volta sepolte da callosi pezzi di polpo in umido e da una generosa spolverata di pepe, che Corrado sosteneva di procurarsi da un non ben specificato mahārājà indiano amico suo.

Il Real Albergo dei Poveri, che si riusciva a intravedere anche dai tavoli all'aperto della terrazza di Corrado, era un edificio affascinante, che rappresentava fisicamente il grande cuore dei napoletani. La sua costruzione ebbe inizio nel 1751 e in pratica non fu mai completato perché il progetto era talmente imponente che il regno dei Borboni tramontò prima di vederlo realizzato. Resta comunque il palazzo settecentesco più grande al mondo, creato appositamente per ospitare tutti i poveri del Regno che giungevano nella capitale a cercar fortuna. Anche quel pomeriggio non potei fare a meno di contemplarne l'architettura severa, ma fui subito ridestato da un ruggito del comandante che mi richiamava al dovere. Provammo a dare un'occhiata in giro, ma era come cercare un ago in un pagliaio. Eravamo in un *cul de sac*. A quel punto o mollavamo il colpo oppure arrivavamo fino in fondo. Il tenente colonnello Martarelli, che sognava un momento così dalla scuola ufficiali di Cesano Romano, optò, ovviamente, per la seconda opzione e chiese perentorio: « Addò stà 'e casa stu strunzo? »

In quel preciso istante compresi che il mio tranquillo pomeriggio di mezza estate stava per trasformarsi in una caccia all'uomo dai sordidi auspici.

« Comandante, lei lo sa che notificare la ferma e prelevare i renitenti alla leva è compito dei carabinieri, vero? E che noi non possiamo svolgere alcuna funzione di polizia militare, vero? »

« 'O Zè, statte zitto! È un mio soldato, e in caserma ce lo riporto io! »

Non ebbi la forza di replicare.

Dopo meno di mezz'ora arrivammo a Casoria, dove ville hollywoodiane sorgevano al fianco di catapecchie cadenti. Piero Martarelli cominciò a farneticare delle impressionanti somiglianze tra Casoria e Beirut, dove da giovane sottotenente di prima nomina raccontava di aver fatto parte delle forze d'interposizione ONU al comando del generale Angioni. In realtà era stato a Bayreuth, in Germania, come uditore a un interforze NATO. Evitai la puntualizzazione e mi limitai a ricordargli che a Beirut le case crollavano per le bombe, a Casoria perché mettevano la sabbia nel cemento armato. Giunti a destinazione, via Roma 32, lanciai un'occhiata al maresciallo Sannino, che tirò fuori una grinta inaspettata. Mise la mano sulla fondina e con aria grave, gridò: « State indietro, ci penso io! »

A quelle parole pensai a un'irruzione armi in pugno, in realtà tirò fuori solo il dito indice, quello che usava per assaggiare il parmigiano, e lo premette sul citofono.

Rispose una voce femminile dal tono risoluto: « Chi è? »

« Esercito Italiano! Stiamo cercando il fante Ciro Petrellese, renitente alla leva. »

A quelle parole si scatenò il finimondo. La signora, al secolo la mamma del fuggiasco, mollò il citofono e corse alla finestra da dove ci riservò un intero dizionario di insulti e improperi, talmente numerosi e vari da lasciare persino noi a bocca aperta, ammirati dalla straordinaria ricchezza della lingua napoletana. Rimanemmo inebetiti a guardarla, a faccia in su, senza aver il tempo e il modo di replicare. Ma quando sembrava che il peggio fosse passato, ecco il colpo di scena finale: una voce roboante scese dal cielo. No, non esageriamo, non era nostro Signore, era il fante Ciro Petrellese, che dal tetto della palazzina, annunciava urbi et orbi: « Nun ve muvite! Sennò me jett'a copp'abbascio. Je so pazzo, vuie 'o sapite ca je so pazzo ».

Silenzio glaciale.

Tutta via Roma si era radunata e al contempo paralizzata, a osservare Petrellese. Il guanto di sfida alla Repubblica Italiana era lanciato ed era necessaria una ferma risposta per non ledere la dignità della divisa che indossavamo. A quel punto l'irruzione e l'arresto in flagranza di reato si prospettavano come scelta obbligata. Ma in quel momento ebbi una illuminazione: « Comandante, ma a noi che ce ne fotte 'e stu scemo? La soddisfazione di averlo rintracciato ve la siete levata, ma adesso lasciamolo perdere, torniamo in caserma, facciamo la denuncia ai carabinieri. Se la vedono loro. E noi ci andiamo a fare un grande calzone da Mimì. Offro io ».

« 'O Zè, prosciutto e fiordilatte o ricotta e *cicoli*? »

« Comandante, domanda retorica: ricotta e *cicoli*, ovviamente... »

Martarelli prese fiato come per dare un ordine perentorio: « Maresciallo Sannino! »

« Comandi, colonnello. »

« Levammo mano, jammuncenne. »

E infine, passando improvvisamente alla lingua di Dante, alzò gli occhi al cielo e disse: « Signora, mi viene difficile immaginare come lei possa insegnare l'educazione civica e le buone maniere a suo figlio, ma sappia che un giorno l'Esercito Italiano ne farà un bravo soldato e un onesto cittadino. I migliori ossequi ».

E mentre le ultime case fatiscenti di Casoria lasciavano spazio ai primi palazzoni decadenti della periferia della vecchia capitale del regno, telefonai a Mimì per prenotare un tavolo per due, assicurandomi che i *cicoli* non fossero finiti.

8

EFFLUVI

A Verona avevano ragione, i dieci mesi di naia volarono in un soffio. Quando passai a salutare Piero Martarelli, finimmo per piangere come due scemi. Mi ero ripromesso di tornare a trovarlo, ma non ne ebbi mai il tempo. Il giorno dopo il congedo mi presentai al caposcalo di Capodichino per riprendere le mie funzioni e al suo fianco trovai il capo del personale, che non si muoveva mai da Verona senza validi motivi. Un brivido gelido mi percorse tutta la schiena. Quando mi disse di accomodarmi ebbi la certezza che qualcosa non andava. Partì dal solito sermone che fanno gli *human resources* quando ti vogliono fottere e dopo un lungo e tortuoso giro di parole arrivò finalmente al doloroso dunque: il mio posto non c'era più, nel senso che lo avevano dato a un altro, che stava facendo bene e che non avevano nessuna intenzione di mandare via. Tuttavia, proprio nel momento in cui stavo per vomitargli addosso tutta la mia rabbia e la mia delusione, il dirigente veronese se ne uscì con il fatidico « ma... »

« ... Ma in realtà non sono sceso fino a Napoli solo per portarti una cattiva notizia. Il consiglio d'amministrazione della scorsa settimana ha deliberato una espansione su alcuni mercati esteri. Avremmo individuato una prima base da aprire ex novo: Parigi. Andiamo al Charles de Gaulle! »

« Parigi??? Gli slot al Charles de Gaulle costano uno sproposito. Avete fatto tredici al Totocalcio? Oppure vi siete venduti la casa di Giulietta, quella santa donna? »

« Giuliani, Air Littoral ha portato i libri in tribunale, lasciando liberi i suoi slot per turboelica, che ad Air France non interessano. Li possiamo prendere a un buon prezzo. E avremmo pensato a te come caposcalo. »

« Avete pensato a me? Ma voi siete matti? Datemi un motivo, uno solo, perché un viaggiatore debba volare sui nostri trabiccoli, quando può scegliere gli Airbus di Air France o di Alitalia, mille volte più comodi e silenziosi. Su, dai! È come andare a vendere ghiaccio agli esquimesi. »

« Peccato. Ti avremmo offerto una foresteria e uno stipendio proporzionato al costo della vita locale. »

Aspetta un momento...

« Di grazia, e la casa dove precisamente? »

« A Roissy. »

« Sì, vabbè, ciao... »

« Le Bourget? »

« Per carità... »

« Clichy? »

« Acquaaaaa! »

« Pigalle? »

« No! Operà! Prendere o lasciare! »

Qualche secondo di silenzio, poi: « Quindici metri quadri, non uno di più e niente buoni pasto ».

« Affare fatto! »

Dieci giorni dopo mi affacciavo da un lucernaio di un minuscolo monolocale all'ultimo piano di un meraviglioso palazzo del Settecento di boulevard Haussmann, sullo sfondo la basilica del Sacro Cuore a benedire un salto nel vuoto, umano e lavorativo.

Le prime settimane furono realmente dure. In aeroporto dovevo costruire tutto da zero. Umanamente ero in un paese nuovo, con una lingua diversa e una cultura tutta da scoprire; mi mancavano gli amici, mi mancava la famiglia, mi mancava casa. Insomma, me la stavo facendo sotto.

La mansarda era deliziosa, ma un po' disadorna e troppo silenziosa. Così andai subito alla FNAC e acquistai uno stereo, di quelli tipici degli anni Novanta, con due casse enormi che occupavano mezza casa e pompavano di brutto. Grazie a questo aggeggio conobbi i miei primi vicini di casa, Delphine Broussard e Mohammed Abdurrahim Fadi Ullah Al Farrah, detto Fadi, che malgrado il nome altisonante da nobile saudita, proveniva da una casa popolare di Saint-Denis.

I primi incontri avvennero sul pianerottolo, « bonjour, bonsoir ». Mai vista una coppia così male assortita: Delphine, venticinque anni o poco più, archivista alla Bibliothèque Nationale di Bercy, laurea in Storia antica alla Sorbona, fisico morbido, caschetto biondo, occhi azzurro cielo, lenti da miope, nasino all'insù e quella leggera spocchia tipica di chi è nato e cresciuto nella capitale. Fadi, cittadino francese di genitori tunisini, basso, naso schiacciato, magro come un chiodo, multitatuato, possessore di una Ford Escort con alettoni e minigonne con cui usava sgommare ogni volta che partiva.

Delphine era molto gentile, man mano che ci incontravamo cominciavamo a scambiare qualche parola di più e io avevo bisogno di calore intorno a me. Lui invece era freddo, mi osservava sempre con occhi torvi, come se rappresentassi una minaccia. Ma non era questo il suo difetto più grave: il mio vicino ascoltava musica arabo-africana a manetta, ventiquattr'ore su ventiquattro, anche mentre faceva, piuttosto rumorosamente, l'amore con la sua diletta. Ora, finché rimaneva su Cheb Khaled e Youssou N'Dour non avevo di che lamentarmi. Ma, terminati quei pochi barlumi di buon gusto, si finiva a scantonare su infiniti giri di liuto misti a ululati in lingua berbera che avrebbero portato al manicomio anche Carlo Massarini. Provavo a rispondere a tono, con Vasco e il Liga, ma con scarso successo. E il punto di contatto culturale arrivò solo con Pino Daniele, di cui Delphine e Fadi si innamorarono perdutamente.

Un pensiero però mi tarlava il cervello: cosa diamine ci trovasse Delphine in quel piccoletto misterioso e antipatico. E un giorno finalmente capii.

Le due mansarde, per scelta di risparmio del costruttore, avevano la canna fumaria in comune. Finché il meteo era placido non si avvertiva alcuna conseguenza, ma quando si alzava il vento la canna non riusciva a scaricare bene all'esterno, quindi gli effluvi si riversavano ora da me, ora da loro. E i loro, considerato che non cucinavano mai, avevano un solo, unico, sentore: la maria. Maria, maria a tutte le ore, del giorno e della notte. Hai capito Delphine? Invece di andare a cercarsi compagnia maschile, bamba e maria ogni sabato sera come tutte le sue coetanee single, si era portata a casa un amante instancabile, nonché spacciatore seriale; e per di più piccolo e compatto, perfetto per gli striminziti quindici metri quadri della casa.

Un rimarchevole esempio di economia di scala.

Donna Marisa e papà Luigi si accorsero dalla mia voce che qualcosa non andava. Si preoccuparono. Confabularono per qualche giorno. Poi, con la scusa di una riunione presso la sede francese di IBM, Luigi mi annunciò che sarebbero venuti a trovarmi per trascorrere il week-end insieme.

Ne fui felicissimo. Insistetti per farli volare con Air Alps e loro si presentarono a Capodichino con le solite quattro ore di anticipo. Bisogna sapere che tra le innumerevoli fobie che il padre gerarca aveva instillato in Marisa c'era la paura di volare. Il suo primo volo, anni prima, fu per necessità. Luigi era da poco arrivato a Catania e si era procurato un appuntamento per visionare un appartamento imperdibile. Marisa non poté rifiutarsi, salì sull'aereo, ma al momento dello stacco da terra ebbe una sincope dalla quale si riprese giusto prima che il comandante decidesse di chiedere un atterraggio di emergenza. Ogni notte prima di un volo sognava suo padre che le diceva: « Figlia mia, l'aereo è una macchina del diavolo costruita dai comunisti! Non ci salire mai perché cade, cade, cade, cadeeeeeee!!! » e si svegliava sconvolta in un bagno di sudore.

Quando scese dal bus interpista e si trovò davanti l'ATR 42, pensò dapprima a uno scherzo, ma quando capì che quello era davvero il suo aereo fece dietrofront e si mise a correre sulla pista per tornare al gate. Ci vollero l'enorme pazienza di Luigi e un intero flacone di Tavor per riportarla alla ragione. Dormì per tutto il viaggio e si svegliò quando il colibrì posò dolcemente il carrello sull'asfalto bituminoso del Charles de Gaulle. Andai ad accoglierli al gate, ci salutammo affettuosamente e, come turisti qualsiasi, prendemmo la RER, verso il Concorde Lafayette, il grattacielo-hotel-centro congressi edificato negli anni Sessanta dai fondi arabi, a pochi passi dall'Arc de Triomphe, quartier generale dei miei adorati nemici di Air France, dove IBM ospitava i suoi dirigenti. Il tempo di una doccia veloce e lo stakanovista Luigi proseguì per la Defense dove lo attendevano i colleghi. Marisa, da buona madre del Sud, moriva dalla voglia di venire a sbirciare come si fosse sistemato il figlio.

Mamma entrò nella mansarda, ripulita e tirata a lucido e si guardò intorno, abbastanza compiaciuta. Poi esclamò: « Bello l'ingresso ».

« L'ingresso? »

« Meh, mò fammi vedere il resto. »

« Ehm, mamma, il resto non c'è. La casa è tutta qui. »

Abituata ai duecentocinquanta metri quadrati dell'umile dimora di Napoli, le prese un coccolone, ma comprese subito che nel Nord Europa le abitudini e i prezzi erano un filino diversi. Così passò alle domande più personali: « Ci è ca ven a face le pulizie? Iè cristiana ammodo? », « Uagliò, stai mangiando a mamma o ste a face 'u disciun? », « E di corpo vai regolare, a mamma? »

Un interrogatorio della CIA sarebbe stato meno invadente: « Mamma, avrei trent'anni, per favore! Tu sai che io ho il potere di gestire gli aerei a mio piacimento, se non ti stai un poco zitta, domani mattina ti metto sul primo volo per Napoli e se è già pieno ti metto su quello per Tunisi e ti faccio paracadutare sul Teatro San Carlo! »

Ci rimase un po' male, ma finalmente comprese che non ero più il suo bambino.

Una volta rassegnatasi ai microspazi parigini, donna Marisa si accomodò sul divano letto e cominciò a sferruzzare, tutta concentrata, l'ennesimo maglione per l'amato marito.

Purtroppo, però, quel pomeriggio Parigi era spazzata da un teso vento di provenienza atlantica, ragion per cui la maria di Fadi cominciò a infiltrarsi lentamente, quanto inesorabilmente, dalla canna fumaria, inondandò il mio appartamento del suo inconfondibile tanfo dolciastro.

« Zez... »

« Ma'... »

« Che è 'sta puzza? »

« Niente ma', sono i vicini che stanno cucinando. »

« Non sentivo questo odoraccio da quando nonna Amalia spellava la trippa di maiale. Ma pure qua si mangia la trippa? »

« Sì, ma', pure qua, con tanta cipolla. »

« Figlio mio, niente unisce i popoli come la cipolla. »

Poi, soddisfatta del suo aforisma gastronomico-sociale, rimise la testa giù e riprese il suo lavoro. Dopo qualche minuto, però, vidi che il suo sferruzzare aveva perso vigore, muoveva le mani sempre più lentamente, fino a fermarsi di blocco e a cadere in uno stato di narcolessia, nel quale rimase per almeno un paio d'ore.

La maria di Fadi era di ottima qualità.

Poi si destò, si stiracchiò e disse: « Ah, Zez che bel riposino, mi sento un'altra», si alzò e cominciò a muoversi leggiadra per la casa. Sempre più leggiadra. Come una farfalla.

Fadi, il principe della maria...

Nel frattempo, si stava facendo ora di cena anche per il fuso orario del Regno delle Due Sicilie. Luigi sarebbe rientrato di lì a poco e Marisa si diresse a occupare il posto che le spettava di diritto: la cucina. Da una borsa morbida estrasse un enorme mazzo di cime di rapa freschissime, raccolte a suo dire quella mattina stessa dal suo fornitore dell'agro nolano, le pulì e le mise sul fuoco.

La guerra chimico-batteriologica franco-italiana era appena cominciata.

Il vento non era calato e gli effluvi delle cime di rapa, dopo aver saturato rapidamente l'aria della mansarda, alla stregua del gas nervino, si infilarono nella canna fumaria e da lì, dritti dritti, nell'olfatto dei miei vicini di casa.

Contai fino a tre e...

Driin!

Il campanello...

« Zez, qu'est-ce que vous faites? Il y a unc odcur horrible qui arrive de chez toi. »

« Mais non, Delphine, c'est une herbe typique du Sud de l'Italie que m'a donné ma mère. »

« Mais c'est repoussante! Et vous fumez cette merde là? »

« No, Delphine, nous on la mange. »

Se ne andò disgustata.

Italia-Francia 1-0 e cime di rapa messe al bando dall'intero territorio d'oltralpe per avvelenamento ambientale.

Il week-end volò, li accompagnai al gate, baciai mia mamma, e per la prima volta nella mia vita abbracciai forte mio padre. Lui ricambiò con vigore. E finalmente sentii che l'avevo reso orgoglioso di me.

Ecco, in realtà fino a quel momento non sapevo come ringraziarlo per la vita che mi aveva offerto, per la sua spalla sempre pronta, per i consigli oculati e mai banali. Pensavo anche che il nostro cammino insieme si sarebbe andato inesorabilmente a concludere un giorno. La mia paura era di non fare in tempo a restituirgli l'amore che lui mi aveva elargito a piene mani.

Quel giorno, in quel gate, in mezzo a centinaia di persone, mi resi conto che forse ce l'avevo fatta.

Lo vidi allontanarsi, al braccio di mia mamma, non si voltò per l'ultimo saluto.

Stava piangendo, di gioia...

E piansi anch'io.

Ma di malinconia.

Nelle settimane successive le cose pian piano migliorarono e il lavoro fu di grande aiuto: comprammo effettivamente gli slot a un ottimo prezzo, ma purtroppo erano solo cinque cicli, cioè cinque atterraggi e decolli, giro macchina di un'ora al massimo, un solo stazionamento notturno, niente finger e parcheggio aeromobili in culo al mondo, quasi sull'autostrada per la Normandia. Roba da pezzenti, ma tant'è. Destinazioni, decise dal consiglio d'amministrazione, Venezia e Malpensa, due volte al giorno, Napoli una volta al giorno.

Non mi quadrava. Venezia era amatissima dai francesi, Air France aveva tre voli al giorno, sempre pieni, impossibile pensare di togliere loro passeggeri. Malpensa, se possibile, ancora peggio. Era stato appena inaugurato il nuovo monumentale terminal, denominato Malpensa 2000, e tutti volevano volare lì. Peccato che ai milanesi non interessasse affatto, quello era un capriccio politico costruito nella brughiera varesotta. Il milanese volava solo su Linate. Studiai una programmazione alternativa e la presentai a Verona.

Chiesi di abbandonare il doppio ciclo su Malpensa e Venezia, aprendo Genova, Verona, Bologna e Firenze e mantenendo Napoli. Noi non dovevamo portare gli italiani in Francia, a quello ci avrebbero pensato i coatti della Magliana, ma condurre i parigini nelle nostre città d'arte, con voli diretti, senza scali e con un servizio a terra e in volo che li facesse sentire in Italia appena entrati nel terminal 2D del Charles de Gaulle. Perché i cugini d'oltralpe impazziscono per l'Italia: adorano il nostro sole, la nostra cultura, la nostra arte, il nostro cibo, la nostra gioia di vivere. La loro presunzione è solo di facciata, in realtà è una difesa. Vorrebbero avere tutto loro, invece abbiamo tutto noi: e allora ecco i francesi che si incazzano, come canta il maestro Paolo Conte.

A Verona il nuovo « operativo voli » non dispiacque. Gli spilorci avrebbero risparmiato milioni di lire perché gli stazionamenti di Malpensa e Venezia erano molto più cari di Genova e Bologna. Mi chiesero cosa intendessi per « offrire una esperienza italianizzante sin dal check-in ». Dissi di non preoccuparsi, ci avrei pensato io, con idee a basso costo, ma dal grande impatto comunicativo. Si fidarono. Tornai al Charles de Gaulle e prima di tutto individuai una saletta in disuso vicino ai gate, che Aéroports de Paris mi concesse in comodato gratuito, a patto che la valorizzassi. Poi chiamai mio fratello Carlo; mi feci mettere in contatto con un mobilificio di Lissone che stava chiudendo e svendeva tutto: poltrone in pelle Frau e divani di design destinati al macero perché difettati, comprati a qualche spicciolo, ripuliti, risistemati, pronti all'uso. Sul fronte enogastronomico chiamai Fidenza, dove stava il fornitore di parmigiano reggiano della Caserma Mameli, che si ricordò subito di me. Gli spiegai l'idea: prezzaccio in cambio di un corner pubblicitario. Poi toccò a donna Marisa, che in fatto di materie prime per la cucina imperava: mi procurò taralli sugna e pepe, nonché olive di prima scelta direttamente dal mercato della Pignasecca. Infine, la genialata finale: contattai i Barbero a Cuneo, i proprietari di Aperol e chiesi loro se avessero voglia di rompere il monopolio di Campari al Charles de Gaulle, aprendo un banco con barman e fiumi di spritz per i neofiti francesi. Accettarono con entusiasmo e mi spedirono subito dieci casse gratuite.

Il passo successivo sarebbe stato l'aggiornamento del catering di bordo: ma qui il problema si faceva più serio perché Servair, il catering di proprietà di Aéroports de Paris, era molto costoso e noi non avevamo un franco in cassa. Ci rimuginai sopra a lungo, e infine l'idea giusta arrivò: chiamai Flavio a Napoli.

«Flà.»

«'O Zè.»

«Ho bisogno di te.»

«Come al solito. Speravo che la tua petulanza a differenza degli elefanti di Annibale non fosse in grado di valicare le Alpi. Evidentemente mi sbagliavo. »

Solito esordio incoraggiante.

« Ecco, ci mancava Piero Angela! Ascolta genio, ho bisogno di un freezer supplementare a bordo. »

« Per farne cosa, di grazia? »

« Lo devo mettere in cambusa. »

« Ah, in cambusa! Visto che non hai lo straccio di un passeggero vuoi buttarti sul trasporto dei surgelati? »

« Cazzone, non sto scherzando, ascolta qui... »

E gli spiegai l'idea. Capì, ci ragionò su, poi mi disse che gli sarebbero bastate alcune ore di lavoro su ogni aereo durante lo stazionamento notturno a Napoli.

Il piano in realtà era semplice: il catering imbarcato al Charles de Gaulle, compatibilmente con il risicato budget che mi aveva concesso Verona, era immangiabile. Con i freezer supplementari saremmo riusciti a imbarcare cibo e bevande di qualità in Italia anche per il volo di ritorno, assicurando un trattamento da business a tariffa da economy plus.

Il giorno di inizio operazioni arrivò che eravamo ancora in totale work in progress. Il volo inaugurale per Genova partì con due passeggeri. Ma dopo due mesi, i nostri ATR decollavano con tutti i quarantotto posti occupati.

Poi passai al personale. Serviva aria fresca: chiesi a Verona di assumere prevalentemente uomini. E non per sterile misoginia, ma per una semplice politica commerciale, il nostro motto sarebbe stato « Be different ». In un mondo in cui il garbo e l'eleganza femminile la facevano da padrone, noi dovevamo contrapporre una sana dose di sensuale *machismo*. Il cliente medio di una compagnia aerea che si muove per lavoro o per turismo è abituato a essere accolto da hostess dalle gambe lunghissime e dai modi aggraziati. Ma eravamo proprio sicuri che l'altra metà del cielo non preferisse invece un bel giovanotto italiano, alto, moro, fisicato, che offre un Aperol spritz nella esclusiva saletta Air Alps, con vista sulle piste del Charles de Gaulle?

La mole di lavoro stava aumentando vertiginosamente, da solo non riuscivo più a gestire l'operatività dell'ufficio, avevo bisogno di un aiuto.

Jean Cortez, nome e fisico da ballerino di flamenco, marsigliese di seconda generazione nato da genitori andalusi rifugiatisi in Provenza durante il franchismo. Ex vicecaposcalo della defunta Air Littoral, altezza media, una vaga somiglianza con Enrique Iglesias, splendidi occhi azzurri, una chioma fluente e lucida, perfetta per una pubblicità di L'Oreal, buona padronanza della lingua italiana, appresa durante un Erasmus a Padova. Carattere fumantino di eredità gitana, Jean, come tutti i marsigliesi, odiava Parigi. Non sopportava il clima umido, buio e piovoso d'inverno, torrido d'estate. Non sopportava i parigini, che giudicava i damerini di Francia, ricchi, viziati e vuoti. E non sopportava il Paris Saint-Germain, lui ultras dell'Olympique de Marseille. Impertinente, brillante, pigro; quando qualcuno gli chiedeva quale fosse la cosa più bella di Parigi lui rispondeva: l'aereo per Marsiglia. Insomma, un vero terrone in salsa francese. Perché, come ci ha insegnato il professor De Crescenzo, si è sempre meridionali di qualcuno.

Mi fu sufficiente il tempo di un caffè insieme per capire che era lui l'uomo giusto per il ruolo di vicecaposcalo nella nascente struttura di Air Alps Charles de Gaulle. Accettò immediatamente, l'idea di lavorare per una compagnia italiana lo entusiasmava.

« Ah, Jean, i tuoi capelli... Per favore, riusciamo almeno a legarli in una coda? »

« Tu est un coiffeur? »

Benvenuto a bordo!

Nella sua antipatia verso la Ville Lumière, Jean era ampiamente contraccambiato: il suo cantilenante accento marsigliese, esibito anche nelle occasioni ufficiali sempre con malcelato orgoglio, non contribuiva a mitigare la situazione. Malgrado ciò sul lavoro era eccezionale; dotato di una innata capacità di relazione e di un approccio mediterraneo al problem solving, riusciva a gestire con successo qualsiasi tipo di contrattempo, tecnico, gestionale o personale. Un sorriso al momento giusto, uno sguardo di intesa, e riusciva a rendere accettabile ai clienti anche una cancellazione per il maltempo. Utilizzava questa potente capacità di relazione anche come irresistibile grimaldello per fare breccia nel cuore di innumerevoli fanciulle. Affascinante e consapevole di esserlo, sfruttava la sua posizione di giovane funzionario nel gineceo aeroportuale per saltare da un fiore all'altro, con preferenza per le colleghe delle compagnie straniere, in particolare quelle dell'Europa settentrionale, a suo dire imbattibili. In cosa non fu mai dato saperlo, ma nemmeno così impossibile da immaginare.

Malgrado mi invitasse continuamente a uscire per condividere le sue conoscenze ugro-finnico-scandinavo-baltiche, io rifiutavo con fermezza. Sempre. Ero troppo concentrato sul lavoro, non potevo permettermi distrazioni, tra l'altro nemmeno costruttive, perché i suoi fiori, che oggi erano qui, domani a Stoccolma e dopodomani chissà dove, non erano i più adatti per edificare qualcosa che andasse al di là della semplice ginnastica da camera. Così accettavo i suoi inviti solo quando eravamo io e lui. Da soli. Mi insegnò a pattinare in linea. Finito il turno serale ci cambiavamo nello spogliatoio della compagnia, prendevamo la RER fino a Chatelet, e via dritti sul Lungosenna dove il comune di Parigi aveva creato apposite piste, lui col naso all'ingiù a cercare le traiettorie giuste della ciclabile, io col naso all'insù ad assaporare la magia della città più elegante del mondo. Certo, eravamo un po' come Bud Spencer e Terence Hill, agli estremi opposti, sempre in ironica competizione, ma formavamo una grande squadra.

Gli svolazzamenti di Jean da un fiore all'altro cessarono un giorno all'improvviso. Durante una riunione sindacale conobbe Aline Dupont, assistente di volo di Air France, bretone di Brest, accento duro e lineamenti delicati dell'estremo Nord-Ovest. Fu amore a prima vista. Dopo sole due settimane di idillio decisero di andare a convivere. Jean mi confessò da subito di provare un sentimento forte per la dolce Aline, qualcosa di mai avvertito prima. Io gli credetti, corroborato anche dal suo mutato atteggiamento con le altre donne. Quando gli passava davanti l'equipaggio di Scandinavian non si girava più a radiografare culi e gambe.

Più lo osservavo così innamorato e adorante, più mi chiedevo come l'amore per una donna potesse cambiare tanto radicalmente la personalità di un uomo in un così breve lasso di tempo. Non riuscii a darmi una risposta, in fondo eravamo due radicali liberi opposti. Io avevo avuto poche esperienze, guidate prevalentemente dall'amore, lui centinaia, tutte guidate dal sesso.

In ogni caso, con l'ingresso di Aline nella vita di Jean, le nostre uscite finirono per diradarsi, aumentando contestualmente le mie serate casalinghe in solitaria. E così, per attutire la nostalgia dell'Italia, decisi di dotare la mansarda della tv via cavo, spendendo una cifra per l'epoca ingente. Nel mio lillipuziano monolocale arrivò sua maestà Rai Uno e il mio animo nazionalpopolare riprese vigore. Adoravo tornare a casa, sdivisarmi, scravattarmi, buttarmi sotto una doccia bollente e gustarmi uno spaghettino al pomodoro sulle notizie del TG1 lette da Angela Buttiglione e Piero Badaloni. E proprio il TG1 portò nella mia vita parigina un ospite a sorpresa: Paolo Frajese. Già, Paolo Frajese, l'anchorman di punta della rete ammiraglia, uno dei monumenti del giornalismo italiano, il primo ad arrivare in via Fani pochi minuti dopo il rapimento di Aldo Moro e la strage della sua scorta. Frajese, dopo anni trascorsi alla conduzione del telegiornale della sera ne divenne, proprio quell'anno, corrispondente da Parigi. Il giornalista non faceva mistero della sua fede e ogni domenica frequentava la Missione cattolica italiana, in rue Chaillot, zona Champs-Élysées, ove a volte si occupava anche delle sacre letture. Anch'io frequentavo la Missione cattolica italiana, che avevo scoperto grazie a donna Marisa, la quale non potendo neanche lontanamente immaginare una domenica senza messa, con la prospettiva di commettere peccato mortale, quando era venuta a trovarmi per la prima volta si era rivolta al suo padre spirituale, don Pino, barese di Bari Vecchia, al fine di avere una dispensa speciale e mantenere la sua fedina penale cattolica immacolata.

« Donna Marisa, state senza pensiero, andate a Parigi e godetevi Zez. Anche Maria aveva un figlio che stava fuori per lavoro. E quando la domenica lo andava a cercare in mezzo alla Galilea mica chiedeva dispensa per tutte le volte che non andava al tempio e nemmeno per tutte le cose che aveva lasciato da fare a Nazareth. Certo Maddalena ogni tanto la rimproverava: 'Ueh, Marì, e mò l'abbiamo pigliata a vizio, ogni domenica pigli e te ne vai. Mè, per piacere, questa volta, quando lo vedi, dicci a Gesù se domenica prossima viene a predicare qua a Nazareth così prima lo vai a sentire, poi torni, prepari le orecchiette con le braciole sennò a maritat' Giuseppe ci u sent che dice che senza ragù non jè domenica. E poi mi aiuti a fare le faccende, che non è che qua sta la serva'. »

« Sì, don Pino, voi fate lo spiritoso, ho capito la metafora, e avete ragione. Ma io voglio andare a messa. »

« Vabbè, donna Marisa, mò non è che vostro figlio sta in Papuasia. A Parigi stanno le chiese e dicono le messe proprio come da noi. »

« Don Pino, le dicono, le dicono. Ma in francese, e io non riesco a seguire, né a rispondere. »

« Donna Marisa, le preghiere non hanno colore, non hanno lingua, sono eterne e universali. Comunque, se la cosa vi procura questo cruccio mi informerò se ci sono messe domenicali in italiano. »

Don Pino aveva chiamato il vescovo, che a sua volta aveva chiamato la CEI a Roma, dalla quale furono felicissimi di confermare che a Parigi la chiesa di Saint-Pierre-de-Chaillot era consacrata quale Missione cattolica italiana, ovvero l'ambasciata della Conferenza episcopale in Francia, da non confondere con la nunziatura apostolica che invece è la rappresentanza diplomatica del Santo Padre, dunque molto più potente. Insomma, Saint-Pierre-de-Chaillot: parroco italiano, messe in italiano, fedeli italiani, la via italiana verso Gesù.

Quando la domenica mattina donna Marisa, esaltatissima, mi chiese di accompagnarla, non mi feci pregare. E mi piacque moltissimo. Domenica dopo domenica divenni assiduo frequentatore e sostenitore della Missione, io che più che un credente potevo al massimo definirmi sperante: cioè uno che spera che quando passerà dall'altra parte non troverà il buio eterno, ma tutte le persone che ha amato sulla Terra, già salite in cielo, possibilmente guidate da Gesù, che insomma è innegabile che sia proprio un bel tipo. Poi certo, qualora il Nazareno fosse impegnato su altri fronti, mi sta bene pure Allah incazzato che urla tutto il giorno, o Buddha sbragato sul divano a massaggiarsi la panza da birra. Insomma, basta che ci sia qualcuno.

La Missione nel giorno consacrato al Signore era frequentata da varia umanità: studenti dell'Erasmus, militari di ogni ordine e grado, prefiche calabresi emigrate cento anni prima, vecchi brigatisti in esilio al sicuro della dottrina Mitterrand, manager della finanza e della moda e rispettive consorti, sempre benvestite, spesso annoiate.

In questo variegato melting pot conobbi Francesco Cingolani, marchigiano di Macerata, direttore commerciale della filiale parigina di una famosa casa di moda italiana. Statura media, occhi verdi magnetici, fisico ben tenuto, outfit di spessore e immancabili mocassini Tod's ai piedi. Dopo il primo caffè diventammo inseparabili: entrambi single, io per scelta, lui per lontananza, io a procurargli biglietti week-end sul nostro diretto per Bologna a metà prezzo, lui a rifornirmi di campionario in saldo. Avevamo preso l'abitudine di andare a pranzo insieme, dopo la funzione, alla Maison d'Alsace, giusto all'angolo con gli Champs, col *plateau royal* più buono di tutta Parigi: granchi reali, gamberoni atlantici, ostriche e ogni tipo di mitili creati dalla divina provvidenza. Il tutto bagnato da un delizioso Sauternes Premier Cru di una piccola cantina patronale della Guascogna. Un giorno finimmo a parlare di famiglia.

« Francesco, ma tua moglie non viene mai a trovarti? »

« No, Zez, mia moglie è un avvocato, lavora sodo e deve gestire i nostri due bimbi. Non riuscirebbe a salire nemmeno per un week-end. »

« Senti, io non ho esperienza di matrimonio, ma lascia che ti faccia alcune domande personali. Non vi mancate a vicenda? Ed è normale che una moglie lasci da solo il marito in un mondo pieno di donne giovani e bellissime? »

Lui mi rispose semplicemente con un sorriso sornione. Poi aggiunse: « Zez, amico mio, lei mi manca tantissimo e tu non hai capito un cazzo... Dai, venerdì sera tieniti libero, ti faccio conoscere tre modelle che arrivano in città per la Paris Fashion Week ».

Fantastico!

Quella settimana volò, tornai a casa dal lavoro, mi preparai come per le grandi occasioni: abito blu, campionario di Francesco, camicia bianca, taglio di capelli tattico, eau de toilette Dior, tre modelle in arrivo e Parigi ai miei piedi, cosa volere di più dalla vita?

Appuntamento al Cafè de la Poste, al Marais, il quartiere più libertino e libertario della città. Morso dall'ardore arrivai con largo anticipo e li attesi dall'altro lato della strada. Poi in lontananza, eccoli, non passavano inosservati, le tre ragazze erano strepitose. Francesco esordì con i convenevoli: « Dear ladies, here we are! This is my best italian friend, Mr Zez. Mr. Zez, I'm very glad to introduce you Cindy from Texas, Carmen from Miami and Audrey from New York City, the most beautiful girls in the USA ».

Seguì un « nice to meet you » starnazzante in coro.

Porsi la mano, ma niente, erano già sparite nel locale.

« Frà, ma sono tre fate. »

« Sì, tre fate. Zez, ma tu sul serio non hai ancora capito nulla? »

« No, ma cosa devo capire? »

« Vabbè, dormi, ragazzo mio! Dai, vieni con me, entriamo. »

Una baraonda pazzesca, *Livin' la vida loca* di Ricky Martin sparata a palla, tutti a ballare selvaggiamente, tutti abbigliati in maniera alquanto eccentrica. Facemmo fatica ad arrivare al bancone, ordinammo due birre, mi guardai intorno e finalmente compresi perché la moglie di Francesco rimaneva beatamente a Macerata. Il mio nuovo amico, a causa del proprio incarico, frequentava esclusivamente membri della comunità LGBT. Le americane erano sparite alla ricerca di fidanzate per la notte, noi rimanemmo come due babbei, unici etero nel tempio dell'omosessualità parigina. Anzi mi correggo, come un babbeo, perché Francesco, tracannata la sua Kronenbourg doppio malto, mi annunciò che l'indomani aveva un volo all'alba per Nizza dove stava organizzando una sfilata e quindi mi mollava sul più bello. Lo scherzo del mio amico di parrocchia era riuscito perfettamente.

Superato il primo momento di spaesamento, decisi di trattenermi, prima di tutto perché la gente era proprio figa, e poi perché la musica era di quella tosta anni Ottanta, dunque la mia musica. In più, avevano la Kronenbourg doppio malto, spillata con grifo a doppia resistenza, gelida: imperdibile...

E fu così che accadde l'inevitabile: sulla trentina, abito di sartoria, camicia Brooks Brothers, portamento virile, sguardo magnetico, bello come un dio greco... attaccò lui: « Bonsoir ».

« Bo-Bo-Bonsoir à vous » balbettai.

« Je te dérange? »

« Non, non, pas du tout. »

« Tu as un merveilleux accent du soleil. »

« Merci! Je suis Italien. »

« Nooooo, lo sapevo, anche io! »

« Ma davvero? »

« Sì, italianissimo. Allora cosa ci fai qui tutto solo? »

« Ehm, è una storia lunga. Diciamo uno scherzo da preti. Ero con un amico, ma adesso è andato via e mi stavo facendo l'ultima birra. »

« Ottimo! Però, tranquillo, rilassati, non ti mangio mica. Ho capito subito che eri etero, siete tutti profumati Dior, così uguali, così allineati, così scontati, così...

scialbi. Ecco! Scialbi! Piacere, Marcello, il cognome non importa... »

« Piacere, io sono Zez, di cognome... Scialbo! »

Ridemmo fino alle lacrime.

Marcello Pittaluga, genovese di Nervi, era il proprietario di una libreria LGBT nel quartiere più LGBT d'Europa. In più suonava la chitarra in una cover band degli Smiths e si esibiva ogni sabato al Chien Qui Fume, storico locale al Beaubourg. Certo non aveva il tocco di Johnny Marr, ma quando accarezzava la sua Gibson faceva comunque la sua porca figura. Legammo rapidamente, seguendo la calda logica per cui essere italiani all'estero avvicina le persone a prescindere dalle radici sociali e culturali.

Come libraio, Marcello mi procurava gli ultimi bestseller in italiano in un'epoca in cui Amazon non era ancora stata inventata. Quando non ero di turno adoravo passare a trovarlo in libreria. Era minuscola, a una sola luce, tutta in caldo legno, con un soppalco dove custodiva i suoi tesori, libri di Wilde, Pasolini, Yourcenar, in edizione limitata. E poi amava il suo lavoro, lo vedevi quando accoglieva i clienti, che venivano subito rapiti dal suo *savoir faire* e dalla sua smisurata cultura. Allo Chien Qui Fume ci trascinavo Jean e Aline, anche loro grandi appassionati di brit-rock, e appena Marcello attaccava *Ask Me* e *Panic* finivamo a pogare mezzi nudi come fossimo al Live Aid di Wembley.

Oltre alla cultura, alla musica e ai libri, a unirci c'era anche la buona cucina. Dopo settimane di cene in solitudine nella mansarda finalmente avevo trovato un degno seguace di Lucullo. Da una parte cominciammo a battere a tappeto tutti i templi della gastronomia parigina, dall'altra diedi sfoggio degli insegnamenti di donna Marisa, proponendo a Marcello i piatti tipici della tradizione meridionale.

Durante le nostre cene parlavamo di tutto, ma certamente un posto d'onore spettava sempre al principe dei sentimenti. Partivamo immancabilmente dal deserto sahariano che aveva invaso il mio cuore in seguito all'abbandono da parte di Samy, per passare alla sua ricerca dell'uomo ideale. Marcello sosteneva che un etero romantico come il sottoscritto potesse offrirgli una visione delle sue storie d'amore da una angolazione totalmente diversa, e quindi più utile. In breve, mi aveva eletto a suo consulente matrimoniale. Io gli fui grato della fiducia e gli assicurai che era ben riposta: d'altra parte chi meglio di me poteva interpretare la basica mente umana di genere maschile?

Il front desk è una delle aree più delicate per una compagnia aerea: è lì che puoi perdere o guadagnare i clienti. Avevo bisogno di una persona fidata che se ne occupasse. Anzi, perché no?, di un amico. Giampaolo! Giampaolo lavorava come informatico alla STMicroeletronics, la multinazionale italo-francese di microchip che aveva scelto la zona industriale di Catania per insediarvi il suo quartier generale italiano. Aveva grandissime competenze nell'uso dei sistemi informatici, inglese fluente e una eccellente presenza. L'uomo giusto al posto giusto. Lo chiamai e gli feci la proposta indecente. Mi disse di sì prima ancora che fossimo passati alla parte salariale. Lavorare insieme sarebbe stato fantastico, anche al Polo Nord.

Il tempo di formalizzare le dimissioni e salì sul primo volo per prendere servizio. Per i primi giorni lo ospitai a casa mia, ma in effetti stavamo un po' strettini, e così trovò un monolocale a Levallois, appena fuori dal Périphérique, quartiere tranquillo e ospitale, una decina di fermate di linea 3 da casa mia.

Il suo problema più grande era che non parlava una parola di francese, aspetto che in ambito aeroportuale era facilmente bypassabile, poiché la lingua ufficiale era l'inglese, ma nella vita di tutti i giorni poteva diventare molto limitante. Giampi aveva bisogno del mio supporto anche per acquistare una semplice baguette. Seppur con fatica, non glielo feci mai mancare, il solo averlo lì con me era fonte di serenità. Profumava di casa.

Il lavoro, era proprio il caso di dire, volava. Tempo libero per la vita privata me ne rimaneva ben poco. Per fortuna avevo smesso con le levatacce antidiluviane. Il volo dell'alba lo gestiva Jean, ubi maior..., in cambio io aspettavo l'ultimo arrivo della sera, tanto a casa non avevo anima gemella ad attendermi.

Durante i pochi momenti di riposo recuperavo sonno oppure andavo a zonzo con Giampaolo per la Parigi più segreta, quella lontana dai flussi turistici. Poi, almeno una volta al mese, raggiungevo mio fratello Carlo, che nel frattempo aveva lasciato Milano e si era trasferito a Dublino per lavoro. Primo passaggio, procurarsi il biglietto, ovviamente gratuito. Air France aveva orari comodi e lo champagnino assicurato, ma ero un diretto concorrente e neanche tanto simpatico. Così andavo direttamente dal collega di Aer Lingus, la compagnia di bandiera della Repubblica d'Irlanda, Patrick Ramsey, un quarantenne rosso di pelo e di guance, dal ventre prominente e dagli occhi vispi. Ero entrato nelle sue grazie sin da quando lo avevo appoggiato nella sua battaglia per la creazione di una cappella cattolica al terminal 2. Non era un'impresa facile: ai francesi interessava solo la pecunia e la cappella non ne generava, mentre a tutti gli altri senza Dio non interessava nulla. Patrick poteva contare solo su di me, su quelli bianchi rossi e verdi, e su Iberia. Troppo pochi. Ma la situazione svoltò con l'arrivo in pompa magna dei polacchi di LOT. Erano potenti e soprattutto supportati dal mitico papa di Cracovia. La cappella si fece.

Così un venerdì mattina andai da Patrick e gli chiesi se avesse un posto sul volo della sera. Mi accolse con un grande sorriso, chiamò il suo desk e dopo trenta secondi netti mi stava già consegnando il talloncino. Airbus 320, livrea verde, nuovo di pacca, volo breve, c'era solo da decollare, attraversare la Manica, passare su London Control e cominciare la discesa verso la città di Bono Vox. Ero molto curioso di testare il servizio di bordo dei miei amici. La capo cabina, Jill, una elegantissima signora cinquantenne cui ero stato amorevolmente affidato da Patrick, si presentò con un vassoio con quattro barattoli di birra da mezzo litro. Due stout e due lager. Scelsi la Harp, lager, bionda, leggera, amara al punto giusto. La signora mi guardò come un alunno che ha cannato l'interrogazione: « Why did you choose just one? They are all for you ».

Quello non era un aereo, era un pub.

Naturalmente le bevvi tutte. La controindicazione fu che atterrai a Dublino con la vescica pronta a esplodere da un momento all'altro.

« Dimmi solo dov'è il cesso più vicino » furono le mie prime, biascicate e frettolosissime parole a un fratello che non vedevo da mesi.

Carlo non era diventato propriamente un *Dubliner*. La sua atavica pigrizia, il lavoro in una banca italiana, il conseguente parlare la lingua di Dante tutta la settimana, il piccolo cottage a Blackrock, sobborgo signorile a sud di Dublino, erano tutti elementi che non lo spingevano a immergersi nella cultura locale. I nostri week-end nella terra di San Patrizio trascorrevano paciosi tra una chiacchiera, un'ostrica e una pinta di Guinness non pastorizzata. Notai anche che Carlo non si gingillava con compagnie femminili e lui mi spiegò puntuale come Dublino non si prestava affatto a fantasie erotiche. Bastava uscire un sabato sera per capirlo. A Temple Bar, la leggendaria strada dei pub cantata dagli U2, notai che le fanciulle irlandesi circolavano in microabiti di seta o lino anche in pieno gennaio, con un tasso alcolemico elevatissimo. Tutte bevevano come spugne e, una volta ubriache, diventavano moleste quanto una gang di Latinos del Corvetto. Quando vidi la nostra vicina di tavolo infilare la lingua in bocca a un tizio conosciuto dieci minuti prima e subito dopo, nella medesima bocca, senza preavviso alcuno, vomitare le dieci birre testé scolate, non potei che concordare con mio fratello: Dublino non era una città consona all'ars amatoria mediterranea.

I week-end parigini, invece, erano spesso dedicati al mio vecchio, grande amore: il calcio. Iscrissi Air Alps al campionato delle compagnie aeree. I francesi non badarono a spese: piccolo stadio al Bois de Boulogne, affacciato sulla Defense. Per me che avevo cominciato sui campi napoletani in ghiaia era un sogno il solo calcare quel tappeto verde e inebriarmi del suo profumo. Pur avendo una percentuale di dipendenti di sesso maschile molto superiore alla media, eravamo comunque numericamente pochi. Quindi costrinsi tutti a giocare, anche quelli che non avevano mai indossato scarpette con i tacchetti prima d'allora. Giampaolo si occupò della difesa, io del centrocampo, lasciando Jean, il nostro unico straniero, a deliziare il pubblico con numeri di alta scuola e la numero 10 del suo illustre concittadino Zinedine Zidane sulle spalle. Malgrado fossimo niente più di una compagnia di giro, riuscimmo a superare i primi turni, sconfiggendo squadre molto più strutturate della nostra. Al primo match ci toccò Finnair, linee aeree finlandesi, una schiera di marcantoni alti due metri, fortunatamente più abituati a tagliare legna che a tirare calci a un pallone. Di quel match mi colpirono le urla gutturali che l'incomprensibile ugro-finnico rendeva ancora più selvagge e il sensualissimo tifo avversario composto da almeno una decina di angeli biondi che non avrebbero sfigurato a una sfilata di Victoria's Secret. Vincemmo facile, 3-0, con Jean che andò a esultare sotto la curva degli angeli come se avesse vinto la coppa del mondo. Al secondo turno pescammo gli argentini di Aerolineas, che invece al pallone davano del tu, ma fortunatamente erano talmente pochi da dover schierare anche le donne.

La partita fu tiratissima, occasioni da entrambe le parti ma reti inviolate fino al novantesimo minuto, quando

Jean rubò un pallone, si involò verso la porta e venne falciato da dietro dallo stopper argentino. Rigore ineccepibile.

Jean andò a prendersi il pallone, deciso a tirare. Ma il rigorista designato non era lui. Scambio di sguardi con Giampaolo che raggiunse Jean, il quale stava già pregustando una nuova passerella gloriosa sotto la curva degli angeli finnici di Victoria's Secret, rimaste a fare il tifo per lui.

« Il pallone! »

« Quoi? »

« Il pallone, dammi il pallone. Il rigore lo tiro io. »

« No, c'est moi qui à provoquè le penalty, c'est moi qui va à tirer. »

« Pagliaccio, ti staiu ricennu, pi l'uttima vota, lassa u palluni o ti tagghiu i manu!!! »

Poté più il tono che l'incomprensibile minaccia in siculo stretto. Alla fine Jean si arrese, Giampaolo infilò il rigore nel sette, ma da quel giorno gli equilibri in ufficio diventarono piuttosto complicati.

Nei quarti speravamo nel derby con i coatti della A stilizzata, invece ci toccò Lufthansa. Erano troppo forti; la nostra partita finì ancor prima di cominciare. Salutammo mestamente il Bois de Boulogne, dopo aver fatto una pernacchia a quelli bianchi rossi e verdi, che giocavano con la divisa giallorossa della AS Roma e come la AS Roma non vincevano mai.

Insomma, tutto procedeva lungo i sicuri binari di una esistenza tranquilla. Ma quando la vita ti mostra il suo lato migliore, devi sempre alzare la guardia, perché sta per succedere qualcosa. Una mattina di tarda primavera ricevetti una telefonata. Sullo schermo comparve il numero del centralino di Verona. Risposi con sufficienza, ma poi capii che era la segretaria del presidente e amministratore delegato, la quale, dopo i convenevoli di rito, mi chiese se potesse passarmi Armando Dal Zotto, vulcanico fondatore di Air Alps.

« Buongiorno, dottor Dal Zotto. »

« Buongiorno a lei, Giuliani. Come va nella Ville Lumière? Innanzitutto, le volevo fare i complimenti per i brillanti risultati che sta ottenendo. Ma avremo modo di parlarne con calma fra qualche giorno nella convention di Verona. In realtà la chiamavo per un altro motivo: la mia secondogenita, Greta, si è appena laureata in Marketing e Comunicazione d'impresa, mi piacerebbe farle fare esperienza in trincea. Che ne direbbe di prenderla da lei in stage gratuito per qualche mese? Potrebbe apprendere i primi rudimenti del mestiere, imparando al tempo stesso una nuova lingua. »

Ecco la solita figlia di papà che viene a rompere i coglioni togliendo il posto a chi lo merita davvero.

« Certo, dottore, è un'idea entusiasmante, penserò a tutto io, alloggio, certificato di lavoro e permesso di soggiorno. Lei può stare tranquillo. »

Dopo qualche giorno, andammo ad accoglierla al gate con tutti gli onori del caso. Sbucò dal finger con aria annoiata: jeans strappati, Superga bianche lise, top con pancino scoperto, boccoli biondi, faccia furba, molto furba.

« Ciao, io sono Zez, il caposcalo. E lui è Jean, il vice. Benvenuta a Parigi. »

« Grazie, sono felicissima di essere qui. »

Jean cavallerescamente le prese i borsoni e ci avviammo in ufficio per la registrazione dei documenti sul libro matricola.

« Zez, ma hai visto che culetto? È un amore. »

« Jean, se solo la sfiori con un dito, giuro che te lo taglio. »

« À vos ordrès, mon commandant. »

« Vai a cagare. »

Le feci da cicerone, la accompagnai al residence Louis XII, ottavo arrondissement, vista Arc de Triomphe, tariffa da imprecisati franchi a notte, tanto paga papino. In ogni caso, ben investiti, perché la piccola Greta aveva a portata di piedi tutto il meglio della notte parigina, senza dover prendere taxi o mezzi pubblici. Tornando a casa ragionai su quanto questa fanciulla potesse essere una generatrice di guai: qualsiasi cosa avesse combinato nel corso del suo soggiorno, la colpa sarebbe stata mia. E poiché sembrava sin troppo sveglia, sarebbe stato molto opportuno tenerla d'occhio.

Dopo le prime settimane di ambientamento, durante le quali Greta fece trasparire un discreto interesse per il lavoro e una non eccessiva propensione per la vita notturna, giunse a trovarla Adriana Zanatta, di professione fotografa, sulla trentina, mora, capello corto con ciuffo impertinente sul lobo sinistro, abbigliamento severo a impacchettare forme giunoniche. Soggetto strano. Un'artista. Oscuri presagi iniziarono a addensarsi all'orizzonte. La Zanatta si era piazzata al residence da Greta, e spesso me la ritrovavo in aeroporto a parlottare con l'amica. Certo, sarei dovuto intervenire. Quello era un luogo di lavoro, non una sala da tè, ma tutto sommato Greta era la figlia del padrone, non era a libro paga dello scalo, quindi poteva fare quel che le pareva.

Una sera pensai di fare cosa gradita invitandole a cena. Qualsiasi italiano all'estero avrebbe avuto nostalgia di un buon piatto di spaghetti e modestamente i miei erano i migliori di tutta l'Île-de-France.

Invitai anche Marcello, che alle mie cene non mancava mai. Le due fanciulle arrivarono in notevole ritardo e, a sentire l'alito, con un tasso alcolico già abbondantemente compromesso. Mi raccontarono del loro sabato in giro per Parigi e dell'intenzione di andare a ballare al Sense, sugli Champs. Marcello stappò una bottiglia di Côtes du Rhône e mise in tavola gli aperitivi. Loro cominciarono a rollarsi una canna, poi si diressero verso il lucernaio e si misero entrambe a cavalcioni sul davanzale, godendosi il tramonto parigino che ammantava di rosso anche il bianchissimo Sacré-Cœur. Tornate a tavola le osservai con attenzione: continuavano a scambiarsi sguardi malandrini. Guardai Marcello con aria interrogativa e lui sorrise sornione. C'era qualcosa che non andava. Scacciai i cattivi pensieri e mi concentrai sulla carbonara in cottura: anche solo un minuto in più e sarebbe diventata frittata. Arrivai a tavola con la zuppiera fumante e l'aria soddisfatta. E lo vidi subito: uno specchietto da make up. Sopra tre strisce bianche. Di fianco una banconota da centomila lire.

Greta Dal Zotto tirava di cocaina.

«Greta, cos'è questa merda?»

« Cosa vuoi che sia? Borotalco? »

« Dove diamine l'hai presa? »

« A Barbès, perché? »

« Cioè, tu vai a Barbès a comprare questa robaccia, senza dirmi niente? »

« Perché, chi cazzo sei, mio padre? »

« No, ma tuo padre ti ha affidato a me... »

« Ascolta ciccio, non mi rompere i coglioni, ho preparato una striscia anche per te, a Marcello so che non interessa. Se vuoi te la tiri, altrimenti lasciaci tirare in pace. »

« Greta, questa roba a me non interessa. »

« Figa, Adri, questo mi sta asciugando. Ma dimmi un po', da quant'è che non scopi, eh? Dai, ciccio, su, dopotutto non sei così male, in questa città di perdizione scopano tutti con tutti, proprio tu non trovi nessuna che te la dà? »

« Greta ti prego, non farmi passare per quello che non sono. Qui nessuno vuole controllarti, ma io ho un debito morale con tuo padre, che è anche il mio datore di lavoro. »

« Allora, ciccio, forse non ci siamo capiti. Tu lo vuoi conservare il tuo posto di lavoro, no? E allora stai zitto, fammi fare il cazzo che voglio, fammi tirare il cazzo che voglio e fammi scopare chi voglio. »

E qui si voltò verso Adriana e le infilò la lingua in bocca, atto impuro che l'amica ricambiò con voluttuosa avidità.

Greta Dal Zotto era cocainomane. E pure lesbica.

Un'apocalisse.

« Ah, da domani in ufficio verrò solo quando ne avrò

voglia. Preferisco accompagnare Adriana a cercare location per le sue sessioni fotografiche. Se telefona quel rincoglionito di mio padre, gli dici che sono in giro con clienti o al desk del check-in. »

Dopo una pausa, concluse: « Zez, stai attento, io ti tengo per le palle e come avrai capito a me le palle non interessano, quindi le strizzo molto volentieri ».

Le due pupe si spazzolarono la carbonara, si scolarono il Côtes du Rhône, si alzarono e se ne andarono, scomparendo nella notte parigina.

« Tu lo sapevi? » ringhiai a Marcello.

Mi rispose serafico, come al suo solito: « Ma certo! »

« E non mi hai detto nulla? »

« *Belin*, che cosa avrei dovuto dirti? Bastava osservarle con attenzione. Ma certi segnali per un etero insensibile come te rimarranno incomprensibili per l'eternità... »

« Ué, Gabibbo, attento a come parli! Mo finisce che è pure colpa mia? »

« Zez, queste tue reazioni ai limiti dell'inurbano mi fanno pensare che forse le fanciulle hanno ragione: alla tua età l'astinenza può rivelarsi deleteria per il corpo e lo spirito. E adesso, *belin*, smettila di frignare e tira fuori camembert e baguette, che la cena non è ancora finita! »

Per tre giorni non chiusi occhio. Poi mi arresi al destino cinico e baro, senza immaginare che altre nubi temporalesche si stavano addensando all'orizzonte.

In un pomeriggio di calma piatta e aerei in orario, Jean spalancò la porta del mio ufficio con un sorriso a trentasei denti: « Zez, sto per lanciare una bomba ».

« Jean, ricordati che siamo in un aeroporto, trova un'altra metafora per favore sennò arriva la security e ci fa un culo così. »

« Zez, tu casses vraiment les couilles! Vabbè, allora ho una notizia fenomenale. »

« L'Olimpique ha comprato Ronaldo? »

« Italien conard! Écoute: fra un mese Aline e io ci sposiamo. Mi sembra di sognare! »

« Miiiii, non ci posso credere, Enrique Iglesias si sposa, Enrique Iglesias si sposa. »

« Zez, ma che cazzo fai, sei scemo? »

« Non è mia, è di Aldo Baglio, no, non lo puoi conoscere, non è roba per profughi marsigliesi. »

« Mon commandant, matrimonio alla cattedrale di Brest e grande ricevimento da Les Huitres Blanches, sulla scogliera. Sei dei nostri, vero? »

« Non me lo perderei per nulla al mondo. »

Quello di Jean e Aline era il primo matrimonio di un amico cui fossi invitato a partecipare attivamente. Prima di allora solo matrimoni di lontani cugini o figli di amici dei miei, da cui mi ero sempre dileguato. Quello che mi colpì furono gli occhi di Aline che in quei giorni emanavano una gioia accecante che non avevo mai percepito nello sguardo delle mie vecchie fidanzate. Passava in ufficio da noi con la sua elegantissima divisa blu con il collo alla coreana e il foulard di Hermès, e sembrava volasse su una nuvola.

Jean? Be', Jean era sempre lo stesso, solo più attento alle esigenze della sua donna e particolarmente preso dai preparativi tanto che sospendemmo totalmente le nostre pattinate notturne e le nostre sfide tennistiche sui campi secondari del Roland Garros.

E il grande giorno, infine, arrivò. Il matrimonio fu sontuoso: la sposa vestita Yves Saint Laurent, la cattedrale gotica imponente, fiori e musica incantevoli. Jean impeccabile, Aline radiosa. La mangiata di ostriche fu pantagruelica. Poi, giusto il tempo di salutare gli ospiti, e via tutti a Parigi, gli sposini diretti a Orly per imbarcarsi verso la Martinica, io al Charles de Gaulle a dirigere il via vai dei nostri piccoli aerei.

Jean tornò dalla luna di miele con lo stesso sorriso hollywoodiano con cui era partito e riprese regolarmente il suo posto di lavoro. Sembrava una di quelle favole a lieto fine. Nulla faceva presagire ciò che sarebbe accaduto di lì a breve.

Molto a breve.

Un paio di settimane dopo, ero in ufficio a sistemare la contabilità, quando sentii bussare. Era Jean.

« E da quando in qua tu bussi prima di entrare? »

Aveva uno sguardo strano, tra il contrito e il preoccupato.

« Zez, ho bisogno di una mano per sbrigare una faccenda faticosa. »

« Certo Jean, di che si tratta? »

« Mi aiuti a fare un trasloco? »

« Un trasloco? »

« Sì, Zez devo spostare qualche cosetta dalla casa di Aline al mio vecchio appartamento. Come lo chiamate voi in italiano? Trasloco, no? Ah, chiedi per favore pure a Giampaolo e Marcello se riescono a venire. In quattro faremo più in fretta. »

« In che senso, trasloco? In Italia un trasloco è una faccenda piuttosto impegnativa, fisicamente e psicologicamente. Però, che un notorio bradipo fancazzista come te abbia fretta di terminare un qualcosa mi lascia perplesso. Non è che mi stai nascondendo qualcosa? »

« Non, Zez, ça va. Pas de soucis. »

La domenica mattina successiva, gettai Giampaolo giù dal letto e raggiungemmo direttamente il caldo nido dei piccioncini, nel sedicesimo arrondissement, a due passi da Radio France, zona super vip.

Jean ci aspettava giù, accanto a un camioncino. Marcello arrivò poco dopo, direttamente dal Chien Qui Fume, occhi pesti, barba incolta, maglietta satanica degli AC/DC, giacca con spalline anni Ottanta, la Gibson a tracolla. Inguardabile. Jean, come al suo solito molto teatrale, non si tenne dal sottolinearlo, infischiandosene che fosse lì per fare un favore a lui: « Et voilà, Mesdames et Messieurs, je vous présente le Kurt Cobain du Marais! »

« Tais-toi, conard, ou je te casse la Gibson sur ta tête de bois. »

Era il loro modo di comunicare ammirazione e simpatia reciproca.

Finito il cinema, salimmo al pianerottolo e Enrique Iglesias aprì la porta di casa con misterioso fare circospetto. Constatò che era vuota e solo allora si rasserenò. Quindi assegnò i compiti: « Zez e Marcello, voi occupatevi dei vestiti, metteteli in queste valigie, se non bastano usate i cartoni. Jean-Paul, s'il te plaît, est-ce que tu t'occupes des livres? Par ordre de taille, merci ».

Giampi lo fulminò con gli occhi, poi si rivolse verso di

me: « M'bare ma picchì stu calamaru cu tia parra in italianu e cu mia sempri in francisi? »

Non si prendevano per nulla. E per ripicca Giampaolo, extra lavoro, quando c'era Jean parlava solo in catanese.

« Jean, i vestiti? Ma tutti? E perché? »

« Sì, tutti. Dai, non preoccuparti, su diamoci da fare. »

Eseguii sempre più perplesso fino a quando non vidi entrare Giampaolo in camera da letto, molto rabbuiato: « Zez, chiddu mi rissi ca aia imballari u frigiter, macari che cose di mangiari da intra. Ma ni pigghiau pi daveru pi facchini? »

« Giampi, il frigo? Ma dici sul serio? »

« Chi spacchiu voi di mia, addumannaccillu a iddu. »

« Sì, Zez, anche il frigo. E il divano, la scrivania, e il 42 pollici a schermo piatto. Il furgoncino è mio. »

Intervenne Marcello: « No, aspetta, adesso tu ci spieghi ».

« Ragazzi c'è un problema, serio, ma adesso non abbiamo tempo. Vi prego, aiutatemi, poi vi spiego. »

Compresi che non stava scherzando come suo solito e che era successo qualcosa di grave. Feci cenno a Giampi di assecondarlo e cominciammo a portar giù le valigie stracolme, poi risalimmo per prendere le suppellettili, frigo in primis. Le due rampe di scale erano piuttosto larghe, in due lo potevamo trasportare comodamente. Jean prese uno scatolone di libri e si mise davanti in qualità di apripista a segnalarci i gradini, noi due a ruota con il peso più grosso, Marcello in fondo alla fila con l'impianto stereo Bang & Olufsen, preziosissimo regalo di nozze.

A metà circa della discesa la quiete del settecentesco palazzo parigino fu scossa da un urlo animalesco: « C'est toi? Ici? Conaaard, sac à merdeeeee ».

Era monsieur Dupont, il padre di Aline, tale e quale a Obelix, un quintale d'uomo con un ghigno satanico stampato sulle labbra, che appena dall'atrio vide Jean si lanciò su per i gradini e gli saltò addosso afferrandolo per i capelli, incautamente lasciati sciolti, mentre Aline scoppiava in un pianto disperato.

« Monsieur Dupont, noooo... Je vous en prie, je vous en prie... » urlò terrorizzato Jean mentre l'orco gli strappava i preziosi capelli, ciocca dopo ciocca.

A morsi.

« Ferme ta gueule, conard. »

Giampaolo e io rimanemmo inebetiti sul pianerottolo, paralizzati e con il frigorifero in mano.

Dopo una serie di interminabili insulti in dialetto bretone, sempre tenendolo per la chioma e investendolo con pugni in faccia di inaudita violenza, monsieur Dupont, come guidato da Charles Manson, alzò gli occhi spiritati e li diresse verso i tre sconosciuti che stavano collaborando a svuotare l'appartamento della figlia prediletta: « Et vous? Qui putain êtes vous? Les copains de ce conard? Les copains de ce putain de pédé? »

Lasciò la presa di un intontito Jean Cortez e si diresse verso di me, che rappresentavo l'asse anteriore del trasporto eccezionale. All'avvicinarsi di quegli occhi satanici che non promettevano nulla di buono, e per difendermi dal ceffone in arrivo, ebbi il riflesso automatico di mollare la presa del frigo, che cadde rovinosamente sulle scale, aprendosi e riversando l'intero suo contenuto sul pianerottolo. Prima però precipitò sui piedi di Giampaolo, che tirò un urlo di dolore acuto. Chiusi gli occhi, riuscii a udire il sibilo del manrovescio, che però non arrivò mai a frangersi sulla mia guancia. Riaprii gli occhi e vidi la manona di Giampaolo che aveva afferrato al volo il braccio del diavolo Dupont e glielo stava piegando a novanta gradi, mentre Marcello, stringendogli la gola con forza inaudita, gli sussurrava all'orecchio: « Oui, je suis pédé! Ça te plaît pas? »

La risposta a fil di voce di Dupont fu sovrastata dal vocione di Giampaolo: « Eh no. E adesso mi scassasturu a minchia tutti pari! M'addumannasturu di darivi na manu e iu vinni, poi di fari u facchinu e iu u fici. Va bene tutto, ma a rissa no. E ora o vi cammati tutti pari e mi spiegati che minchia sta succirennu o quantu è vera Sant'Agata vi sfasciu di botte finu a dumani matina ».

Ecco, che minchia stava succedendo?

Silenzio glaciale.

Lo scoprimmo nella sala di attesa dell'Hôpital Saint-Sulpice, dove sembrava che Jean fosse già conosciuto. Ce lo raccontò lui stesso con quel che gli rimaneva della bocca fracassata dai pugni del satanista, il quale si era calmato e ritirato in buon ordine solo dopo aver compreso che Giampaolo gli avrebbe cambiato i connotati. Era dunque successo che il cazzaro, indossati gli abiti dell'innamorato modello, in realtà continuava ad alternarli comodamente con quelli del fedifrago. Durante tutto il tempo del fidanzamento con Aline aveva conservato l'abitudine di congressi carnali con Inga Balodis, lettone di Riga, responsabile di rampa di Air Baltic, gran bella donna. A una settimana dal rientro degli sposini dal viaggio di nozze, Aline era di turno su una doppia per Varsavia e Bucarest. E Jean, terminato il servizio mattutino, si era organizzato un appuntamento romantico nel talamo matrimoniale con la stangona lettone, per la quale, da fredda donna del freddo Nord, il fatto che il suo cavaliere gitano-andaluso fosse nel frattempo convolato a giuste nozze non aveva minimamente ridotto la concupiscenza verso quell'essere immondo.

La sfiga assunse la forma di un nebbione epocale su Varsavia. Il comandante dell'Airbus Air France sul quale era in servizio Aline, anziché procedere a un atterraggio su altro aeroporto polacco per poi attendere che la cappa si diradasse, fu invitato dall'ufficio operativo del Charles de Gaulle a tornare alla base quando era già al traverso di Francoforte. E così Aline si ritrovò improvvisamente con il pomeriggio libero e un bel marito disponibile. Decise per una sorpresa dal sapore molto hot: corse a casa, infilò lentamente le chiavi nella toppa, aprì quatta quatta la porta di ingresso, si tolse i tacchi di ordinanza e tutto quant'altro avesse indosso tranne la giacca dell'uniforme a coprire le pubenda in un gioco di vedo e non vedo. Scalza e silenziosa spalancò la porta della camera matrimoniale. E ci trovò Jean avvinghiato a Inga in una posizione in cui non si capiva dove fossero le teste, dove i piedi e dove qualcos'altro.

Dopo un rapido passaggio all'Hôpital Saint Sulpice – ecco perché lo conoscevano – ove gli furono riscontrate lesioni e lacerazioni da morsi e graffi da essere umano, che lui giustificò con un gioco erotico finito male, Jean dovette trovarsi un hotel per la notte stessa perché la oramai ex moglie lo aveva sbattuto fuori di casa.

Ma perché Jean si era sposato? Perché aveva promesso eterno amore ad Aline quando sapeva benissimo di non essere in grado di sottrarsi alle grazie di Inga Balotis nemmeno appena rientrato dal viaggio di nozze?

La verità, amara, era che Jean aveva incontrato una donna speciale e l'aveva inopinatamente trascinata in un baratro sentimentale senza senso. Io invece, che non anelavo altro che incontrare il grande amore della vita, rimanevo al palo, e malgrado una vita intensa e ricca di soddisfazioni lavorative cominciavo a sentirmi solo.

Questi malinconici pensieri vennero spazzati via dai ritmi di lavoro, che con l'inizio dell'estate aumentarono vertiginosamente. Recuperammo un altro paio di slot, sostituimmo gli ATR 42 con i 72, più capienti e silenziosi. La nostra *lounge* andava fortissimo. L'avevo attrezzata con una piccola postazione musicale, due piatti e un sintetizzatore, che dalle cinque del pomeriggio diffondeva morbide sessioni di *chillout*. Tutti i mercoledì sera concerto live di Marcello con il suo gruppo. Fu un successo strepitoso: in alcune ore della giornata la saletta di Air Alps sembrava il Radetzky di largo La Foppa a Milano. « Tutti vogliono viaggiare in prima, tutti quanti con il drink in mano », come avrebbe cantato il Liga qualche anno dopo. Avevamo creato il primo lounge bar aeroportuale del mondo e il mondo parlava di noi, di questa piccola compagnia che sfidava i colossi dell'aeronautica mondiale con eleganza tutta italiana.

E qualcuno di questi colossi cominciò a tenerci sul naso.

Un giorno, stavo rientrando in ufficio dal gate, Jean mi bloccò.

«Tu as un invité» mi disse e scoppiò a ridere.

«Che cazzo ti ridi?»

«Tu verras tout de suite, mon commandant. Bon courage» e continuò a scompisciarsi dalle risate.

Seduto comodamente al mio posto c'era un signore distinto, sui cinquanta, moro, sovrappeso, stempiato, inconfondibile divisa di Giorgio Armani, stirata impeccabilmente.

«Buongiorno, benvenuto, come posso esserle d'aiuto?»

«Ah, mo me chiedi pure come me puoi aiutà? A coso! A come te chiami! Tu me stai a mette sotto tera insieme a li mejo de li mortacci tua.»

Era Giuseppe Campanella, il caposcalo di quelli bianchi, rossi e verdi. Dire che fosse irritato era un eufemismo...

«Ma che volemo fa co 'sti cocktail, co 'sta musica lounge? Er Cocoricò de Riccione? Roma me sta a chiamà ogni du ore e me sta a rompe li cojoni che gli aerei stanno a partì mezzi vuoti: e io che je dico? Che è corpa d'un regazzino che s'è messo a fa er disc giochei?»

Rimasi spiazzato: Campanella non sapeva nemmeno il mio nome. Ero diventato famoso e manco lo sapevo. Abbozzai un sorriso conciliante, anche se dentro di me godevo come un riccio.

Campanella, sempre più agitato, proseguì nella sua litania: «Allora, famose a capì. La mia lounge è roba da monnezzari: me fanno arrivà le colombe Bauli scadute de n'anno, sò talmente dure che ce poi costruì un tramezzo. Da bere nun ne parlamo: me mannano er Brachetto! Coso, hai capito, nella tera dello champagne questi me mannano er Brachettooooo! »

Campanella era sull'orlo di una crisi di nervi.

« Ascoltame bene, noi qua nun ciavemo na lira. Se dovemo ajutà l'uno cor l'artro. Allora famo così: tu me fai entrà i miei business nella tua lounge, aggratis, io in cambio te lascio sempre du posti liberi sui miei aerei per le emergenze. »

« Un'offerta irrinunciabile » mi uscì spontaneamente.

« Ah coso, che me stai a cojonà? Ah coso, nun te permette che io te gonfio! Hai capito? Te gonfiooooo! »

Le urla di Campanella si udirono nitidamente in tutto il terminal 2D del Charles de Gaulle. Jean e Giampaolo erano fuori dalla porta a sbellicarsi dalle risate. Per fortuna il significato delle sue parole rimase astruso alla quasi totalità dei presenti e passò come una tradizionale schermaglia fra italiani caciaroni. Alla fine, da bravi connazionali all'estero, trovammo l'accordo: io avrei ospitato i suoi *frequent flyers* nella mia lounge, lui mi avrebbe prestato postazioni e manovalanza ai desk in caso di alta affluenza dei miei clienti. Ogni tanto mi ospitò per una sana cacio e pepe e a dividerci rimase solo il gol di Diego all'Olimpico.

In mezzo a tutto questo delirio non si poteva trascurare la mina vagante: la signorina Dal Zotto. Greta al checkin, quando si degnava di venire, era un pericolo cosmico. Giampaolo la teneva d'occhio, ma se putacaso arrivava qualcuno che le stava antipatico o di cui non condivideva l'abbigliamento, lo metteva in croce. Con i padroni di casa poi si rifiutava di parlare in francese, adducendo che la lingua ufficiale fosse l'inglese. Affinché facesse meno danni possibile, la spostai agli oggetti smarriti, almeno lì poteva mettere a frutto la sua impressionante preparazione su valigeria e pelletteria assortita.

L'estate parigina proseguì senza lo straccio di un giorno di ferie. Con Jean e Giampaolo lavoravamo indefessi fino a tarda sera, per poi ritrovarci a una cena di gran classe al Bermuda Onion, nel sedicesimo in riva alla Senna, di fronte a Radio France, flûtes di champagne e cucina a cinque stelle. Oppure rustica, dal mitico Jacques Melac, il mio baffuto amico contadino dell'Aveyron con la sua brasserie alla Bastiglia.

Il sabato sera era l'unico momento di relax, l'ultimo nostro volo partiva alle quattro del pomeriggio e non c'era la rotazione notturna.

Con Giampaolo decidemmo di andare a Disneyland Paris. Ci trascinammo una recalcitrante Greta, che continuava a percularci su una scelta a suo dire incomprensibile per una serata di svago. In effetti, alla soglia dei trent'anni potevamo apparire un filo stagionati per un parco divertimenti, ma il grande merito di Walt Disney è sempre stato quello di unire grandi e piccini e io, abbonato a Topolino da quando avevo sei anni, non facevo eccezione. I parchi a tema mi sono sempre piaciuti: le attrazioni, certe attrazioni, molto meno. Avevano appena inaugurato Space Mountain, le montagne russe più terrorizzanti al mondo, che simulavano un lancio spaziale e un'orbita intorno alla galassia. Greta ebbe finalmente un moto di apprezzamento, Giampaolo si incuriosì, e allora mi arresi e salii anch'io. Ricordo solo una centrifuga generalizzata, dalla testa all'intestino, e una serie di improperi urlati a squarciagola, che per fortuna nessuno poteva sentire. Scesi con le mie gambe, ma dopo dieci passi mi accasciai a terra e vi rimasi venti minuti, fra l'ironia di Greta e l'ilarità di Giampaolo.

In quei giorni Disney stava lanciando il cartoon *Mulan*, un cappa e spada in salsa cinese, e ne approfittava per monetizzare con la vendita di gadget da negozi mobili sparsi in ogni angolo del parco, ognuno con il suo venditore. Giampaolo decise di prendere qualcosa per suo nipote Domenico, così puntammo il carrettino più vicino e cominciammo ad armeggiare con peluche e oggetti in plastica varia, sotto l'occhio vigile della fanciulla che curava il punto vendita. Giampaolo esaminò tutto il merchandising, incluse un paio di manette a dir poco realistiche, e chiese mille spiegazioni sui vari aggeggi alla giovane venditrice, la quale parlava solo francese, che dovetti tradurre simultaneamente, mentre Greta corrugava la fronte, scuotendo la testa e sbuffando impaziente. Alla fine il mio amico decise per uno spadino e le manette. Pagò diligentemente i piccoli gadget e la giovane venditrice, mentre contava il resto da ridare al mio amico, mi disse: « Peux-tu dire à ton ami que j'adorerais s'il voulait utiliser ces menottes pour m'attacher au lit quand il me baise? »

Rimasi di ghiaccio.

« Pardon, j'ai bien compris? » sperando di aver compreso male.

« Mais oui, monsieur. »

Ci mancava solo la francesina arrapata. Non ho nessuna intenzione di trascorrere il resto della serata con questa scia-

mannata legata al letto e Giampi a chiedermi come si dice fai questo e fai quello, e mettiti di sopra e mettiti di sotto...

Giampaolo stava orgogliosamente rigirando fra le mani il suo acquisto per il nipotino, non capì e non ci badò.

Meglio così, pericolo scampato...

O forse no...

« A vidi chi bedda sta spaduzza! Zez, ma chi ti rissi a carusazza? »

Cazzo...

Non risposi. Ci pensò Greta: « Sicilia, la tosa te gà domandà se te voevi doparare le manette par ligarla al letto mentre che te geri drio trombarla ».

Giampaolo la guardò come se fosse una marziana, poi si voltò verso di me: « Zez, ma tu e questa scimunita che ti porti dietro siete capaci di esprimere pensieri compiuti in lingua italiana oppure no? »

« Scimunita a chi? Mona di un terrone, come ti permetti? »

« Per favore state calmi. »

Giampaolo aveva ragione, sembravamo a Babele. Così, feci una faccia contrita e approfittai della confusione per tradurgli la richiesta della fanciulla in modo che potesse apparire come un innocuo commento di apprezzamento delle manette in plastica di Mulan.

« Zez, sei un bastardo, digli precisamente quello che gli ha detto quella puttana » intervenne la figlia del padrone.

Giampaolo si inalberò: « Ora basta, cosa sta succedendo? »

« Giampi, ehm, la tipa ha detto che ti vorrebbe scopare. E le piacerebbe che la legassi al letto con le manette che ti ha appena venduto. »

Il tempo di dedicarmi un caloroso « figghiu da sucaminchia » e sparì immediatamente alla ricerca della vorace fanciulla, che nel frattempo si era spostata chissà dove col suo carrettino carico di gadget e le sue voglie erotiche irrisolte.

Rimanemmo soli, io e la monella veronese.

« Greta, basta, non ce la faccio più. »

Lei mi guardò in silenzio.

« Credimi, Greta, io ce l'ho messa tutta per farti da fratello maggiore, ma tu... »

« Zez, rilassati, a fine estate vado via. Game over. »

Sentii le campane suonare a festa. Ma non lo diedi a vedere. Anzi, feci la faccia dispiaciuta. Mi spiegò che Adriana si era trasferita a Milano e che lei ne avrebbe approfittato per fare un master allo IULM. Avrebbero preso casa insieme, un bel bilocale in zona Navigli.

La misi in guardia dalle zanzare, ai Navigli picchiavano come B52.

9

FIGLI

« E che sarà mai » osservò Carlo da Dublino.

« E che sarà mai » ridacchiò Jean, davanti alla macchinetta del caffè.

« E che sarà mai » borbottò Giampaolo, mentre accudiva il sistema informatico di rete.

Già, e che sarà mai!

Eliana Rossi, classe 1979, capelli ricci ramati, fisico sinuoso generato da una fusione nucleare, occhi cobalto, sguardo mefistofelico, accuratamente protetto dai Ray-Ban Aviator di ordinanza, professione assistente di volo in Air Alps. Segni particolari: un enorme tatuaggio raffigurante un drago fiammeggiante, che partiva dalle natiche e terminava sull'ultima vertebra della spina dorsale. Quando la pupa era in divisa, il disegno rimaneva completamente celato agli occhi indiscreti. Io ero tra i pochi fortunati ad avere contezza della sua esistenza.

Tutto ebbe inizio in una tiepida sera di settembre del 1999. Andai, come mio solito, ad accogliere l'equipaggio del serale da Verona per consegnare i voucher di cena e hotel. E rimasi a occhi spalancati.

« Figa, diretur, ci han fatto posteggiare in Normandia, venti minuti di interpista solo per arrivare qui. Dai su, bel fioeu, fa minga la figura del cioccolataio, tira fuori i danè e fatti dare un finger, se no torno minga chi. »

Disse con voce soave e al contempo canzonatoria. Non la avevo mai vista prima. Mi prese totalmente alla sprovvista, abbozzai un sorriso di circostanza e rimasi in silenzio, come un cretino. Attesi il comandante, Dario Beltrame, mio vecchio amico, napoletano di Pozzuoli, uomo di mare e grande appassionato di cavalli, tanto che una volta mi portò con lui a Longchamp per il Grand Prix de Paris, in mezzo a donne dai cappelli improponibili e a giocatori incalliti, al cui confronto Mandrake e Er Pomata erano due dilettanti.

Dario scese dall'interpista per ultimo. Data la medesima estrazione etnica e la necessità, talvolta, di dialogare senza farci capire, utilizzammo il linguaggio dei gesti: iniziai io, alzando il mento nella direzione della fanciulla e scuotendo contestualmente il capo, a voler dire: « Ma quella chi è? »

Lui, a sua volta, mi rispose semplicemente mettendo la mano a cuneo sotto al mento, agitandola per comunicarmi: « Santo Cielo, lascia perdere, donna pericolosa, stai lontano da lei ».

La mia controrisposta fu immediata e richiese solo pochi secondi: dapprima alzai la mano destra nella direzione di Dario, mantenendo il palmo verso l'alto, poi ruotai il polso, e abbassai la mano, ponendo il palmo verso il basso, come a voler spingere l'aria. A significare: « Figurati se mi faccio intimidire da questa ragazzina, sta a vedere adesso! »

La gestualità napoletana è favolosa perché ti consente la solennità e la chiarezza, risparmiando fiumi di parole. Noi l'avevamo esportata anche a Parigi.

Presi coraggio.

« Buonasera, signorina, posso avere il piacere di conoscerla? »

« Assistente di volo Eliana Rossi. F205. »

« F205? La targa della sua auto? Le serve un voucher anche per il posteggio? »

« Ma quale auto, figa! F205, Milano! »

« Mi scusi, ma faccio fatica a seguirla. »

« Diretur, lei non è milanese vero? »

« Direi proprio di no. »

« E allora non si sforzi. »

Attribuii a quel codice i significati più assurdi. Invece erano semplicemente gli elementi del codice fiscale italiano che identificano il comune di nascita: F205, Milano città. Codice dei fighetti di San Babila per distinguersi dagli *zanza* di Rozzano e Buccinasco e dai terroni come me.

2-0 per lei e match tutto in salita.

Eppure, invece di tacere e limitare i danni nella speranza di una rimonta nella partita di ritorno, cercai il gol della bandiera.

« Signorina, lei è un personaggio talmente sorprendente che sembra uscita da un uovo di Pasqua » le dissi giusto per ribadire che i gradi in azienda non erano frutto della casualità.

« Signor caposcalo, faccia poco lo spiritoso, perché dal suo uovo di Pasqua è impossibile che le venga fuori una sorpresa come me e qualora fosse sarebbe anche peggio, poiché lei non mi sembra assolutamente in grado di poterne approfittare. »

Vabbè, 3-0 e palla al centro. Un cappotto!

La dialettica non le faceva difetto, e sommata a una

fisicità straripante la rendeva un soggetto ustionante. Quella sera il dialogo terminò così, ma da quel momento ogni volta che la ragazzina arrivava al Charles de Gaulle, facevo in modo di incrociarla, anche nei cicli diurni, quando l'equipaggio non scendeva al terminal, e io dovevo inventarmi le scuse più improbabili per salire a bordo e attaccar bottone.

Ben presto il mio vice lo notò e si incuriosì.

« Perché sei andato allo stazionamento *au bout du cul*? »

« Verifica equipaggiamento di bordo e rifornimenti. »

« Tu? »

« Sì, io! Perché? »

« Ma se non sei in grado di distinguere un giubbotto salvagente da uno antiproiettile? » Mi osservò di sottecchi, poi proseguì: « Chi c'era in cockpit? »

« Giansanti e Russo. »

« E in cabina? »

« Colleghe nuove, non le conosco. »

« Ah, non le conosci... »

« No, non le conosco! »

« E così tu non le conosci... »

« Ma perché, devo conoscerle tutte? » gli dissi alzando impercettibilmente il tono della voce.

« Tu vois? Tu t'énerves comme une fille! Tu me caches quelque chose. »

« Uagliò, e mo m'hai cacato 'o cazzo, io non ti nascondo niente, chiaro? »

« Oui, c'est claire, quand tu parles africain il y a quelque chose qui ne marche pas. »

« Esci, sparisci, vai a fare finta di lavorare! »

Questa mia premura nel recarmi a bordo fu notata anche da un'altra persona, che non faceva proprio nulla per sottrarsi alle mie schermaglie verbali. Così, qualche settimana dopo, avendo visto che era di turno sull'ultimo volo della sera, le scrissi via mail che per l'occasione avrei pagato di tasca mia il finger e che l'avrei attesa con un mazzo di trenta rose rosse tutte per lei.

Era mero teatro, non immaginavo mi avrebbe preso alla lettera. L'ATR parcheggiò al solito stallo, in fondo alle piste e io attesi che sbarcasse al terminal con un sorriso ironico. Quando la vidi scendere, però, rimasi di sale: era in borghese, si era cambiata nella toilette dell'aereo, jeans attillatissimi, camicetta nera Gucci in pura seta con bottoncino appositamente slacciato e vista su un reggiseno di pizzo. Una bellezza così sovrumana era la prova dell'esistenza di Dio.

« Sapevo che ti saresti presentato a mani vuote, casciaball d'un terun. Per farti perdonare hai solo un'opzione: mi porti a cena. Da Alain Ducasse! Adesso! » E proseguì: « Entro mezz'ora dobbiamo essere lì, ce l'hai una macchina, una moto, una carrozza, qualcosa o sei il solito italiano sfigato che si muove solo con i mezzi pubblici? »

Be', sì, in effetti ero il solito italiano sfigato che a Parigi non aveva l'auto e si muoveva coi mezzi pubblici, anche perché abitavo in centro e con soli venti minuti di RER ero al mio posto di lavoro in aeroporto senza stress di traffico e parcheggio, abitudini difficili da comprendere per chi vive a Roma o Napoli, dove il mezzo pubblico non è una certezza ma una speranza.

« Mia dolce fanciulla, non temere, la carrozza, oops, la vettura ti attende al parcheggio compagnie aeree » bluffai vergognosamente.

Sto cazzo! E adesso?

Certo, avrei potuto prendere un taxi, ma le avrei offerto la mia testa su un piatto d'argento. La mia unica speranza aveva un nome e un cognome: Giuseppe Campanella, il caposcalo di quelli bianchi, rossi e verdi. Con una scusa rientrai in ufficio e lo chiamai. Ero sicuro che malgrado l'ora avanzata fosse ancora operativo, intento a cercare di mettere toppe alle mandrie di clienti imbufaliti dai loro tradizionali ritardi.

« A coso, famose a capì: e che te sembro uno che affitta 'e machine? »

« Giuseppe, non mi sono spiegato, non mi serve un noleggio, ho bisogno della tua macchina, ora! »

« A machina mia? E che ce devi fa'? »

Gli spiegai in dieci secondi netti tutta la storia.

« Anvedi questo, sembrava un monaco de clausura e invece se bomba li troioni. »

« Giuseppe, punto primo mi devi spiegare cosa intendi con monaco de clausura, punto secondo non è un troione, ma una collega, punto terzo fai meno filosofia e dammi le chiavi. »

« Cor cazzo! E mò me c'hai messo a curiosità. 'A vojo vedè, me la devi da fa vedè. Famo così, io devo da tornà a casa. C'ho a machina de servizio, quella bella cor logo, me levo 'a divisa e famo finta che sò l'autista. Ve porto da Diucasse, o come cazzo se chiama, e ve lascio a fa li cavoli vostri. Poi, quando finite, ve pijate un taxi. »

Grande Giuseppe!

Tornai da Eliana e le dissi che avevamo un'auto con chauffeur per il centro.

« Wow, che figata! » esclamò entusiasta alla vista dell'Audi A4 blu griffata Armani.

« Mei cojoni! » esclamò Giuseppe Campanella entusiasta alla vista di Eliana.

I trenta minuti necessari per coprire il percorso dal Charles de Gaulle agli Champs mi sembrarono un'eternità. Giuseppe si era talmente immedesimato nel ruolo del tassinaro, che non stette un momento zitto per tutto il viaggio, e io avevo il terrore che potesse tradirsi da un momento all'altro. E invece fu impeccabile. La milanese apprezzò notevolmente il servizio di chauffeur, pur comprendendo sì e no il dieci per cento del monologo in romanesco, si mise comoda, si sfilò lo stiletto di Manolo Blahnik e incrociò i piedi nudi sotto il sedere, emanando una sensualità accecante.

Arrivammo in avenue Montaigne, traversa degli Champs, Giuseppe scese dalla macchina come un razzo per aprire lo sportello alla fanciulla, apparentemente per ottemperare al proprio ruolo di chauffeur di lusso, in realtà perché se la voleva godere *de visu* in tutta la sua provocante bellezza. Eliana scese dalla vettura, salutò compuntamente quello che credeva essere l'autista, prese il mio braccio e, mentre ci avviavamo verso l'elegante ingresso del celebre ristorante, fece una smorfia in direzione di Giuseppe.

« Figa, Zez, ma dove l'hai preso chel lì? Al Museo di scienze naturali di via Palestro? »

Non risposi. Mi voltai istintivamente verso di lui: aveva messo la mano destra in mezzo ai denti e mugolava: « Daje, a coso! Dajeeeeee! »

Fummo accolti da un maître in alta uniforme, che

controllò la prenotazione e ci accompagnò al tavolo. Tutto il ristorante si voltò. Uomini e donne, nessuno escluso.

Perché Eliana non camminava.

Sfilava.

La cena fu un orpello. Lasciai carta bianca al maître, il quale propose il menu « Amour et Passion ». Dieci portate, alla fine dieci cazzatine da dieci grammi l'una. E meno male, perché la notte che mi aspettava a casa si sarebbe rivelata una delle più impegnative della mia vita e una digestione lenta non avrebbe aiutato.

Non feci in tempo a chiudere la porta della mansarda, che Eliana si precipitò ad avvinghiarmi e provò a slacciarmi la cravatta, ignorando che ero un sostenitore del doppio nodo all'inglese e finendo quasi per strozzarmi. Poi, visibilmente su di giri, mi slacciò la camicia in un colpo solo, facendo saltare tutti i bottoni, dal primo all'ultimo.

E mo a donna Marisa, che gestisce e riattacca tutti i miei bottoni sin dalla più tenera età, che cazzo le dico? Una rissa?

Poi adocchiò i pantaloni, ma qui, visto il prezioso contenuto, la supplicai di lasciarmi fare da solo. Infine, si voltò, inarcò la schiena e si fece lentamente scivolare la camicetta di seta lungo tutto il corpo sinuoso. E finalmente lo vidi: « Minchia, Grisù! »

« Che hai detto? »

« No... ehm, Grisù, il draghetto che voleva fare il pompiere, no... ehm non lo conosci... vabbè... scusa. »

Mi guardò di sbieco, come se volesse fulminarmi. Poi lasciò cadere la questione, insieme al suo perizoma.

Eliana amava il sesso. E io amavo le donne che amavano il sesso.

Fino a quel momento... perché l'idraulica è una scienza esatta, le fanciulle dovrebbero saperlo. E invece alcune lo ignorano. Quella notte fui coinvolto in una maratona alla quale non ero mentalmente, né fisicamente preparato. Eliana mi confessò di avere un bisogno fisico di fare l'amore col suo uomo almeno quattro volte al giorno. Tutti i giorni. Allora, sottraendo le dieci ore di lavoro, ce ne rimanevano solo quattordici: si dava il via alle danze la mattina appena svegli. Figo! Poi, la prima serata appena tornati a casa o prima di uscire a cena. Molto eccitante. Per il terzo amplesso si utilizzava la seconda serata rientrati dalla cena. E qui già diventava impegnativo. E il quarto? Lo scoprii presto: il cuore della notte! Ogni notte alle tre venivo svegliato senza troppe cerimonie per ottemperare ai miei doveri di maschio. Un incubo.

« Mbaruzzo, chi fu? Hai due occhi pesti e un viso smunto. Sicuro che va tutto bene? »

« Giampi, è ninfomane! »

« Eh! E che sarà mai? »

« Mi ha ridotto a una larva, non ce la faccio più. »

« Zez, non mangiare grassi, cancella gli alcolici, allena i muscoli pelvici, fai dieci chilometri al giorno di corsa. »

« Giampi, guarda che non devo andare alle Olimpiadi di Sydney. Questa mi sta prosciugando. »

« Zez, hai voluto la sventolona disinibita? E adesso pedala e muto. »

A Jean, per evidenti motivi di privacy non avevo detto nulla. Certo, vedeva questa giovane assistente di volo che gironzolava sempre più spesso al Charles de Gaulle, ma inizialmente non la associò a me. Poi si accorse che quando la pupa era in rotazione notturna su Parigi, io sgommavo dall'ufficio alle sei di pomeriggio e spegnevo il cellulare. E fece due più due...

Eravamo a casa, Eli e io, abbracciati sul divano a vederci *Eyes Wide Shut* su Canal Plus. E proprio mentre Tom Cruise stava pronunciando « Fidelio », la parola d'ordine segreta per accedere alle orge scambiste nel castello, mi squillò il cellulare di servizio.

Voce greve: « Mon commandant, c'è stato un incidente, il nostro volo da Bologna ha toccato duro e il carrello si è danneggiato ».

« Cazzo, ci sono feriti? »

« No, tutti illesi, ma devi venire subito qui. »

« Sto arrivando. »

Mi infilai la divisa e mi catapultai dalle scale, aprii il portone e...

« Sorpresaaaaa...! »

« Jean!!! »

« Oui, c'est moi! »

« E l'aereo? »

« Quale aereo? »

« Il nostro, quello che ha danneggiato il carrello. »

Jean si aprì in un sorriso beffardo: « Zez, relaxe-toi, c'était une blague! »

« Uno scherzo? Ma sono scherzi da fare? Tu-tu-tu, mi hai fatto prendere un infarto. Tu sei pazzo da legare. »

« Eliana Rossi, n'est pas? »

« Che cosa? »

« Tu hai una storia con Eliana Rossi e non mi hai detto niente. Bell'amico! »

Sgranai gli occhi, ma non feci in tempo ad articolare una risposta compiuta, che lui era già dentro il portone e stava tirando fuori dal giaccone una bottiglia di Krug millesimato.

« Alors, on y va! Tu dois faire les présentations officielles. »

L'indomani tutto il Charles de Gaulle venne messo a conoscenza dalla Gazzetta di Marsiglia che Eliana e io eravamo ufficialmente una coppia.

Un giorno ricevetti una chiamata di papà Luigi: tutto arzillo mi annunciò che lui e mamma sarebbero venuti a trovarmi nel week-end. Era stato convocato per un meeting mondiale di IBM. Come al solito, si precipitò al convegno, mentre donna Marisa, come al solito, venne a ispezionare la mansarda di questo figlio single che non si decideva a mettere la testa a partito. Eh già, perché la mia famiglia era ancora del tutto all'oscuro dell'esistenza di una donna nella mia vita, e non vi era alcuna fretta che lo venisse a sapere. Da una parte non mi andava di dare troppe spiegazioni sulla mia vita sentimentale, dall'altra donna Marisa difficilmente avrebbe potuto comprendere e apprezzare una fidanzata così, diciamo, moderna.

La fortuna mi porse una mano. Quel fine settimana Eliana era di servizio sui voli domestici, quindi avrebbe pernottato a casa sua, a Milano.

Prima di tutto dovevo far sparire le decine di reggiseni, perizomi e hot pants di ogni foggia e colore, che la *roscia* aveva smollato nel mio pied-à-terre. Impacchettai tutto di corsa, ma Delphine era al lavoro, e dare gli slip della mia fidanzata al topastro era fuori discussione, così consegnai tutto a monsieur Arnaud, il mio dirimpettaio.

Monsieur Maurice Arnaud, ottant'anni magnificamente portati, nobile decaduto, originario della Costa Azzurra, aveva sperperato un intero patrimonio al gioco e con le donne, e per pagare i debiti aveva dovuto vendere tutto, titolo nobiliare compreso. Non si era mai sposato, se avesse figli non era dato saperlo, probabilmente qualcuno qua e là lo aveva lasciato. Con gli ultimi spiccioli rimasti, una rendita di un lido a Cannes, si era comprato la mansarda accanto alla mia. Ci eravamo conosciuti sul pianerottolo, lui aveva una giacca da camera di velluto rosso, un paio di pantaloni di vigogna neri, perfettamente stirati, al collo un foulard di Hermès. In mano un mazzo di carte, rigorosamente francesi. Sembrava appena uscito da un film di Truffaut.

Lo invitai a casa per un bicchiere di Rosato del Salento, lo bevve con gusto, mi disse che all'olfatto gli ricordava la sua giovinezza passata nei locali sulla Croisette a sorseggiare Côtes de Provence. Da quel giorno iniziai a invitarlo a cena almeno una volta a settimana. Rimanevamo a parlare fino a notte fonda, disquisendo di donne, amori difficili e massimi sistemi.

« Perché in fondo, monsieur Arnaud, si può amare da morire ma morire d'amore no... »

« Mon Dieu, Zez, c'est Baudelaire? »

« No, i Neri per Caso... »

Fu lui a iniziarmi allo champagne. A ogni appuntamento mi sollazzava con bottiglie di altissimo livello: Taittinger, Krug, Ruinart. Dove prendesse i soldi per acquistarle non l'ho mai capito, non escludo andasse a impegnare monili e gioielli nascosti in qualche baule col suo stemma nobiliare. Quando gli confessai che la bottiglia più diffusa in Italia era il Moët & Chandon e che normalmente veniva servito per accompagnare il dolce, ebbe un moto di disgusto, per poi lasciarsi andare a una fragorosa risata.

« Zez, le champagne n'est pas une bouteille. C'est une religion! »

Trascorrevamo minuti interi a guardare le bollicine salire dal fondo della flûte verso la superficie. Una via l'altra. Sembrava una danza. Uno spettacolo della natura. Poi gli facevo brillare le papille gustative con le migliori ricette della cucina italiana, nei confronti della quale nutriva una smisurata ammirazione. Ovviamente non potei fare a meno di presentargli la mia vistosa fidanzata. Appena la vide, da vero *tombeur des femmes*, si lanciò in un baciamano avidissimo che sembrava non finire mai. Dovetti tossire tre volte per abbassare la concupiscenza di monsieur Arnaud e togliere Eliana dall'imbarazzo. Ma poi fecero amicizia e spesso mi capitava di rientrare a casa e trovarli affacciati sul davanzale vista Notre Dame a fumarsi beatamente una canna.

Memore dell'incidente diplomatico di qualche mese avanti, donna Marisa evitò di presentarsi con le cime di rapa e la sera raggiungemmo papà Luigi per la cena di gala nel Salone degli specchi della reggia di Versailles. IBM sapeva viziare i suoi dirigenti. Godersi la cena nel luogo dove il Re Sole consumava ricche libagioni con la sua corte dorata, per un appassionato di storia come il sottoscritto, fu un'emozione indimenticabile. Lo chef, giunto direttamente dalle cucine di Paul Bocuse, ci servì: soupe à l'oignon, gigot d'agnot avec pommes dauphine e, a chiudere, plateau de fromages royal. Tutta la squadra di cucina entrò solennemente nella sala degli specchi sospingendo un enorme carrello con almeno cinquanta formaggi diversi, di ogni forma, foggia e colore. E poi arrivò lo chef, che indicando il plateau recitò con voce potente: « Mesdames e Messieurs, ça c'est la France ».

Quella Francia di cui mi ero profondamente e irrimediabilmente innamorato.

Anche i miei, scoprii presto, erano caduti in quel folle amore, soprattutto Luigi. Ogni scusa era buona per venirmi a trovare e io facevo in modo di fargli conoscere la città più segreta, quella sconosciuta ai turisti, che i parigini tengono nascosta con malcelata gelosia.

Carlo invece non era particolarmente predisposto verso la Ville Lumière: così schivo e tranquillo, stava benissimo a Dublino, donne irlandesi a parte. Parigi lo stressava. Veniva solo per me e per la tradizionale scorpacciata da Jacques Melac, da dove mio fratello, solitamente morigerato, usciva piegato dal Côtes du Rhône che scorreva a fiumi. Spesso capitava che nei week-end nei quali Eliana era di servizio lo raggiungessi a Londra, a metà strada, rigorosamente in treno. L'Eurostar giallo limone partiva dalla Gare du Nord, faceva una rapida fermata al Charles de Gaulle, giusto per far salire me, e poi filava dritto sotto la Manica, a trecento all'ora, fino a Waterloo Station, al di là del Tamigi, di fronte al Big Ben. Che poi da questi piccoli particolari capisci quanto sanno essere stronzi gli inglesi: tu costruisci una linea ferroviaria futuristica sotto la Manica insieme ai francesi e poi la fai arrivare in una stazione nuova di zecca intitolata al più grande smacco militare di Napoleone? È un po' come se noi facessimo il capolinea del TGV Parigi-Milano in una stazione intitolata a Marco Materazzi.

Prendevamo sempre un alberghetto con pub annesso dalle parti di King's Cross, stanza doppia con letto alla francese, talmente piccolo che ci dormivamo capo-e-piedi, come da piccoli a casa della nonna. A Londra le parti si invertivano: lui l'adorava, io la vivevo senza entusiasmo. A metterci d'accordo era solo la tavola, perché, in barba ai luoghi comuni propinati dall'italiano medio, a Londra si mangia bene. Dalla cucina etnica di ogni parte del mondo, anche la più lontana, fino alla cucina tradizionale britannica da pub, ovunque nella *swinging city* la tavola può raggiungere livelli invero entusiasmanti. Carlo e io avevamo un solo comune, feroce, nemico: il *brunch*. Il brunch, neologismo derivante dalla fusione di breakfast e lunch, è il peggior regalo dei sudditi di Sua Maestà Britannica al mondo, forse secondo solo alla moquette nel cesso. Perché unire in matrimonio fagioli e pancetta con il tè macchiato è un'eresia, una dissacrazione, una bestemmia.

E poi c'è il cappuccino. Riguardo al cappuccino sarebbe opportuno un intervento del Dante Alighieri. No, non l'anima del sommo poeta, ma l'Istituto di cultura italiano presente in quasi tutti i paesi del mondo. Si emani una legge *erga omnes* con la quale venga fatto divieto a tutti i *cappuccinisti* del globo terracqueo di consumare la suddetta bevanda dopo pranzo, oppure, orrore infinito, dopo cena.

A Londra ci pensava Ciro, Ciro Capuano, salernitano

del Torrione, titolare della pizzeria San Matteo a South Kensington, probabilmente la migliore di tutta Londra. Carlo e io, in barba al brunch, andavamo da lui a chiudere il fine settimana londinese insieme con il pranzo della domenica. Parmigiana di melanzane, purpetielli del Mare del Nord alla Luciana, pizza salsiccia e friarielli. E a fine pranzo immancabilmente ci gustavamo la solita commedia: una giovane fanciulla, figlia della Londra bene, attirava l'attenzione di Ciro con la manina alzata e un sorriso contagioso: « Ciro, please, may I have a cappuccino? »

« 'O cazzo! »

« Pardon? »

« 'O cazzo! »

« Sorry Ciro, I don't get it: what do you mean with 'o cazzo? »

« My friend, listen to me please. If you had asked me for more salt in the pizza, I would have simply answered no. Because my pizza is perfect and therefore there is no need for more salt. However, more or less salt depends on your taste. But if you ask me for a cappuccino after the pizza, my answer is: 'o cazzo. Because drinking a cappuccino after pizza is not a matter of taste, it is simply blasphemy. So, 'o cazzo is much more than no. It means nooooooooo, absolutely noooooo. Did I make myself clear, my friend? »

E, almeno a Londra, la questione cappuccino l'avevamo risolta.

Uno dei momenti più dolci era la domenica mattina. Da quando Eli era entrata nella mia vita avevo fortemente diradato le mie presenze in Missione. Eli era atea, di quell'ateo opprimente, in cui non si crede veramente a nulla. Avevo provato qualche volta a trascinarmela dietro, ma mi ero accorto che in chiesa faceva veramente fatica.

Gesù, ti devo chiedere scusa. Ma io te l'ho portata, tu l'hai vista bene, sì? E al posto mio cosa faresti? Dai che fra trentenni ci si capisce al volo. Comunque ti prometto che le domeniche in cui lei è di servizio io torno qui da te, contaci! Un'ultima cosa, per favore, non dire niente a donna Marisa, lei, a differenza tua, non capirebbe.

Una delle attività preferite dei parigini la domenica mattina è andare per mercati; dal Marché aux Puces di Saint Ouen, famoso in tutto il mondo, al Marché des Antiquaires a Saint Michel. Io, più prosaicamente, mi buttavo sul gastronomico. Il mio preferito era quello di Levallois-Perret, un sobborgo giusto al di là del Périphérique; sembrava un dipinto di Monet, colori e sapori della cultura francese, con leccornie locali ed etniche per tutti i gusti. Avevo un debole per Le Traiteur des Antilles, gestito da un omone di colore dai denti bianchissimi e dalle gote piene che friggeva i migliori *acras de morue*, polpette di merluzzo speziate, di tutta Parigi, oltre a ogni ben di dio dei Territoires d'outre-mer. In un angolo, poi, sopravviveva un bancone tutto italiano. Lo gestiva Salvatore, figlio di immigrati calabresi che avevano lavorato tutta la vita nelle miniere di carbone della Normandia, e divenne il mio spacciatore di pasta De Cecco e passata Mutti. E infine, solo nei mesi con la erre, il banco dell'ostricaro, che disponeva la sua preziosa mercanzia con la stessa arte di un pittore di Montmartre. Eli registrò la mia passione per questo peccaminoso frutto di mare, e una domenica in cui ero di servizio decise di farmi una sorpresa. Si recò al mercatino e ne acquistò una « douzaine », Bretagna pura, raccolte il mattino stesso; le portò a casa, le mise sul tagliere, le contemplò per circa tre ore: martello, forbici, coltelli vari, ma il bandolo della matassa dell'apertura non fu sciolto. E allora decise per le maniere forti, massimo risultato col minimo sforzo: le fece aprire sul fuoco. Il risultato finale preferirei ometterlo. Quando arrivai a casa e vidi quello scempio ebbi un moto di nostalgia e pensai a Raffaele, un mio amico di infanzia a Bari che mi apriva taratufoli e cozze noci a mani nude, e a quanto fosse fortunata Giorgia, la sua fidanzata.

Ma quando Eli abbozzò un sorriso di scuse con le sue magnifiche labbra a cuoricino, capii che io lo ero altrettanto.

Nel frattempo, il 1999 stava volgendo al termine e si avvicinava la fine del millennio, un periodo complicato dal punto di vista lavorativo, causa spauracchio del *millenium bug* e, incredibile a dirsi, della profezia maya sulla fine del mondo.

Quest'ultima, che io consideravo alla stregua di mero folklore, ci provocò numerosi quanto imbarazzanti inconvenienti. Fui chiamato diverse volte al gate dai miei ragazzi a causa di clienti che all'ultimo momento venivano colti dal terrore di volare e non ne volevano più sapere di imbarcarsi. E una volta accadde l'inverosimile: squillò il telefono diretto con la torre di controllo.

« Monsieur, il y a une urgence à bord du vol AP117! S'il vous plait, venez au Ground Control. »

Mi precipitai in torre, mi passarono la comunicazione. Era Dario Beltrame, il comandante, uno che nei casini ci sguazzava.

« Dario, che succede? »

« Ce sta 'na dio 'e pazza che sta alluccanno mmiez'all'aereo ca 'nu Maya l'ha ritto ca sta arrivann'a fine ro munno. Sta scema mi sta terrorizzando i passeggeri, io sono fermo sul raccordo di rullaggio e sto bloccando tutto il traffico in decollo. Uagliò, fai qualcosa veloce che qua finisce malamente! »

« Dario, come faccio qualcosa? E che faccio? »

« Zez, l'unica soluzione è che la facciamo sbarcare da qui, ma subito! »

« Dario, ti ricordo che noi qua non abbiamo mezzi aeroportuali. Vengo a piedi? »

« Fa chello che bbuò tu! Pigliate 'nu taxi, ma vieni! »

Andai di corsa nell'ufficio di Campanella.

« Giuseppe, prendi le chiavi del furgone e accompagnami, dobbiamo andare a fare un TSO. »

« Ma che cazzo stai a dì? Vuoi fare una Technological Survey Operation? Cor camioncino? »

« No, un Trattamento Sanitario Obbligatorio, dobbiamo far scendere una matta da un mio aereo bloccato in rullaggio prima che i francesi mandino i Mirage a incenerirlo. »

Molto meno folkloristica fu la guerra al *millennium bug*. Per mesi ci terrorizzarono, per mesi fummo portati a credere che alle ore 00.01 del primo gennaio 2000 l'intera informatica mondiale sarebbe implosa, travolta da un *bug* assassino che ci avrebbe fatto tornare indietro di almeno vent'anni. Dall'Italia arrivarono squadre di ingegneri informatici a rafforzare i server, a mettere protezioni, a installare antivirus potentissimi. Giorni interi in riunione per valutare ogni possibile intervento preventivo, senza giungere a una conclusione definitiva.

« Uagliò, mo basta, ci stiamo solo fasciando la testa prima di essercela rotta. Dio vede e provvede! Pensiamo alla salute! » sbottai un giorno esasperato.

Lo so, un coacervo di luoghi comuni meridionali ma era un argomento ansiogeno che mi aveva sinceramente stufato. Lasciai i tecnici al loro lavoro e preferii dedicarmi a una attività molto più interessante: organizzare la festa per accogliere il nuovo millennio.

Per l'ultima notte del 1999, mi feci anticipare da Verona il premio di performance di fine anno e noleggiai *Le Calife*, una delle più vecchie *péniche* di Francia autorizzate a solcare la Senna. *Le Calife* conservava l'originale struttura ottocentesca su tre ponti: il più alto, all'aperto, ospitava disc jockey e angolo bar; quello intermedio, tutto vetri e cristalli, la sala da pranzo; il più basso, *boiserie* e aroma di cognac, la sala per l'*after-dinner*. La festa fu strepitosa: oltre a tutti i miei ragazzi, vennero colleghi delle altre compagnie aeree e amici da tutta Europa. Patrick Ramsey, il caposcalo irlandese si presentò con due botti di Guinness non pastorizzata, prodotta la mattina stessa e fatta arrivare con l'ultimo aereo da Dublino. Una venne destinata alla spillatura tradizionale, l'altra invece venne animalescamente consumata a canna. Chiunque poteva attaccarsi, ma solo dopo severe istruzioni di Patrick, perché la Guinness non è facile da addomesticare direttamente in bocca e difatti lasciò parecchie vittime sul terreno.

Eli si trascinò una mezza dozzina di amiche milanesi, dalla modella di Prada alla editor di Feltrinelli, dalla insegnante di aerobica della Virgin alla *emo* giapponese, stylist da Etro. Giuseppe Campanella si presentò con la moglie, la signora Gabriella, detta « la tigre della Garbatella »: vestitino leopardato, seno molto florido sostenuto da una impalcatura certificata da Fincantieri, sandali Louis Vuitton a contenere faticosamente una caviglia XXL sovrastata da stacco di coscia degno di un cinghiale maremmano.

« Ah, coso, ma tu sei quello della *longhe* nell'aeroporto? »

« Sì, signora sarei quello. »

« Mi marito cià fatto 'na malatia pe sta *longhe*, ma adesso te vole bene come a un fijo. »

« Bene, signora Gabriella, ne sono felice, adesso però non pensiamo al lavoro. Si goda la serata. »

Non poteva mancare Carlo, che si trascinò dietro un paio di colleghi italiani da Dublino. Li osservai inizialmente timidi in un angolo ad ammirare sbalorditi tutta quella bellezza umana e artistica. Probabilmente pensavano al loro posto sicuro in banca nella sonnacchiosa Irlanda e si stavano rendendo conto che della vita non avevano capito un cazzo. Poi si lanciarono anche loro nella mischia con occhi famelici.

E poi Flavio con Elena, la sua nuova fidanzata, nonché futura moglie. Sornione e geniale come sempre, si presentò con un frigo portatile, in ricordo di quelli montati sui nostri aerei, pieno di limoncello fatto in casa coi limoni della Costiera, il profumo indimenticabile della mia gioventù.

Jean si prese il ruolo di maestro di cerimonie, occupandosi del buffet e dell'accoglienza degli ospiti a bordo. La musica non poteva che essere di Marcello Pittaluga e della sua band, la quale per l'occasione abbandonò il brit punk rock per un repertorio funky pop, decisamente più adatto alla serata. Marcello attaccò con gli Wham per dirigersi verso gli Swing Out Sister, passando per i Dirotta su Cuba. Applausi scroscianti e serata subito caldissima. Alla prima pausa, Marcello scese dal palco per umettarsi il gargarozzo con una flûte di champagne, quando fu intercettato dalla tigre della Garbatella: « Ahò, bel giovane, te posso chiede 'na cortesia? »

« Certo signora, mi dica. »

« Che me la suoni *Vattene amore*? »

Fu come chiedere al professor Zichichi una *lectio magistralis* sulle proprietà olistiche dei cocomeri.

« Mi dispiace signora non la conosco. »

« Nun la conosci? Ma stai a scherzà? È 'a più bella canzone de Amedeo Minghi. »

« Minghi chi, scusi? »

« Ma che nun me conosci nemmeno er Maestro? Ma sei un musicista o un pizzardone? »

« No, signora, mi creda, con tutto il rispetto ignoro chi sia questo Minghi. Comunque, se vuole, più tardi, posso farle un pezzo di Luigi Tenco o Gino Paoli. *Sapore di mare*? »

« Ma che stai a dì? *Sapore de mare*? Ma per chi mi hai pijato? Pe mi nonna? »

Marcello stava sudando freddo.

« Mi scusi, non era mia intenzione offenderla. »

« A coso, ascoltame: *Vattene Amore*, quella che fa *trottolino amoroso dududu-dadada*. E su, che te costa, famola, tu canti la parte der Maestro e io faccio Mietta. »

« Signora la prego, non ho gli spartiti, mi è veramente impossibile. »

« Vabbè, ho capito, nun c'è problema, c'ho io 'a cassetta in machina. »

« La cassetta? »

« Giuseppeeeee!!! Giusèèèèèè!!! Cori che ce sta da prende 'a cassetta de Minghi per questo che mette 'a musica. Stasera se famo er ballo da mattonella cor Maestro. »

« Gabrie', nun me rompe li cojoni, tu e il Maestro » rispose garbato Giuseppe, visibilmente distratto dalle ragazze che salivano a bordo, sempre più numerose, sempre più affascinanti.

Eli era pazzesca: aveva la stessa taglia delle modelle professioniste e a Milano si era procurata un Versace, residuo di una sfilata *haute couture*: pantaloni stretch grigi lucidi abbinati a una giacca di velluto nero chiusa da un laccetto sotto lo sterno. E sotto il vestito niente... Mentre ballava dovetti passare un paio di volte a chiudere la bocca di Beltrame e dei *Dubliners*.

Che poi avevano tutte le ragioni del mondo: ma quanto sono belle le donne quando ballano? Perché il ballo è femmina, l'arte di muovere sinuosamente il corpo a tempo con la musica avvicina la donna alla perfezione divina, illuminandola di quella accecante luce di fascino e sensualità.

La musica live di Marcello coinvolse tutti, anche la tigre della Garbatella che si rassegnò all'assenza nella playlist di Amedeo Minghi scatenandosi sulle note di Jamiroquai e Bob Sinclair. E quando le forze e il fiato stavano per abbandonarla andò a svaccarsi sul divano, si sfilò i sandali e prese a massaggiarsi avidamente le zampe sudaticce, martoriate dai Louis Vuitton sotto misura. Giuseppe la raggiunse: cravatta annodata sulla fronte, evidente stato di alterazione alcolica, mano soddisfatta a massaggiare panza strabordante, rutto libero. Si abbracciarono stretti e si baciarono dolcemente.

Dicono che l'amore sia cieco, ma talvolta ci vede benissimo.

Navigammo su e giù per la Senna fino all'alba; un unico raggio di sole, miracolosamente filtrato da una spessa coltre di nubi basse andò a illuminare l'abside della basilica di Notre-Dame. E vidi Parigi come un capolavoro dell'umanità, un sogno da vivere a occhi aperti insieme alle persone più importanti della mia vita.

L'anno del Signore 2000 iniziò placidamente, consentendomi lunghi periodi romantici assieme alla mia donna. Un giorno Eli, con occhi languidi, mi confessò un suo sogno: « Zez, mi porti negli Stati Uniti? »

« Certo amore mio, penso a tutto io, tu abbandonati a me. »

Prima di tutto individuammo un fine settimana lungo nel quale eravamo entrambi liberi dai turni, poi chiesi a Giuseppe se mi omaggiava di un paio di posti sul Malpensa-New York.

« Eh, Nova Yorke? A coso, è l'unico volo dove c'avemo er fulli bucchede. Se te sta bene, te posso dà er Chicago, che è sempre voto: du posti in bisiness, ma a Malpensa ce annate cor trabiccolo vostro. »

Affare fatto.

« Eli, si parteeeee! »

Ma adesso fermi tutti, riavvolgiamo il nastro.

« Zez, ho un sogno, mi porti negli Stati Uniti? »

« No amore mio, ovunque ma negli Stati Uniti proprio no » così avrei dovuto rispondere a Eli se avessi avuto le palle.

Perché io, a differenza sua, in America c'ero già stato diverse volte, per turismo e per lavoro, quando Air Alps, in vista di un possibile upgrade al Boeing 737, mi spedì per un mese a Seattle ad analizzare le prestazioni commerciali dell'aereo e, da terrone levantino, a tirare sul prezzo.

Quando mi affidarono quell'incarico ero entusiasta. Come tutti i nati negli anni Settanta ero cresciuto intriso di cultura americana: da *Happy Days* alla *Casa nella prateria*, dalle *Strade di San Francisco* a Bo e Luke di *Hazard*. Dalla Motown di Detroit al grunge di Seattle. E Seattle si rivelò una città spettacolare, dove si respirava tecnologia e futuro a ogni angolo.

Al di là di queste digressioni filosofiche, io avevo un problema, non proprio di poco conto, da risolvere con l'amministrazione del paese più potente del mondo.

Qualche tempo prima, Carlo e io eravamo andati a farci un lungo giro della California, da San Francisco a Los Angeles, con lunghe soste nella Napa Valley, terra di uno dei migliori cabernet sauvignon del mondo. Al momento di lasciare il sacro suolo yankee fummo fermati ai controlli di sicurezza del LAX, il Los Angeles International Airport.

L'agente ci guardò con circospezione, si girò e rigirò i passaporti nelle mani, e tornò a guardarci. Poi, dopo interminabili minuti di contemplazione delle nostre belle facce e di consultazione del laptop, chiese a Carlo di raggiungerlo dietro un séparé. Vi rimasero altri interminabili minuti. Io iniziai a preoccuparmi, provai a origliare, ma non captai nulla.

Quando li vidi finalmente uscire trasecolai. Carlo era seminudo, ammanettato. E ridacchiava.

Gli andai incontro.

« Carlo, ma che è successo? »

« Niente Zez, le nostre facce non li convincono, hanno chiamato il capo ufficio dello US Customs & Border Protection, un paisà, parla pure italiano, mi ha fatto mille domande incrociate e alla fine mi ha detto che i miei lineamenti sono identici a quelli di un narcotrafficante colombiano e che quindi avrebbero proceduto a una esplorazione rettale per cercare gli ovuli. »

« Ovuli? Che ovuli? »

« Bamba, Zez, bamba! »

« Bamba? Quale cazzo di bamba? E tu che gli hai detto? »

« Che sono talmente idioti da non distinguere la foto di un corriere colombiano dalla mia. »

« E perché ti hanno ammanettato? »

« No, vabbè... gli ho anche detto che le loro lezioni di

democrazia al mondo hanno rotto il cazzo. Che tanto poi gli finisce sempre a culo come a Saigon, il colonnello Kurtz a schiattare di cirrosi e Rambo a farsi di pugnette. »

« Carlo, ma tu sei tutto scemo. »

« Zez, qui vige il primo emendamento, ognuno è libero di dire ciò che vuole. »

« E ti metti a fare lezione di politica internazionale allo zio Sam con un'accusa di contrabbando di cocaina sulla testa? »

Mentre parlavamo in maniera concitata, mi ritrovai ammanettato anche io, e spintonato da due energumeni e dall'ufficiale verso la camera di sicurezza dello scalo.

« Aspetti, aspetti! Che cosa sta facendo? Io non c'entro nulla! Io a questo qui nemmeno lo conosco! »

« You know him, he is your brother! Come with us, please! »

« Ma quale brother e brother, questo pazzo è mio fratello solo per parte di padre, mamme diverse, il figlio di puttana è solo lui! »

Ci chiusero in cella di sicurezza per tre ore, minacciandoci le peggiori conseguenze e facendoci perdere il volo. Per tutto il viaggio di ritorno e per le due settimane successive non rivolsi la parola a Carlo. Tornato in Italia ricevetti una missiva dalla US Immigration and Customs Enforcement con la quale mi invitavano gentilmente a non farmi più vedere, pena deportazione immediata ad Alcatraz.

Dunque, ora ero davanti a un bivio: deludere Eli e rinunciare al viaggio oppure affrontare il toro per le corna e risolvere l'ingiustizia subita una volta per tutte.

No, non potevo deluderla. Mi feci coraggio, chiamai il mio collega di American Airlines, gli spiegai la situazione, lui comprese e mi passò il responsabile del Federal Air Marshal Service del Charles de Gaulle, il quale invece fu molto meno comprensivo, manco avessi ingiuriato la moglie di Abramo Lincoln.

Niente affatto convinto del mio pentimento, ma tarato sulla *american way of life* secondo la quale una seconda occasione non la si nega a nessuno, il super sceriffo mi procurò un appuntamento riparatore con il viceconsole dell'ambasciata statunitense, da cui mi accompagnò personalmente. Probabilmente temeva potessi combinare altri e più sonori guai. Feci l'agnellino, il viceconsole mise su una faccia severa e cancellò la tripla X dal mio nominativo ma solo dopo lunghe reprimende e dopo avermi quasi costretto, come penitenza, a recitare l'inno nazionale americano in ginocchio sui ceci davanti alla foto di George W. Bush jr.

Risolte le mie pendenze con la giustizia yankee, fissammo finalmente la data di partenza. Il volo per Chicago era previsto di primo mattino, così mi mossi la sera prima per Milano, raggiunsi Eliana a casa sua, a Lorenteggio, cena leggera e subito a letto; non ci vedevamo da una settimana, eppure la mantide mi diede un bacino sul naso, mi augurò la buonanotte e si voltò dall'altra parte.

Gatta ci cova.

La mattina dopo mi destai fresco come una rosa, tastai al mio fianco sicuro di trovarla e invece non c'era. La trovai in cucina, aveva preparato una tavola imbandita di ogni ben di dio. Che donna meravigliosa, pensai...

« Zez, mangia tutto, ne avrai bisogno: oggi ho intenzione di iscrivermi al Mile High Club. »

No, non era il Rotary Club. Era proprio il Mile High Club e a me fece gelare il sangue. Perché chi lavora nell'industria aeronautica, la leggenda del Mile High Club la conosce molto bene. Dunque, si tratta di un circolo super segreto riservato esclusivamente a chi fa sesso in aereo, a un'altitudine superiore a 1,6 chilometri dal suolo (ovvero un miglio, da cui il nome). Ora, fare sesso in aereo non è certo una cosa semplice, vuoi per gli spazi ridotti, per la troppa gente che si ha sempre accanto o, ancora, per i pochi luoghi con un minimo di privacy. Ma, e qui torniamo all'idraulica, soprattutto per l'altitudine che non favorisce affatto certe performance maschili. Come se non bastasse, bisogna anche ricordare che in caso si venga scoperti durante un incontro hot si rischia non solo di vivere un momento decisamente imbarazzante, ma anche e soprattutto di beccarsi una denuncia per atti osceni in luogo pubblico. E noi due eravamo operatori del settore!

Insomma, è un sogno erotico complicatissimo da realizzare senza fare figure di merda. Ero terrorizzato. Ma la fortuna volle che all'imbarco Eli riconobbe due assistenti di volo, ex compagne di corso, in servizio sul nostro volo, evento che probabilmente causò un'improvvisa accensione dei suoi freni inibitori, che solitamente vegetavano in modalità *off*.

Il Boeing 767 bianco rosso e verde era vecchio come Matusalemme. Argomenti a favore solo due, ma pesanti: la cucina di bordo e l'equipaggio. Come da consuetudine aeronautica mi presentai al capocabina e al comandante, quest'ultimo ex pilota militare di F104, cresciuto alla vecchia scuola romana di Pratica di Mare. Per un pilota militare condurre un aereo civile ha un solo pro, lo stipendio, e molti contro, in primis la noia: perché dopo anni di F104 e Tornado, macchine impegnative da pilotare col pelo sullo stomaco, il Boeing 767 è un giocattolino che vola praticamente da solo. E così, dopo il decollo, affidavano il comando al primo ufficiale e andavano a farsi i fatti loro in giro per l'aereo. Poi dall'11 settembre 2001, le cose sarebbero cambiate completamente.

« Buongiorno, comandante. »

Lui buttò l'occhio al mio badge: « Ah, Air Alps, quelli che volano con quei bacherozzi che fanno er rumore d'a Vespa 50... »

Solita schietta accoglienza romanesca.

« Benvenuto a bordo, mettete a sede, in rotta tempo buono, ma nun magnà troppo perché a destinazione se sta a mette' ar brutto. »

Non ci feci caso più di tanto, tornai al posto, mi distesi sulla morbida Frau, diedi la mano a Eliana e attesi con cupidigia l'inizio del servizio: antipasto di salumi e formaggi nazionali con pizza calda, orecchiette e rape, straordinarie, un filetto alla griglia che si scioglieva in bocca. A battezzare il tutto una intera boccia di Sagrantino di Montefalco, che ci accompagnò lentamente fra le braccia di Morfeo, il quale ci accudì fino alle coste del Maine. Poi grande virata a destra e dopo un paio d'ore il comandante annunciò l'inizio della discesa. Normalmente la discesa di un volo commerciale dura dai venti ai trenta minuti, invece trascorse un'ora e noi stavamo ancora girando in tondo sul lago Michigan. Flavio al posto mio avrebbe subito capito tutto, ma io ero un semplice caposcalo, così chiesi lumi al capocabina, il quale mi rispose che era una normale procedura, ma un tic all'occhio destro lo tradì. Eli era immersa nella lettura di *Cosmopolitan*, io mi alzai, entrai in cucina, e solo allora mi dissero di tornare immediatamente al mio posto perché di lì a poco sarebbero iniziate le montagne russe. Il comandante si schiarì la voce e annunciò che su Chicago era in atto una violenta tormenta di neve con venti eccezionali, chiese a tutti di rimanere seduti con le cinture ben allacciate e ci disse che a breve saremmo stati a terra. Peccato però che nella versione inglese udii distintamente « try to land », e compresi che di certezze quel giorno non ce n'erano.

« Cosa ha detto il comandante? Quando atterriamo? Sono stanca morta. »

« Niente Eli, riposa tranquilla, pochi minuti e siamo a terra. »

Forse...

Il comandante abbassò la prua, entrando in quello che sembrava un sofficissimo manto di panna montata. E invece si scatenò l'inferno. L'aereo cominciò a vibrare sempre più forte, cabrate e correzioni continue per mantenere l'assetto, la gente urlava disperata, le hostess, sedute e cinturate, si tenevano strette alle maniglie e non proferivano parola. La neve sbatteva furiosamente sulla carlinga facendo un rumore fortissimo. Il computer di bordo segnalava vento a centotrenta chilometri all'ora: non era una tormenta, era una tempesta. A cento metri dal suolo la visibilità era zero assoluto, il bianco ammantava tutto. Toccammo terra pesantemente dopo un ultimo colpo di vento, ma non sentimmo alcun rumore: sotto di noi c'era mezzo metro di neve. L'aereo slittò, sbandò, si intraversò, si raddrizzò e dopo alcuni secondi che sembrarono infiniti, alla fine, si fermò. Ci fu un momento di silenzio glaciale, poi l'intera cabina si sciolse in un applauso fragoroso e lunghissimo: chi piangeva a dirotto, chi rideva euforico. Uscendo, passammo in cabina di pilotaggio per salutare il comandante.

« Amico mio, t'è piaciuto er tagadà? Io me sò divertito da paura, me sembravo John Wayne a cavallo de Furia, incazzato nero. Er bello che nun ero manco sicuro de scenne, perciò je avevo chiesto l'alternato. E tu sai sti fij de 'na mignotta che m'avevano proposto? »

« Non oso immaginare. »

« Infatti, nun te poi immagginà: Boston, novecento miglia indietro. »

« E tu che gli hai risposto? »

« Ah coso, c'ho i serbatoi voti, che faccio? Ce piscio dentro? »

Chicago: the Windy City, Michael Jordan, il lago Michigan, la Sears Tower, i Blues Brothers. Affascinante, ma a marzo un filino fredda. Il termometro segnava otto Fahrenheit, non gli diedi peso, ma poi feci la conversione in celsius e capii che erano tredici sottozero, praticamente la temperatura del mio freezer Bosch. Alloggiammo all'Hilton, splendido edificio degli anni Trenta in mattoni rossi, sul lungolago. Downtown era deserta. Eravamo intirizziti, ai limiti dell'ibernazione, ci riparammo in un tipico diner e ci accomodammo al bancone, come Ricky Cunningham, Ralph e Potsie. L'impatto con l'american english fu devastante: una montagna di muscoli di chiaro stampo afroamericano venne a prendere l'ordine. Chiedemmo, senza indugio, una zuppa del giorno.

« Hai gai, dajawanasaidorbol? »

Aaaaah?

« Eli, che cazzo ha detto questo? »

« Zez, che cazzo ne so! Mica era inglese, starà parlando in swahili. »

« Ehm, excuse me sir, could you repeat in English, please? »

« Sciur, Gai: Dajawanasaidorbol. »

Niente. Non si capiva niente.

Constatato il nostro reiterato silenzio, il gigante d'ebano girò i tacchi e se ne andò, abbandonandoci attoniti e affamati. Trascorse un tempo breve, ma che a noi sembrò eterno. Finalmente una signora ben vestita raggiunse il nostro tavolo: tipica figlia del Midwest, bionda e tanta, stivaloni, jeans fasciante, camicia bianca, seno prorompente. La osservai con attenzione, forse troppa...

Prima ancora che aprisse bocca mi arrivò un calcio negli zebedei da sotto il tavolo: « Zez, abbassa lo sguardo. Ora! Altrimenti stasera te lo strappo a morsi ».

Allora è proprio vero, mi ama!

La biondona prese fiato e annunciò: « Sir, Madame, I try to speak very slowly. I'm the owner: please, do you prefer your soup like side or in a bowl? »

Poi ci guardò con aria di commiserazione: « First time in the States, isn't it? »

« No Madame, it's the first time in Chicago and your accent and your grammar are so far from Oxford, aren't they? »

«... e va ciapà i ratt» chiosò Eli.

La breve vacanza a Chicago fu intensa e divertente. Ma fece squillare il primo campanello di allarme su una storia che si basava molto sulla attrazione fisica e sulla voglia di giocare insieme. Oramai mi stavo affacciando ai trenta: Eliana era veramente la donna con la quale costruire una vita e una famiglia?

La nostra coppia godeva di una salute sessuale di ferro. Ma vi siete mai chiesti quanto pesi il sesso in una storia d'amore? Probabilmente sì. A me, però, questa classica domanda fece insinuare un atroce dubbio: può una grande intesa sessuale sviare la matrice del rapporto fino a far intravedere un grande amore che invece in realtà non c'è?

Che in una storia di mere lenzuola, quelle di Jean, per intenderci, il sesso rappresenti il cento per cento dei contenuti è oltremodo lampante; ma quanto pesa, invece, il sesso in una storia d'amore con la A maiuscola? Il mio rapporto con Eliana era sesso voluttuoso che si sarebbe potuto trasformare in amore o, viceversa, era già un grande amore che si manifestava tramite il sesso sfrenato?

Tornato a Parigi ripresi a lavorare intensamente e misi nel cassetto questo pensiero, senza elaborarlo come avrebbe meritato. Jean oramai riusciva da solo a gestire l'operatività dello scalo con assoluta padronanza. Giampaolo invece mi chiese di rientrare in Italia per riavvicinarsi a sua madre, che aveva qualche problema di salute. La buona stella volle che in quelle settimane inaugurassimo lo scalo di Catania, dove fu messo in servizio come vice.

Poi, in una tiepida sera di primavera, ricevetti la solita telefonata di rendicontazione da Verona. Questa volta però il mio superiore mi disse di rimanere in linea, perché il capo del personale mi doveva parlare. Come al solito la prese larghissima, annunciandomi il periodico rimescolamento di uomini, sedi e funzioni, che questa volta coinvolgeva anche me.

Dal 1° giugno la mia nuova sede di lavoro sarebbe stata Milano, caposcalo a Linate. Al mio posto sarebbe subentrato Jean.

Rimasi di sale. Non me l'aspettavo proprio.

Tornavo nel mio paese, ma non riuscivo a essere felice. Lasciare Parigi mi costava moltissimo dal punto di vista lavorativo. Lo scalo Air Alps del Charles de Gaulle l'avevo costruito io, pezzo dopo pezzo, letteralmente con le mie mani. In termini aziendali Linate era una promozione, avrei gestito il doppio dei cicli, il doppio dei passeggeri, il doppio del fatturato. E avrei dovuto affrontare le necessità dei *business travellers*, molto diverse da quelle dei *leisure*. Basta *mojto* e *chillout*, ma solo puntualità e precisione.

Chiamai Eliana e le anticipai la notizia. Lei esultò felice: « Grandissimo Zez, a Milano, insiemeeee! »

Già, finalmente, insieme...

Nei giorni in cui preparavo il trasloco, mi accorsi della bellezza struggente di Parigi: ripensavo alle domeniche mattina di autunno a passeggiare lungo le piccole piazze deserte dell'Île de la Cité ricoperte da un tappeto di foglie morte, la luce fioca del Nord a illuminare la pietra bianca degli edifici del Settecento. Emozioni irripetibili, che non potrò mai dimenticare.

Ancora più struggente fu lasciare i miei ragazzi. A organizzare la festa d'addio fu Jean. Le lacrime scesero copiose: forse ero stato un buon capo, dal lato umano ancor prima che da quello professionale. Loro erano tutti cresciuti con me, saremmo stati un po' orfani l'uno degli altri.

Salutai monsieur Arnaud, Delphine e il topastro, che finalmente mi concesse un sorriso. Forse era felice di vedermi andare fuori dalle palle.

La mattina dopo salii sul volo per Milano. Il comandante era ovviamente Dario Beltrame, che aveva saputo che stavo di merda e si era fatto mettere in turno apposta per venire a prendermi. Mi fece accomodare nella cabina di pilotaggio insieme a lui, sul terzo sedile, quello estraibile. Chiese a Paris Control il sentiero di uscita che passava alla destra della Tour Eiffel. Era una giornata di sole abbacinante e il metallo della Torre splendeva alla luce del mattino come se fosse argento.

Parigi mi salutò così.

All'arrivo a Linate nessuno ad accogliermi. Eli era in volo da qualche parte, così mogio e triste recuperai la valigia e mi avviai verso la corsia dei taxi per farmi portare in hotel, quando all'improvviso: « 'O Zè! »

« Chi è? »

« Sorpresaaaa. »

« Nooo, 'o Grè! »

« Maronna e come ti sei fatto brutto. »

« Azz, ha parlato il bronzo di Riace. »

Gli avevo scritto che mi avevano trasferito a Linate, due passi da Cologno Monzese, e che ci saremmo rincontrati. E lui si fece trovare, puntuale, confuso tra la folla degli arrivi internazionali.

Abbraccio interminabile, poi mi strappò la valigia dalle mani e si avviò verso la sua auto.

« 'O Grè, passiamo a lasciare i bagagli all'hotel, poi portami a pranzo che tengo 'na dio 'e famme. »

« Agli ordini comandante! Che bbuò magnà? »

« Pizza. Sono tre anni che non ne mangio una decente. »

« E 'a vai truvann'a Milano? »

« E su, non fare il solito integralista napoletano, ci sarà una pizza decente nella fashion city? »

« Ma certo, scherzavo. Andiamo da Solopizza a viale Umbria. Don Fernando, il pizzaiolo, è di San Giovanni a Teduccio. La fa come Dio comanda. »

Quando don Fernando mi mise davanti la margherita a « ruota 'e carretto », cotta rigorosamente in forno a legna alimentato con ceppi di faggio e frassino, chiesi e ottenni un momento di raccoglimento. Pensavo che una cosa così non l'avrei mangiata mai più. Poi benedicemmo la disparità di reddito dello stivale italico, che aveva costretto all'emigrazione maestri come don Fernando consentendoci di gustare le nostre delizie anche in terra « straniera », e cominciammo a raccontarci gli ultimi tre anni di vita. Il Greco aveva fatto carriera. Mentana lo aveva sollevato dalle fatiche degli inviati speciali e se lo era preso come fonico di studio. Aveva conosciuto Maria, sarda di Alghero, costumista che lavorava con una tale Maria De Filippi, a suo dire astro nascente della televisione italiana. Erano molto felici insieme, stavano pianificando di andare a vivere insieme in un bilocale a Milano 2, aperitivi sui Navigli, week-end fuori, Santa d'estate e Courma d'inverno. Insomma, a parte l'accento si era milanesizzato. Tanto che alla mia fatidica domanda, quella che inevitabilmente ogni terrone pone a tutti i suoi simili, « 'O Grè, ma tu torneresti a Napoli? », lui rispose senza esitazione: « Manco p'o cazzo! »

Amen.

Da parte mia gli raccontai della bellissima esperienza parigina e ovviamente di Eliana, promettendo che gliela avrei presentata alla prima occasione.

Fu una giornata speciale. Gli amici, quelli veri, puoi non vederli per anni, ma quando ci si rincontra il filo si riannoda immediatamente ed esattamente nel punto in cui si era interrotto.

Potenza dell'amicizia.

Insomma, la mia esperienza milanese sembrava cominciare nel migliore dei modi.

Purtroppo gli eventi che seguirono smentirono questo brillante debutto.

Presi servizio a Linate il giorno dopo, in una mattina di luce cupa. L'area check-in era piena di clienti, i desk counter erano tutti operativi, con i colleghi silenziosi e concentrati. Nessuno sorrideva.

Abiti grigi, trolley grigi, animi grigi.

La sera tornò Eliana, che non vedeva l'ora di portarmi in giro per la Milano da bere, presentarmi la sua cricca, cui non aveva fatto altro che parlare di me, del suo misterioso uomo parigino.

Poco dopo, invece, fui io a presentarla al Greco e alla sua fidanzata. Quella sera arrivai al ristorante stanco e nervoso. Mi stavo rendendo conto che l'incarico che mi avevano affidato era completamente diverso da quello di Parigi.

E non mi stava piacendo per nulla.

Malgrado ciò la serata filò via serena, il Greco annusò Eli come un cane da tartufo, ma evitò di rivelarmi la sua opinione.

Non era un buon segno.

Presi rapidamente casa, non lontano dall'aeroporto, a via Tito Livio, quartiere Calvairate, andai a fare la mia prima spesa alla SMA di via Marcellino Ammiano, scaffali vuoti, clientela geriatrica, cassiere paranoiche. Ripensai con nostalgia alle luci, ai sorrisi, alle prelibatezze del mio mercatino di Levallois.

All'uscita ero atteso dalla mia donna. Appoggiata sul cofano della sua Mini, braccia conserte. Mi vide triste e nostalgico: « Dai suu, bel fioeu, che Milan l'è propio un gran Milan ».

La vita milanese si instradò ben presto sulla corsia della monotonia: lei in volo dall'alba al tramonto, io chiuso nel vecchio Linate dall'alba al tramonto. Poco tempo insieme, poco tempo per parlare, qualche cena da me, che ero più vicino a Linate, qualche aperitivo sui Navigli, che erano più vicini a lei. Avevo l'impressione che l'entusiasmo tipico della fase di innamoramento stesse calando a vista d'occhio. Il ricongiungimento a Milano invece di fare da detonatore al nostro amore, portò alla luce differenze caratteriali che si stavano rivelando estremamente importanti.

Arrivò l'estate: tantissimo lavoro, un paio di settimane di ferie. Si pose il problema di dove trascorrerle: portarla in Salento, nella vecchia villa di famiglia, era fuori discussione. Eliana e donna Marisa erano totalmente incompatibili. A salvarmi da una spiegazione, complessa e tutta da inventare, sul perché non andassimo al mare a farle conoscere la mia famiglia, giunse l'annuncio del matrimonio di Simone, che alla fine di quel luglio sarebbe convolato a giuste nozze con Stefania, la sua fidanzata storica.

« Eli, si sposa uno dei miei fratelli di sangue, non posso mancare. Andiamo a Catania e rimaniamo in Sicilia per le ferie? »

La risposta fu un'entusiastica approvazione. Lei credeva ancora molto nella nostra storia e moriva dalla voglia di conoscere i miei amici catanesi.

Vennero a prenderci tutti in parata all'aeroporto in un tripudio di abbracci e baci. Presi una camera allo Sheraton, l'hotel più esclusivo di Catania, con una convenientissima tariffa riservata alle compagnie aeree che lo usavano come foresteria. Camere enormi e accesso diretto a una scogliera lavica privata, dove la bellezza di Eliana non passò inosservata.

Per la sera era in programma l'addio al celibato. Nulla a che vedere con spogliarelliste e alcol smodato, solo calcio e cucina siciliana.

Il pomeriggio i ragazzi passarono a prendermi e io lasciai Eliana in piscina a rilassarsi. Giampaolo, che non voleva perdere nemmeno a briscola, si costruì la squadra su misura, chiamando tre amici di ottima tecnica e Nino Barraco, il nostro vecchio compagno di classe, che oltre a essere un onanista erotomane era anche un buon portiere di categoria. Dall'altra parte del campo, Lorenzo, Marzio, Dino, lo sposo e il sottoscritto. Il guanto di sfida era lanciato. Eravamo tornati adolescenti. Giocammo con il coltello fra i denti. Volarono insulti e colpi proibiti di ogni tipo e la ventennale amicizia fraterna fu momentaneamente sospesa.

La partita ebbe un esito imprevisto: alla mezz'ora di gioco, al mio settimo gol consecutivo, su ennesimo errore marchiano del portiere, un urlo belluino avvampò un'atmosfera già bollente per la carica agonistica e il caldo sahariano: « Barracoooo, maledettooooo!!! » Dopo un processo sommario, Giampaolo Marelli aveva emesso la sua sentenza: il portiere era l'unico capro espiatorio della sconfitta nella sua partita della vita.

Il tempo di voltarci e vedemmo Nino Barraco abbandonare la porta e scappare terrorizzato per la campagna lavica circostante, inseguito dal suo aguzzino che brandiva la bandierina del calcio d'angolo a mo' di lancia medievale, minacciando di infliggergli una straziante sodomia. Li seguimmo con lo sguardo fino all'orizzonte, poi all'arbitro non rimase che il triplice fischio finale.

Per la cena scegliemmo la Cambusa ad Aci Trezza, un'osteria sul porto che si procurava il pesce appena sbarcato dalle paranze locali. Il miglior scorfano in umido di tutta la Magna Grecia ed Eli a tenere banco per tutta la serata con la sua simpatia coinvolgente e i suoi racconti esilaranti su quel che è capace di fare e chiedere il passeggero medio di un aereo di linea.

Seguì una passeggiata digestiva alla Rocca di Aci Castello. Eli si affacciò, vide il mare incredibilmente limpido, illuminato dalla luna, improvvisamente si sfilò il suo solito stiletto e senza dire una parola, si lanciò sulle scale verso la scogliera, dove c'erano solo due vecchi pescatori che armeggiavano con le rispettive lenze. Si spogliò completamente, conservando solo il filo interdentale che qualcuno ancora si ostina a definire biancheria intima, posò i vestiti sulla roccia e chiese ai due vecchietti di tenerli d'occhio, ma in cambio non ricevette risposta alcuna. Erano entrambi a bocca aperta, gli occhi spalancati e il respiro mozzato. Si gettò dagli scogli e fece una lunga nuotata. Nel frattempo in paese si era sparsa la voce che una bellissima turista dell'alta Italia stava facendo il bagno nuda sotto la Rocca. Quando uscì dall'acqua centinaia di persone accalcate sulla terrazza applaudirono fragorosamente. Lei ricambiò divertita salutando con un braccio, rimase qualche minuto ad asciugarsi come mamma l'aveva fatta, poi si rivestì e risalì come se nulla fosse. Giampaolo, che conosceva tutti, si dileguò, rosso dalla vergogna. Simone e Lorenzo erano piegati in due dalle risate, tanto da non riuscire a parlare. E allora ci pensarono Marzio e Dino ad accoglierla sulla sommità delle scale e a sottrarla alla folla adorante che cominciava a chiedere autografi.

Io osservai la scena con malcelato disagio. Qualche mese prima sarei stato orgoglioso di una donna super emancipata che tira dritto per la sua strada senza preoccuparsi del pensiero degli altri. Ma quella sera no.

Più tardi Simone, per il quale ero un libro aperto, mi guardò negli occhi: « Zez, che sta succedendo? »

« Simo, non lo so. Ma sento che anche questa storia mi sta sfuggendo dalle mani. E dal cuore. »

Giunse l'autunno; la nebbia, le foglie morte, quell'umidità che rende Milano unica e affascinante agli occhi dei milanesi, grigia e tetra a quelli di noi terroni. Una sera eravamo a cena alla Cadrega, una trattoria in vecchio stile meneghino, sul Naviglio Pavese, proprio all'angolo con viale Gorizia: stufa al centro della sala, tovaglie a quadri, come quelle narrate da Giorgio Scerbanenco, *minestron, ris giald, mondeghili e cutuleta*. Davanti a una Bonarda che tracannavo con malcelata nostalgia del mio amato Bordeaux, Eli, con una strana espressione di imbarazzo, del tutto inaspettatamente mi chiese: «Zez, oramai è più di un anno che stiamo insieme, che ne dici se andassimo a vivere insieme? Lascia il tuo bilocale e vieni da me, la casa che mi ha regalato mio padre è abbastanza grande per tutti e due».

Aveva gli occhi che le brillavano e pendeva dalle mie labbra.

Avrei dovuto essere entusiasta di quella proposta. Invece fu un cazzotto in piena faccia.

La mia donna mi chiedeva di condividere la vita con lei e io rimanevo di ghiaccio.

E allora eccola risalire quella domanda che mi angosciava da mesi: che cosa provo realmente per questa donna?

La risposta purtroppo era lampante: nella storia con Eli alla prima fase, quella dell'innamoramento, non era seguita la seconda, quella dell'amore, quella in cui la passione iniziale viene istradata verso sentimenti più ampi, stabili e coinvolgenti, che guidano la coppia nel cammino da compiere insieme. Ecco, quel cambio di marcia, per me, non era arrivato.

Perché?

Non lo so.

Okay, Zez sei il solito immaturo, arrivato al dunque ti tiri indietro.

Eh no, un momento! Ma l'amore non è mica una scienza esatta, ho visto storie partire a mille e naufragare alla prima tempesta e storie partire da presupposti fragilissimi e durare decenni. In amore due più due non sempre fa quattro. E se lo switch fra innamoramento e amore non arriva non è colpa di nessuno.

Eravamo due compagni di giochi, due strenui edonisti. Lei amava me, forse. Ma io non amavo lei.

Quella sera, comunque, le dissi di sì con un sorriso tirato. Non potevo fare altro. Ma poi cominciai a rinviare il trasferimento adducendo le scuse più assurde. Per un po' ci credette, poi non se le bevve più. Eravamo arrivati al capolinea, lei meritava chiarezza, non un triste, pavido, deludente stillicidio.

Perché noi uomini siamo così? Tanto leoni quando partiamo alla conquista, quanto conigli quando arriva il momento di chiudere. E le donne non lo meritano. Non lo meritano affatto.

Finì.

Finì male.

Lei si sentì tradita nel profondo dalla persona che amava incondizionatamente e dalla quale mai si sarebbe aspettata un passo indietro così repentino. Io mi sentii tradito dall'amore, da quel sentimento che evidentemente aveva deciso di evitare accuratamente il mio cuore, lasciandolo come una casa pronta, elegante, accogliente, ma desolatamente vuota.

Seguirono settimane di profonde riflessioni sul senso di questa vita, settimane in bianco e nero, senza l'ombra di un sorriso, con l'unica novità di Carlo rientrato a Milano da Dublino e momentaneamente appoggiato da me in attesa di trovare un appartamento.

« Non ti posso più vedere con questa faccia! »

« E allora girati dall'altra parte. »

« Tu stasera esci con me. »

« Non se ne parla proprio. »

« Su preparati, andiamo da Rebecca. Te la ricordi? La mia collega in Bocconi, quella di Trieste. Ha organizzato una cena con gli ex colleghi del nostro corso di Intermediari dei servizi finanziari. »

« Cioè tu mi vedi sull'orlo della depressione e che fai? Mi porti a una cena di secchioni sociopatici? Sei mio fratello o il mio aguzzino? »

« Zez, non delirare, prendi la magnum di Bollinger e andiamo. »

Attraversammo Milano in silenzio, da Calvairate a Città Studi, dove la padrona di casa ci accolse con calore nel suo bell'appartamento, arredato con gusto. Mi tolsi il giubbotto e raggiunsi gli altri invitati nell'ampio salone. Purtroppo non mi sbagliavo, il livello era quello: geni della finanza occhialuti dall'aspetto esteriore dimesso, molto radical e poco chic. L'argomento più divertente era la redditività intrinseca dei Lehman Brothers rispetto ai Merril Lynch. Mi sentivo soffocare.

Misi i miei recettori in modalità stand-by e uscii sul balcone per ossigenare la piccola parte del cervello che avevo lasciato in funzione.

Per essere ottobre era una serata calda, Milano sembrava più bella del solito, alzai gli occhi e rimasi incantato dalla madonnina del Duomo che si stagliava tra i tetti come una stella polare.

E fu in quel momento che sentii alle mie spalle un fruscio accompagnato da un sentore di Opium, inconfondibile. Si appoggiò di schiena alla ringhiera, jeans, coda alta, piedi nudi, e una flûte tra le dita.

« Ottima scelta. »

« Prego? »

« Il Bollinger... ottima scelta, l'hai portato tu, vero? »

« Ehm... Sì, l'ho portato io. È il mio preferito. »

« Anche il mio, quando ho visto la magnum in cucina, non ho resistito e l'ho stappata subito, altrimenti finiva che la aprivano sul dolce... un abominio, non credi? »

« Già, un abominio. »

« Come mai non sei dentro con gli altri a giocare al piccolo capitalista di Wall Street? »

« Ho altre passioni. »

« Torbide? »

« Non particolarmente. »

« Io adoro volare. »

« No, ti prego... »

« Con la mente. »

« Ecco, così va meglio. »

« D'altra parte il volo cos'è, se non un'espressione di libertà? »

« Dipende da quale prospettiva lo guardi, per qualcuno potrebbe essere una catena. »

« Hai mai osservato uno stormo di rondini? »

« Sì, ma non con attenzione. »

« Volano nello spazio immenso del cielo senza una

meta precisa, cambiando direzione all'improvviso come in una danza, scevre da ogni obbligo, alla ricerca di un qualcosa, forse della felicità. »

« Forse. »

« E tu sei felice? »

« Con riserva. »

« Bravo, risposta esatta! Io rifuggo da quelli che la ostentano. Se ci pensi, essere felici per una vita intera sarebbe quasi insopportabile. »

« In effetti... »

« È George Bernard Shaw. Se ti piace te la presto, ma non abusarne. E comunque non mi sono ancora presentata, mi chiamo Beatrice, sono la coinquilina di Rebecca, tu sei? »

Sono tuo marito, e dopo vent'anni e tre figli ti amo come il primo giorno.

RINGRAZIAMENTI

L'idea di questo libro nacque durante i lunghi giorni e le infinite notti trascorsi ad accudire il mio bimbo più sfortunato nel centro di riabilitazione in Brianza. Alessandro soffriva i primi effetti devastanti del risveglio da un lungo coma: dolori muscolari e intestinali lancinanti, cecità, crisi neuro-vegetative. A rendere ancora più insopportabile la situazione giunse il Covid. La direzione del Centro ci chiuse dentro da un giorno all'altro, senza neanche darci l'opportunità di salutare mamma e fratellini.

Ale e io finivamo al 41-bis.

Brutto il 41-bis. Soprattutto se sei innocente. Soprattutto se la vita ti ha già dato una mazzata terribile.

E come si esce dal 41-bis? Con la fantasia e i ricordi. Perché se il tuo corpo è tenuto prigioniero in una stanza la tua mente non la può incarcerare nessuno. Dipende solo da te. La mia rimase libera.

E cominciò a volare.

Una sera mi tornò in mente il fugace incontro che ebbi con un giovanissimo Massimo Troisi, provai un profondo senso di serenità venato da alcune note di malinconia. I ricordi, anche se lontanissimi, cominciarono a farsi sempre più nitidi. Decisi di fissarli. E iniziai a scrivere. Durante le chilometriche passeggiate pomeridiane nei lugubri corridoi del compound, raccoglievo le idee sul registratore vocale. Poi, a tarda sera, una volta che Ale si era addormentato per le sue poche e disperate ore di sonno, iniziavo a svilupparle.

Mentre scrivevo, tutta la tristezza e la rabbia accumulate durante il giorno improvvisamente si dissolvevano, lasciando spazio a un benessere interiore che sarebbe diventato la mia unica ancora di salvezza in quei mesi orrendi, quando la vita non sembrava avesse più motivo di essere vissuta.

In realtà, questa storia ce l'avevo in mente da diversi anni. Il romanzo è interamente frutto della mia fantasia, ma molti degli episodi narrati, seppur opportunamente trasformati, sono realmente accaduti. La fortuna di avere avuto una vita intensa, ricca di amici e passioni, ha contribuito a farmi vivere situazioni e conoscere personaggi realmente singolari, che valeva la pena raccontare.

Un ringraziamento dal più profondo del cuore va alla Longanesi per aver creduto in questa storia e avermi regalato un'opportunità unica, a Giuseppe e Guglielmo per averla trasformata in un racconto, a Mari, Mauro e Beatrice, che mi hanno supportato e sopportato durante la lunga revisione del testo. Questo romanzo è anche loro.

Grazie ancora a Stefano, il mio lettore zero, a Giulia, la madrina di Zez, ai miei consulenti linguistici di fiducia: Catello, Raffaele, Davide e lo « Zio » Longo, per i suggerimenti e le correzioni della lingua inglese, napoletana, romana, barese, veneta e siciliana.

Nell'estate del 2020, con il mio piccolo Alessandro eravamo ricoverati all'Ospedale pediatrico Bambino Gesù. Dalla sua cameretta sul Gianicolo riuscivamo a intravedere le cupole e i colori della città eterna. Le ore in ospedale trascorrevano con esasperante lentezza, Ale si stava annoiando, serviva qualcosa di diverso rispetto alla solita tele o alla musica. Gli dissi che gli avrei raccontato una storia. Aprii il mio laptop e gli lessi il capitolo delle avventure di Zez sotto le armi. Ale mi ascoltò con viva attenzione. Al termine gli chiesi se la storia gli fosse piaciuta.

Il mio migliore amico chiuse le palpebre con decisione, il suo codice per dire sì.

E mi venne in mente quella lontana, straziante, sera di novembre del 2019: fra le numerose preghiere a Dio avevo chiesto di riavere Alessandro al mio fianco anche solo per potergli leggere un libro. Non avrei mai pensato, quel giorno, che quel libro sarebbe stato il mio.

In fondo, nella vita, basta poco per essere felici.

INDICE

Questo libro è stampato col sole

Azienda carbon-free

Fotocomposizione Editype S.r.l.
Agrate Brianza (MB)

Finito di stampare
nel mese di settembre 2022
per conto della Longanesi & C.
da Grafica Veneta S.p.A. di Trebaseleghe (PD)
Printed in Italy